노년의 풍경

한국국학진흥원 교양총서 | 전통의 재발견 | 04

나이듦에 직면한 동양의 사유와 풍속

노년의 풍경

김미영 이숙인 고연희 김경미 황금희 조규헌 박경환 임헌규 지음

글항아리

책머리에

노마지지老馬之智, '늙은 말의 지혜'라는 말이 있다. 『한비자』「설림상說林上」편에 나오는 일화에서 유래했다.

제나라 환공桓公은 명재상 관중管仲을 대동하고 지금의 하북성 지역에 위치한 고죽국孤竹國을 정벌하러 나섰다. 그런데 정벌이 늦어지는 바람에 봄에 출정했다가 추운 겨울이 되어서야 돌아오게 되었다. 낯선 곳인 데다 눈이 쌓인 탓에 길을 찾지 못하고 있을 때 관중은 "늙은 말은 비록 달리는 힘이 없지만, 집으로 찾아가는 능력이 출중하니 늙은 말의 지혜老馬之智를 활용하는 것이 좋겠습니다"라고 했다. 그래서 늙은 말을 풀어놓고는 그 뒤를 따라가서 마침내 길을 찾았고, 덕분에 제나라 군대는 무사히 고국으로 돌아올 수 있었다.

이야기의 핵심은 노년의 축적된 경험적 지식을 존중한다는 뜻이다. 경험이 쌓여 발휘되는 노년의 지혜는 '노老'의 용례를 통해서도 확인할 수 있다. 대표적인 것으로 노숙老宿(학식이나 지식이 뛰어남), 노숙老熟(오랜 경험으로 익숙함), 노성老成(노련하고 성숙함), 노련老鍊(오랜 경험으로 능숙함), 노실老實(익숙하고 성실함), 노공老功(오랜 경험으로 사리에 밝음), 노수老手(노련한 솜씨) 등이 있다. 이들 단어에서 '노'란 '무르익었다'는 긍정적인 의미를 갖는다. 물론 노둔老鈍(언행이 둔함), 노물老物(낡은 물건), 노후老朽(오래되고 낡음) 등과 같이 노가 지닌 부정적인 면을 강조한 낱말도 있다. 이처럼 '노'에 대한 인식이 긍정과 부정의 양극단을 오가는 이유는 그 안에 문화적 요소가 들어 있기 때문이다. 이는 곧 어떤 관점에서 바라보느냐에 따라 '노'의 인식이 달라짐을 뜻한다.

'100세 시대 도래'라는 말이 최근 몇 년 사이 신문지면을 뜨겁게 달구고 있다. 실제로 우리 주변에는 90세, 100세 장수노인이 넘쳐나고 있다. 하지만 장수만이 능사는 아니다. 이른바 '축복받은 장수'를 누릴 수 있어야 한다. 그러나 '노'에 대한 부정적 인식이 팽배한 사회에서는 이를 좀처럼 기대하기 힘들다. 그 해결책을 노마지지의 전통적 가치에서 찾을 수 있다. 노방출주老蚌出珠, 곧 늙은 조개가 구슬을 낳듯이 '오래된' 것에는 '새로운' 것이 지니지 못하는 완숙完熟과 숙성熟成이 있다. 그것은 바로 '축적된 경험적 지식'이다. 세종이 69세의 황희에게 영의정의 벼슬을 내린 이유 역시 '오래된 가치'를 존중했기 때문이다. 그러하기에 90세까지 노익장老益壯을 과시하면서 현역에 당당히 머물렀던 황희라는 역사적 인물이 존재할 수 있었다.

이 책은 100세 시대의 도래와 함께 우리 사회의 중요한 화두로 떠오른 '늙음'과 '노년'에 대한 올바른 이해를 돕기 위해 기획되었다. 그래서 8명의 다양한 전공자가 모여 네 차례에 걸친 포럼을 통해 주제 선정과 집필 방향 등에 대한 의견을 주고받으면서 서로의 간극을 좁혀갔다. 연구 분야가 제각각인 만큼 시각과 견해가 달랐지만, 오늘날 우리 사회에 늙음에 대한 객관적 성찰이 턱없이 부족하다는 데에는 한목소리를 냈다. 그러고는 다시 '늙음에 대한 성찰의 토대'를 어디서, 어떻게 마련할 것인가 하는 문제를 두고 고민하기 시작했다. 해답은 의외로 간단했다. '온고이지신溫故而知新 가이위사의可以爲師矣', 즉 '과거'를 통해 '현재'의 문제점을 진단하고 '미래'로 나아가는 방향을 모색하는 것이다. 목적과 방법에 대한 가닥이 어느 정도 잡히자 곧바로 동양의 고전과 역사에 묘사된 늙음의 자료를 검토하는 작업에 착수했다. 자료의 성격은 크게 늙음에 대한 내면적 인식과 실제적 양상으로 분류되었다. 이로써 선인先人들은 늙음을 어떻게 인식하고 받아들였으며, 일상에서는 어떤 모습으로 표출되었는지 등을 살펴볼 수 있게 된 셈이다.

이 책의 궁극적인 목적은 늙음을 둘러싼 오래된 고민과 경험을 통해 노년에 대한 우리 사회의 고정관념과 편견을 다시 생각해볼 기회를 제공하는 일이다. 이런 이유로 필자들의 목소리를 최대한 낮추고 선인들의 삶과 생각을 엿볼 수 있도록 했다. 이로써 노년의 삶에 대한 지혜와 경험을 얻을 수 있기를 바랄 뿐이다.

마지막으로 네 차례에 걸친 포럼에 참여해 필자들의 발표를 경청하고 이런저런 의견을 제시해준 글항아리 강성민 대표에게 감사의 말을 전한다. 또 제각각 개성이 넘치는 원고들을 통일감 있게 잘 엮어준 이은혜 편집장에게도 고마움을 전한다.

2014년 9월
글쓴이를 대표하여 김미영 씀

제1장

조선 노인들의 장수,
그 오래된 염원

김미영

한국국학진흥원 수석연구위원

탁월한 예술품이 된
장수에의 염원

행복幸福이란 '욕구가 충족되어 충분한 만족과 기쁨을 느끼는 상태'이며, 욕구 충족에 따른 만족과 기쁨 곧 행복을 느끼는 정도를 '행복지표'라고 한다. 그런데 이 행복지표를 가늠하는 구성 항목은 시대와 지역마다 달리 나타난다. 삶을 영위하는 환경이 바뀌고, 그로 인해 세계관과 가치관이 새로이 정립됨으로써 행복지표의 기준이 되는 항목 역시 변하게 마련이다.

동서고금에 공통되는 행복지표의 구성 요소는 건강하고, 오래 살고, 돈을 많이 벌고, 명예와 권력을 누리는 것 등인데, 조선시대에는 행복의 기준으로 '오복五福'을 설정해두었다. 오복은 『서경書經』에 최초로 나타나며, 수壽[1]·부富·강녕康寧·유호덕攸好德·고종명考終命이다.[2] 수는 오래 사는 복, 부는 부유함을 누리고 사는 복, 강녕은 큰 우환 없이 건강하게 사는 복, 유호덕은 덕을 쌓으면서 즐기며 사는 복, 고종명은 주어진 명命을 다하고 편안하게 숨을 거두는 복이다. 반면 민간의 습속을 기록한 『통속편通俗編』[3]에서는 오복을 수·부·강녕·귀貴·

「복福·녹祿·수壽 삼성도三星圖」, 전 김홍도, 비단에 채색, 130.7×57.6cm, 조선 후기, 국립중앙박물관.

자손중다子孫衆多로 제시하고 있다. 『서경』의 오복이 상류층의 염원이라면, 『통속편』에서는 유호덕과 고종명 대신 현세이익적 성향을 띤 권세貴와 자손 번창을 꼽은 것이다.

오복 가운데 수를 첫째로 내세우듯이 시대와 지역을 초월하여 오래 사는 것이야말로 가장 복된 삶이라고 했다. 이는 오복과 대치되는 이른바 불행지표의 구성 항목인 '육극六極'에서도 잘 드러난다. 육극에는 단명凶短折·질병疾·근심憂·가난貧·악惡(罪)·약함弱(衰)이 있는데, 이중에서 일찍 죽는 것을 가장 큰 불행으로 여겼다. "말똥 밭에 굴러도 이승이 낫다"는 속담이 있듯이 온갖 부귀영화를 누리더라도 이승을 벗어나면 헛될 뿐이라고 믿었던 것이다.

예로부터 사람의 목숨은 하늘의 뜻에 달려 있다고 했다. 이런 배경에서 '인명재천人命在天'이라는 말이 생겨났으며, '천수天壽'라는 용어 또한 여기서 비롯되었다. 이처럼 목숨의 길고 짧음이 하늘의 뜻에 있는지라 인간의 기원 가운데 장수와 관련된 것이 비교적 많은 편이다. 그중에서 가장 흔한 것은 장수를 상징하는 길상어吉祥語나 동물+長生 등을 이용하는 방식이다. 특히 '수壽'를 기하학적으로 형상화하여 생활용품에 자수를 놓거나 새겨넣었으며 그림으로 표현하기도 했다. 그리고는 이들 물건을 몸에 지니거나 가까이 두면서 상서로운 기운을 받고자 했다.

'수' 자는 문양으로 이용하기에 매우 뛰어난 미학적 형태를 갖추고 있다. 특히 다양한 모양으로 변형이 자유로워 장식으로 활용해도 손색이 없다. 이에 각종 '수자변형문'이 나타났다. '수'는 흔히 다른 글자와 조합되기도 한다. 그중에서 '복福'과의 어울림이 가장 두드러진다. 수복 문양을 새겨넣을 물건으로 베개와 이불, 다듬잇돌, 안경집 등 생활용품을 비롯해 한복에도 금박이나 자수로 장식하곤 했다. 또 음식을 담는 그릇이나 수저·밥상·조리도구 등에도 문양을

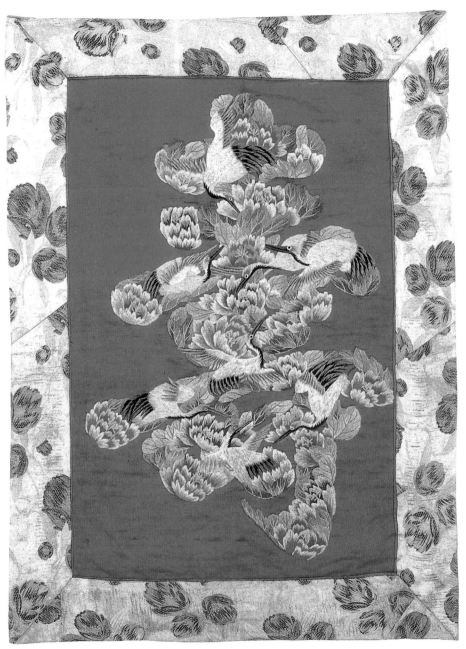

'수'자가 수놓인 덮개, 66.0×48.2cm, 숙명여대 정영양자수박물관.

장침, 국립민속박물관.
양옆에 수壽·복福 등의 소망을 간직한
변형 문자를 수놓았다.

새겼으며, 이 문양이 새겨진 다식판과 떡살로 만든 다과 및 떡을 먹으면서 장
수를 염원했다.

　장수를 기원하는 물품으로 별전別錢이라는 것이 있다. 1633년(인조 11) 상평
통보의 소재인 구리의 질과 무게 등을 시험하기 위해 만들어진 일종의 기념화
로, 왕실과 사대부들의 패물이나 애장품으로 사용되었다. 별전이라는 명칭은
법화法貨인 상평통보가 본전本錢(본돈)이므로 이것과 구별하기 위해 붙여진 이름
이다. 주로 길상 및 벽사辟邪와 관련된 문자 및 문양이 새겨져 있다. 종류는 크
게 주화식 별전, 변형식 별전, 열쇠패로 구분된다. 주화식이란 상평통보의 형
식을 그대로 차용한 엽전 모양의 별전으로 가장 흔하게 나타나는 형태다. 변형
식이란 기존의 엽전에 디자인적 요소를 강조하여 만든 것으로, 주로 꽃이나 과
일, 육각형이나 팔각형 등의 모양이다. 열쇠패는 별전패 혹은 개금패開金牌라고
도 하는데, 개금이란 열쇠의 한자다. 열쇠패는 큼지막한 열쇠고리에 별전을
매달은 여러 가닥의 실을 늘어뜨린 것으로, 무겁고 부피가 커서 휴대하기보다

노년의 풍경

는 주로 장식용으로 이용되었다. 특히 양갓집 규수들의 주된 혼수품 중 하나였다. 별전에 사용된 장수를 뜻하는 길상어로는 무병장수와 만수무강萬壽無疆이 가장 흔하다. 그 외에 상평수복常平壽福·수복강녕壽福康寧·수복일월壽福日月·장생무극長生無極·연년익수延年益壽·학수귀년鶴壽龜年 등이 있다. 별전은 '돈(엽전)=부富'라는 관념 아래 장수와 부귀를 함께 이룰 수 있다고 해서 상하층 구분 없이 널리 유행했던 풍속이다.

십장생 역시 장수의 염원을 드러내는 데 자주 쓰였다. 열 가지 불사장수의 상징물로 해日·산山·물水·돌石·구름雲·소나무松·불로초不老草·거북龜·학鶴·사슴鹿 등이 있다. 십장생은 주로 그림을 통해 묘사되었는데, 이들 외에 대나무나 복숭아天桃 등이 추가되거나 또는 한두 가

지를 줄여 그리기도 했다. 십장생도의 원형은 '요지연도瑤池宴圖'다. 동이족의 신모神母인 서왕모가 곤륜산 요지4에서 주나라 목왕을 맞아 연회를 개최하는 장면을 묘사한 것으로, 등장인물인 사람을 제외하면 십장생도가 되는 구도다. 십장생도는 고구려의 고분벽화에도 나타나며 조선 중기 이후에는 자수, 도자기, 공예에까지 널리 확대되었다. 특히 조선 후기에 이르면 십장생도의 뛰어난 상징성과 예술성, 장식성에 힘입어 양반이나 서민 할 것 없이 일상생활

장생그림 필통, 대나무, 19세기, 온양민속박물관.

「요지연도」, 전 윤엄, 종이에 채색, 각 폭 113.5×49.5cm, 조선 중기, 국립중앙박물관.

「십장생도 병풍」(8폭 병풍), 비단에 채색, 132.8×329.4cm, 19~20세기 초, 국립고궁박물관.

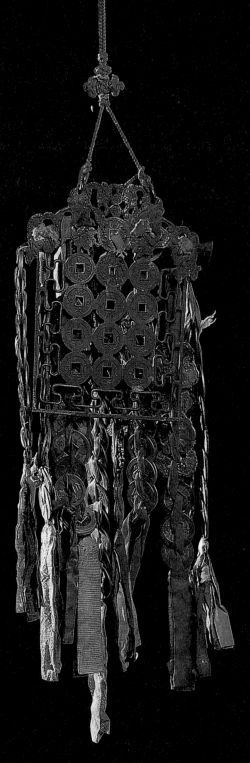

열쇠패·별전. 놋쇠. 19세기. 온양민속박물관.

곳곳에 자리잡았다. 그런 까닭에 십장생도에는 샤머니즘적 토속 신앙을 비롯해 유교, 불교, 도교 등의 사상적 흐름이 고루 섞여 들어가 있기도 하다.

십장생 가운데 해·산·물·돌·구름은 불변의 속성恒常性을 지닌 자연물로, 십장생도의 주된 배경을 이룬다. 이들 가운데 소나무는 『시경詩經』의 "소나무, 잣나무가 무성하듯 임의 자손 무성하리라"[5]는 구절에서 말하듯 장생수長生樹로 널리 알려져 있다. 그 이유는 죽음을 암시하는 낙엽이 떨어지지 않고 사시사철 푸름을 간직하고 있는 불변성 때문이다. 불로초는 말 그대로 늙지 않는 식물로, 영지靈芝를 일컫는다. 영지버섯은 모양과 색깔이 오랜 기간 유지되기에 만년버섯이라고도 하는데, 이런 속성으로 장수를 상징하는 영험한 식물로 여겨지고 있다.

그 외에 장수를 상징하는 동물로 거북·학·사슴이 등장한다. 「홍범오행전洪範五行傳」[6]에 "거북은 오래 사는 동물로 천 년을 살아 신령스럽다. 그래서 동물이면서도 길흉을 점지한다"고 되어 있으며, 『백공육첩白孔六帖』[7]에는 "거북은 100살이 되면 하나의 꼬리가 나오므로 1000살이면 꼬리는 열 개가 된다. 200살 먹은 것을 일총귀一總龜라 하고, 1000살 먹은 것을 오총귀五總龜라 한다"고 적혀 있다. 또 『회남자淮南子』[8] 에 '학수천년鶴壽千年' 곧 "학은 천 년을 살아 그 노님을 다하고"라는 구절이 있듯이 학 역시 장수의 으뜸가는 상징물이다. 『상학경기相鶴經記』에서는 학의 신성성을 다음과 같이 적고 있다.

> 학은 양陽의 새다. 3년에 머리가 붉게 변하고, 7년에 은하수를 날아다닌다. 60년에 큰 털이 빠지고 뭇 털이 무성해지며, 색은 새하얀 눈처럼 하얘진다. 160년에 한 번 암수가 서로 만나 눈을 마주쳐 주시하면 잉태를 하고, 1600년 동안 물은 마시지만 먹이는 먹지 않는다. 구름 위를 날기 때문에 털은 풍성하지만, 몸은 마른 편이다. 날개 달린 동물의 우두머리이며 선인

仙人이 타고 다닌다.

학은 여느 새들과 달리 외진 곳에서 조용히 지내는 속성을 지닌 까닭에 마치 은둔하는 현자賢者의 모습을 연상시킨다. 이런 이유로 조선시대 선비들은 고독한 지식인의 외로움을 빗대 '학고鶴孤'라고 했으며, 외진 곳에서 몸을 닦고 마음을 다스리는 선비를 '학명지사鶴鳴志士'라고 불렀다. 또 선비가 은거하여 도를 이루지 못해 탄식하는 것을 '학명지탄鶴鳴之歎'이라고 일컫는 등 고고한 기품을 지닌 학을 스스로와 동일시했다. 사슴은 거북이나 학에 비해 장수의 상징성은 좀 떨어지지만, 봄에 뿔이 돋아나 자라서 굳었다가 떨어지고 이듬해 봄에 다시 돋아나길 거듭하기 때문에 장수·재생·영생을 상징하는 동물로 여겨져왔다. 특히 하늘을 향해 뻗어 오른 녹각은 신의 뜻을 감지하는 신성 매체라고 하여 무당이나 족장, 임금의 머리 장식에 쓰이기도 했다. 천 년을 살면 청록靑鹿이 되고, 청록이 500년을 더 살면 백록白鹿이 되며, 백록이 다시 500년을 더 살면 현록玄鹿이 된다고 한다.[9]

십장생도는 소재의 모양 등과 같이 외형적인 형상을 표현한 것이 아니라 그것이 지닌 생태학적 속성에 불로장생이라는 상징적 의미를 부여한 것으로, 도교의 신선사상과 우리 민간 신앙이 융합된 현세복락적 관념 체계의 형상물이다. 즉, 유한有限의 생명체인 나약한 인간의 모습을 불로장수의 십장생에 비유함으로써 현실과 내세, 삶과 죽음, 인간과 자연, 인간과 신이 구분되지 않는 무한하고 영원한 존재로의 갈망을 표출했던 것이다.

장수에 대한 염원은 민간 습속에서도 나타난다. 대표적인 것이 '유사類似는 유사를 낳는다'는 관념에 기초한 유감주술類感呪術, homoeopathic magic적 습속이다. 예를 들어 생일날 국수를 먹고 설날에 떡국을 먹는 습속에는 국수와 떡

빗접고비, 57.5×33.0cm, 국립민속박물관.
빗, 빗치개 등을 담은 빗접을 꽂아 걸어두는 물건으로, 학, 봉황, 용 등을 그려넣었다.

백자청화장생문병, 높이 33.1cm, 조선 후기, 서울역사박물관.

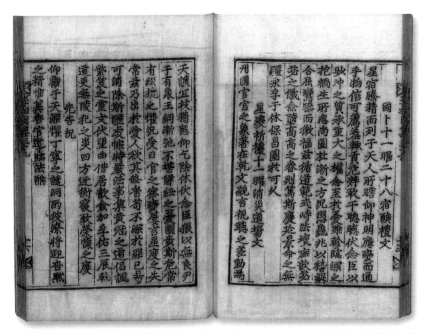

『동국이상국집』에 실린 별자리 신에 올리는 제문, 이규보, 28.0×19.5cm, 고려시대, 규장각한국학연구원.

가래처럼 수명이 길어지기를 기대하는 심리가 깔려 있는 것이다. 또 아이가 태어나자마자 입히는 배냇저고리에는 깃과 섶을 달지 않고 고름 대신 실끈을 길게 달아두는데, 이는 아이의 무병장수를 바라는 마음에서다. 돌잡이를 할 때 실타래를 두거나 돌을 맞은 아이의 허리춤에 기다란 끈(돌끈)을 매어주는 것 역시 같은 맥락이다. 그런가 하면 별자리인 북두칠성과 노인성老人星이 인간의 수명을 관장한다는 믿음 아래 칠석날에는 칠성제를 올렸으며, 추분에는 노인성제를 지냈다. 특히 노인성제를 고려시대에는 잡사雜祀, 조선시대에는 소사小祀로 규정해 국가 차원에서 지내기도 했다.

최고 권력자의 수명
조선 노인들은 얼마나 오래 살았을까

　조선왕조 519년 동안 모두 27명의 왕이 즉위했다. 평균수명은 46세로 비교적 짧은 편이다. 실제로 회갑을 넘긴 임금은 태조(74세, 1335~1408), 2대 정종(63세, 1357~1419), 15대 광해(67세, 1575~1641), 21대 영조(83세, 1694~1776), 26대 고종(68세, 1852~1919) 등 5명뿐이다. 최장수 임금은 83세까지 생을 누린 영조다. 참고로 『동의보감』을 쓴 허준 시대의 왕인 선조(1552~1608)는 57세에 사망했다.

　태조 이성계는 타고난 건강 체질로 말년까지 큰 질병 없이 지내다가 1408년 1월 뇌졸중이 발생해 5개월 동안 투병하던 중 숨을 거둔 것으로 기록되어 있다. 정종은 1398년 42세의 나이로 즉위했으나 2년 2개월 만에 중풍 발병을 이유로 태종에게 왕위를 넘겨주고 한가롭게 소일하다가 63세에 세상을 떴다. 광해는 그야말로 파란만장한 삶을 살았다. 34세 때 즉위해 15년 뒤 북인들에 의해 폐위당한 뒤 제주도에서 유배생활을 하다가 그곳에서 생을 마감했다. 사인에 대한 기록은 전하지 않는다. 영조는 숙빈 최씨의 소생으로 태어났다. 31세

「태조 어진」, 218.0×150.0cm, 1872, 전주 경기전. 태조는 타고난 건강 체질이어서 말년까지 큰 질병 없이 지냈다.

의 나이로 즉위하여 52년이라는 조선왕조 최장의 재위 기간, 83세라는 최장의 천수를 기록한 임금이다. 영조 역시 큰 질병 없이 대체로 건강한 삶을 살았으나 숨을 거두기 이틀 전부터 기침과 담痰으로 고생하다가 폐렴으로 생을 마감했다. 고종 또한 큰 질병을 앓은 기록이 별로 없다. 다만 40세에 접어들어 소화기 관련 질환을 호소하다가 55세 무렵에는 위장에 노폐물이 쌓이는 담증에 시달렸다고 한다.

왕들 중에는 단명한 이도 적지 않는데 대부분 질병으로 사망했다. 이 가운데 비교적 상세한 기록이 전하는 5대 문종(39세, 1414~1452)은 종기로 인한 패혈증, 9대 성종(38세, 1457~1494) 역시 종기로 인한 패혈증, 10대 연산군(31세, 1476~1506)은 전염병, 12대 인종(31세, 1515~1545)은 장결핵腸結核, 13대 명종(34세, 1534~1567)은 폐결핵, 17대 효종(41세, 1619~1659)은 종기로 인한 패혈증, 18대 현종(34세, 1641~1674)은 전염병, 20대 경종(37세, 1688~1724)은 전염병, 23대 순조(45세, 1790~1834)는 종기로 인한 패혈증, 24대 헌종(23세, 1827~1849)은 신장질환 등으로 각각 생을 마감했다.

주목할 만한 점으로 4대 세종까지는 50~70대의 수명을 유지했으나 8대 예종부터 13대 명종까지, 곧 조선 중기의 임금들은 중종을 제외하고는 모두 30대에 요절했다는 사실이 있다. 이와 관련해서 중국 후한시대 황제들의 경우 중흥의 영웅 광무제光武帝가 62세의 천수를 누린 뒤 화평시대에 태어난 명제明帝나 장제章帝를 비롯한 이들은 모두 30대에 사망했는데,[10] 이는 곧 물질적 풍요에 따른 생활의 넉넉함과 편리함이 결코 장수에 도움이 되지 않음을 시사하는 것이기도 하다. 한편 『조선왕조실록』에는 50세를 넘긴 왕들 대부분 고혈압·심근경색·동맥경화·당뇨병 등을 앓았다는 치료 기록이 전하는데, 이는 오늘날의 성인병에 해당된다. 아마도 고칼로리의 밥상, 부족한 운동량, 새벽부터 시작되는 과다 업무, 최고 권력자로서의 스트레스 등이 원인이었을 가능성이 높다.

그런데 아쉽게도 조선시대 일반 백성의 평균수명을 산출할 만한 자료는 현재 남아 있지 않다. 다만 현존하는 족보를 통해서 약간의 정보를 얻을 수 있는데, 이기순은 조선시대 3개 성씨의 족보를 대상으로 평균수명을 계산한 바 있다.[11] 이에 따르면 사천 목씨泗川睦氏는 성인 남성의 평균수명이 50.66세(14~19세기)였으며, 봉산 이씨鳳山李氏는 54.9세(15~19세기), 고령 신씨高靈申氏는 54.25세(15~19세기)로 나타났다. 평균으로 볼 때 왕들보다 10세가량 더 살았던 셈이다.

이와 관련해서 한국국학진흥원에서 발간한 『경북유학인물지』[12]에 수록된 인물들의 평균수명을 살펴보는 일도 흥미롭다. 여기에는 경상북도와 대구 출신의 유학자 1만8900명이 실려 있으며, 시기는 10세기에서 20세기에 걸쳐 있다. 898년에 태어나 978년에 81세로 사망한 안동 장씨 장정필이 가장 앞서고, 1910년에 출생해 1993년에 84세의 나이로 숨을 거둔 청주 곽씨 곽윤관이 가장 최근의 인물이다. 1만8900명 가운데 절반가량의 생몰년이 미상이고, 명확한 이는 9930명이다. 평균수명은 64.7세다. 조선시대 왕들보다 약 20세가 높고 이기순의 연구 결과보다도 10세가량 더 오래 살았다.

[표 1]에서 보듯이 시대별 평균수명은 60세를 넘는다. 물론 이것은 그 대상이 성인 남성이라는 점에서 전체 인구의 평균수명과는 달리 해석할 필요가 있다. 즉, 전통사회에서는 유아 사망률이 높았기 때문에 평균수명이 상대적으로 낮게 나타났고, 이 책에는 15세 이전에 사망한 인물은 실려 있지 않으므로 평균수명이 좀더 높아졌을 것이다. 아울러 이들 대부분 유학자, 곧 상층 신분이었던 까닭에 식습관이나 생활환경(위생) 등을 비롯해 건강 유지를 위해 좀더 유리한 조건에 놓여 있었다. 이로 인해 평균수명 역시 높게 나타났으리라는 추측을 할 수 있다.

[표 1] 「경북유학인물지」를 통해 본 시대별 평균수명

시대	총인원	평균수명
10~13세기	14명	72.7세
13~14세기	28명	70.8세
14~15세기	129명	64.4세
15~16세기	391명	63.2세
16~17세기	1359명	63.2세
17~18세기	1713명	64.4세
18~19세기	1929명	65.2세
19~20세기	4367명	65.2세

시대별 최장수 인물을 살펴보자. 10~13세기에는 86세까지 생존한 경주 최씨 최여해崔汝諧(1101~1186)를 꼽을 수 있다. 경주에서 태어난 그는 대과에 급제하고 추밀원사좌산기상시 등의 벼슬을 역임했으며, 사후에는 문정文貞의 시호를 내려 받았다. 13~14세기의 최장수 인물은 89세까지 생존한 안동 김씨 김방경金方慶(1212~1300)이다. 안동 출신인 그는 1270년 삼별초의 항쟁 때 추토사로 활약했으며, 1281년 고려와 몽골 연합군의 고려군 도원수로 일본 정벌에 나서기도 했다. 사후 상락군개국공上洛郡開國公에 봉해졌으며, 충선왕 때 벽상삼한 삼중대광에 추증되었다. 14~15세기의 최장수 인물은 93세까지 장수를 누렸던 일직 손씨 손홍량孫洪亮(1287~1379)이다. 안동 출신인 그는 1309년에 문과에 급제하고 고려의 6대 왕조를 거치면서 40년 동안 요직을 역임한 뒤 복천부원군에 봉해졌다. 65세 되던 해에 고향으로 내려와서 가문 중흥에 힘을 쏟았다. 15~16세기의 최장수 인물은 101세까지 천수를 누렸던 평산 신씨 신희申禧(1426~1526)다. 영덕 출신인 그는 1465년 생원시에 합격하고 흥해훈도와 전상서주부 등을 역임했다. 16~17세기의 최장수 인물은 118세까지 생존한 전

의 이씨 이약李鑰(1572~1689)이다. 안동 출신인 그는 1612년 생원시에 합격했으며, 임진왜란 때 곽재우 등과 함께 의병을 창궐해 화왕산성 등지에서 공을 세웠다. 17~18세기의 최장수 인물은 99세까지 생존한 광산 김씨 김복수金復壽(1700~1798)다. 역시 안동 출신인 그는 학행과 뛰어난 서법으로 명성을 얻었으며, 고희에 석포정을 짓고 학문을 탐구하면서 장수를 누렸다. 수직壽職으로 가선대부에 증직되었다. 18~19세기의 최장수 인물은 97세까지 생존한 전주 류씨 류후원柳厚源(1710~1806)이다. 안동 출신인 그는 효성과 우애가 깊었으며, 특히 역학 연구에 심취해 큰 성과를 거두었다. 수직으로 동지중추부사에 제수되었다. 19~20세기의 최장수 인물은 97세까지 생존한 평해 황씨 황종팔黃宗八(1852~1948)과 예안 이씨 이회식李會植(1892~1988)이다. 안동 출신인 황종팔은 가선대부 등의 벼슬을 역임했고, 역시 안동 출신인 이회식은 1918년에 계성의숙을 창립해 민족교육활동에 전념했으며, 1923년에는 풍산소작인회를 창립해 항일농민운동에 앞장섰다.

[표 2] 『경북유학인물지』에 나타난 시대별 연령 분포

연령/시대	10~13세기	13~14세기	14~15세기	15~16세기	16~17세기	17~18세기	18~19세기	19~20세기	합계
15~19세					2명			3명	5명
20~24세					3명	8명	8명	24명	43명
25~29세			1명	3명	20명	17명	17명	62명	120명
30~34세			2명	10명	37명	31명	42명	96명	218명
35~39세			5명	11명	46명	55명	50명	136명	303명
40~44세			3명	19명	52명	63명	62명	167명	366명
45~49세		1명	5명	20명	95명	90명	88명	222명	521명
50~54세	1명	1명	12명	38명	121명	124명	141명	275명	713명
55~59세		2명	19명	36명	146명	177명	160명	341명	881명
60~64세	3명	6명	19명	67명	162명	223명	249명	474명	1203명

「정평공 손홍량 초상」, 종이에 채색, 80.0×37.5cm, 18세기 이후, 일직 손씨 대종택 기탁, 유교문화박물관. 14~15세기 최장수 인물로 93세까지 장수를 누렸다.

								합계
65~69세	2명	3명	13명	57명	173명	229명	284명	575명	1336명
70~74세	1명	4명	20명	49명	172명	251명	291명	647명	1435명
75~79세	3명	4명	11명	36명	119명	200명	244명	623명	1240명
80~84세	1명	4명	7명	27명	130명	148명	196명	444명	957명
85~89세	3명	3명	10명	11명	62명	82명	85명	256명	512명
90~94세		2명	4명	16명	13명	8명	19명		62명
95~99세				2명	2명	2명	4명	3명	13명
100세 이상				1명	1명				2명
합계	14명	28명	129명	391명	1359명	1713명	1929명	4367명	9930명

[표 2]에서 주목되는 점은 80~90세를 넘은 노인의 숫자가 의외로 많다는 것이다. 특히 "옛날에는 회갑을 넘기는 경우가 드물었다"는 언설이 무색할 정도로 전체 9930명 중에서 6760명(68퍼센트)이 60세를 넘기는 건장함을 보이고 있다. 이런 경향은 이기순의 연구에서도 마찬가지로 나타난다. 사천 목씨의 46.16퍼센트가 60세 이상까지 생존했으며, 고령 신씨는 40.78퍼센트에 달했다. 이와 관련해서 1435년 세종은 경외京外 90세 이상 노인의 숫자를 조사하도록 승정원에 지시한 바 있다.[13] 그 결과 경상·전라·강원·함길(함경도)·황해도에서 90세 이상의 노인이 614명으로 파악되었다.[14] 그중 100세 이상의 노인은 총 10명인데, 100세의 남자 2명과 여자 1명, 102세의 남자 1명과 여자 4명, 104세의 여자 2명이다. 당시 양성지梁誠之(1415~1482)는 명나라 황제의 말을 인용해 "조선에는 70만 호가 살고 있으며 각 호에 3명의 장정이 있다"[15]고 했는데, 이에 근거하여 호구당 평균 인구(부녀자, 노비 포함)를 10명씩 계산한다면 세종 때의 인구는 700만 명이 되는 셈이다. 2012년 현재 우리나라의 100세 이상 인구는 총 1836명이다. 따라서 세종대의 인구가 오늘날의 7분의 1 수준임을 감안할 때, 당시의 100세 이상 인구 10명은 결코 적은 숫자가 아니다.

오관을 경계하고
마음을 다스리다

장수에 대한 염원은 시간과 공간을 초월한 보편적 가치다. 그런데 장수를 하려면 건강이 뒷받침되어야 한다. 건강이 뒤따르지 않는 장수는 축복이 아니라 재앙이 될 수도 있기 때문에 그 중요성은 더 부각된다. 건강과 질병은 동전의 양면과도 같다. 동전이 어느 한 면만 존재할 수 없듯이 모든 생명체 역시 건강한 상태를 지속하기는 어렵다. 생명체가 마땅히 누려야 하는 바가 건강이라면, 질병 또한 생명체가 겪어야 할 과정이다. 다만 이를 극복해 더 강하게 성장하는가, 아니면 무너지고 마는가의 문제일 뿐이다.

거친 것을 가까이하라
|
조선시대 왕들은 일반 백성에 비해 높은 수준의 의료 혜택을 받을 기회가

많았지만 이들 역시 크고 작은 질병에 시달렸다. 실제로 세종을 비롯한 많은 왕이 질병으로 사망했다. 세종(1397~1450)은 밥상에 고기반찬이 오르지 않으면 식사하지 못할 정도로 육식 애호가였다. 그러면서 하루 일과 대부분을 업무에 매달렸다. 새벽 5시에 일어나 간단한 식사를 하고 6시 무렵에 근정전에서 열리는 대조회大朝會[16]에 참석했으며, 이어 8시에 곧바로 사정전으로 가서 윤대輪對[17]를 행한 뒤 경연經筵[18]에 참여하는 것으로 오전 업무를 마쳤다. 또 오후 3시부터는 각종 상소문을 살펴보면서 신하들과 함께 국정을 논의했으며, 저녁 식사를 마치고 8시부터는 집현전 학사들이 편찬한 모든 책의 교정을 직접 봤다. 이처럼 새벽부터 시작된 세종의 업무는 밤늦도록 이어졌다. 그렇다보니 산책이나 운동을 할 겨를이 없었으며, 여기에 더해진 과다한 육류 섭취 식습관은 자연히 비만으로 이어졌다.

세종은 특히 당뇨와 관절통에 시달렸다. 아마도 운동 부족과 비만이 당뇨로 이어졌을 가능성이 있고, 또 업무와 공부에 매진하느라 줄곧 앉아 있다보니 다리에 무리가 와서 관절통을 유발했을 것이다. 실제로 그는 30세 무렵부터 소갈이 심해 하루에 물을 한 동이나 마실 정도로 당뇨가 극심했으며, 합병증으로 시력 장애를 겪기도 했다. 이와 관련된 기록이 『세종실록』에 전한다.

내가 젊어서부터 한쪽 다리가 몹시 아파 10여 년에 이르러 조금 나았는데, 또 등에 부종이 생겨 아픈 지 오래다. 통증이 심할 때면 마음대로 돌아눕지도 못해 고통을 참을 수가 없다. 지난 계축년 봄에 온정溫井에서 목욕하고자 했으나 대간臺諫에서 백성에게 폐가 미친다고 하고, 또 대신들 중에도 그 불가함을 말하는 이가 있었다. 그러나 두세 사람의 청하는 바가 있어 온정에서 목욕을 했더니 과연 효험이 있었다. 그 뒤 간혹 다시 발병할

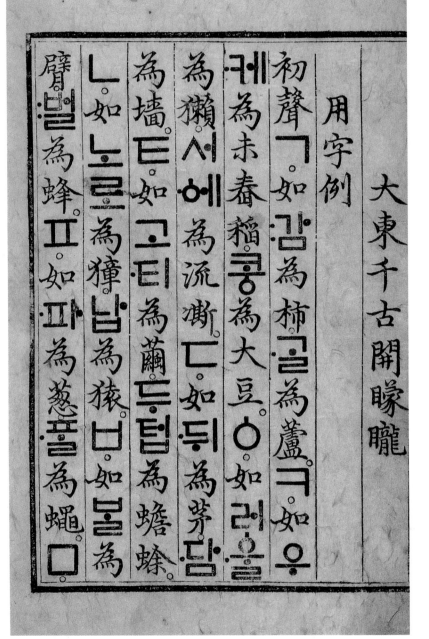

『훈민정음 해례본』, 정인지, 목판본, 22,6×17,2cm, 국보 제70호, 1446, 간송미술관. 훈민정음을 창제한 세종은 이외에도 수많은 업적을 남겼으며 업무 과중에 시달렸을 뿐만 아니라, 식습관과 생활습관으로 인해 건강에 문제가 있었다.

때가 있으나 그 아픔은 전보다 덜하다. 또 소갈증消渴症이 있은 지 열서너 해가 되었다. 그러나 이제는 역시 조금 나았다. 지난해 여름 임질淋疾을 앓아 오랫동안 정사를 보지 못하다가 가을 겨울에 이르러 약간 나았다. 지난봄 강무講武한 뒤에는 왼쪽 눈이 아프더니 안막眼膜을 가리게 되었고, 오른쪽 눈도 어두워져 한 걸음 사이를 두고도 사람의 형체는 보이지만 누구인지를 알지 못하겠으니, 지난봄에 강무한 것을 후회한다. 한 가지 병이 겨우 나으면 한 가지 병이 또 생기니 나의 쇠로함이 심하다.(『세종실록』 21년 (1439) 6월 21일)

당시 세종은 건강 악화를 이유로 세자에게 정무를 위임하고자 했는데, 이때 신하들에게 호소했던 것이 바로 위의 내용이다. 하지만 신하들의 만류로 뜻을 이루지 못하다가 1445년 49세 때 건강이 심각한 상태에 이르면서 마침내 세자에게 맡긴다. 그 뒤 당뇨 증세가 점점 더 악화되어 결국 54세의 나이로 생을 마감했다. 왕들이 겪었던 질병 중에는 등창이나 부종이 많았다. 등, 허리 부위에 종기가 생기는 병이다. 그런데 일반 백성이라면 종기 부위에 칼을 대서 고름을 짜내는 방법으로 치료하지만, 신성한 왕의 몸에 칼을 댄다는 것은 상상조차 할 수 없었다. 이에 궁여지책으로 침과 뜸으로 치료를 시도했으나 결과는 그리 좋지 않았다. 종기를 심하게 앓았던 왕은 5대 문종, 9대 성종, 17대 효종, 23대 순조 등인데, 이들 모두는 종기의 합병증인 패혈증으로 숨을 거두었다.

그렇다면 왕들 중에서 장수를 누렸던 영조의 일상생활은 어떠했을까? 영조는 어머니 숙빈 최씨와 궁궐 밖 사가私家에서 유년 시절을 보낸 까닭에 왕이 된 후에도 소박한 생활을 즐겼다. 비단 보료에서는 잠이 오지 않는다고 해서 명주로 만든 이불과 요를 사용했으며, 방석을 깔지 않고 바닥에 앉는 것을 좋아했

약탕기, 조선 후기, 가천박물관.

다. 몸이 편하면 움직이기 싫고 게을러지기 때문이었다. 다음은 『영조실록』에 기록된 내용이다.

임금이 목면으로 된 침의寢衣를 입고 소자모小紫帽를 썼으며, 명주로 만든 이불 하나 요 하나가 전부였으며, 병장屛障[19]도 진설하지 않았다. 또 기완 器玩도 변변치 않아 화려하고 몸을 편하게 하는 제구가 여항閭巷의 호귀豪 貴한 집에 견주어도 그에 미치지 못했다. 여러 신하가 물러 나와 임금의 검 소한 덕에 대해 찬탄하지 않는 이가 없었다.(『영조실록』 20년(1744) 5월 2일)

영조의 검소함은 밥상으로까지 이어졌다. 고량진미膏粱珍味의 수라상 대신 밥 과 김치, 약간의 장류만이 차려졌다. 그렇다보니 자연히 소식을 했으며, 금주령 을 내려 술도 마시지 않았다. 또 보리밥을 좋아해 나물과 함께 비벼 먹기도 하 고 여름이면 물에 말아 먹기도 했다. 이처럼 적절한 활동과 잡곡과 채식, 소식 위주의 생활 및 금주가 체질적으로 약골이었던 영조의 건강장수에 큰 도움이

노년의 풍경

「영조 어진」, 조석진·채용신 등, 비단에 채색, 110.5×61.0cm, 보물 제932호, 1900, 국립고궁박물관.

되었을 것으로 보인다.

거친 음식과 소식으로 건강을 다스린 인물로는 퇴계 이황(1501~1570) 역시 유명하다. 퇴계도 젊었을 때부터 몸이 허약했고 평생을 크고 작은 질병으로 고생했다. 그럼에도 70세까지 장수한 그의 건강법 가운데 하나는 음식 섭취에 있었다. 그의 제자 학봉 김성일은 다음과 같이 회고한다.[20]

> 끼니마다 음식은 두서너 가지에 불과했으며 더운 여름철에는 건포乾脯뿐이었다. 젊은 사람도 먹기 어려운 잡곡밥을 고량진미처럼 맛있게 드셨다. 일찍이 도산에서 선생을 모시고 식사한 적이 있는데, 밥상에는 가지·무·미역뿐이었으며 더 이상 없었다.

평소 퇴계는 "나는 정말 복이 박한 사람인가보다. 기름지고 맛있는 음식을 먹으면 기분이 답답하고 체한 것 같아 편치가 않은데, 거친 음식을 먹고 나면 바로 속이 편해진다"는 말을 자주 했다. 또 1일 2식(조석朝夕)과 삼색三色의 반찬을 원칙으로 삼았다. 건강이 좋지 않았던 관계로 건강관리를 위한 나름의 생활 수칙이었다.[21] 참고로 선비의 식사법에는 부다식不多食(배불리 먹지 않는다), 소식채갱素食菜羹(담박한 나물 반찬과 나물국을 먹는다) 등이 있다. 청빈과 검약을 신조로 삼고 있는 선비정신의 생활 실천 항목이자 건강을 위한 필수 요건이었던 것이다. 주자 역시 68세 때 아들에게 보낸 편지에서 "병의 대부분은 과도한 음식 때문이다. 특히 고기를 많이 먹는 것은 해가 된다"고 강조한 바 있다.

거친 음식과 소식을 즐겼던 인물로 성호 이익(1681~1763)을 빠뜨릴 수 없다. 그는 어려서부터 몸이 허약한 탓에 10세까지도 글을 배울 수 없을 정도였다. 이런 그가 83세까지 장수할 수 있었던 것은 소식의 원칙을 철저히 지켰기 때문이다. 잡곡밥에 된장, 고추장, 김치, 나물 등으로 이루어진 소박한 식단이 건강장수의 비결이었다. 그는 특히 콩을 즐겨 먹었다. 당시 집권층 사이에서 사치 풍조가 성행하자 이런 사회 현실을 비판하여 '삼두회三豆會'를 조직했는데, 콩죽·콩장·콩나물 등 콩으로 만든 음식을 먹으며 절식생활을 하자는 목적에서 결성한 친척 간의 모임이었다.[22] 물론 취지는 그러했지만, 사실 육류가 귀했고 살림이 넉넉지 못했던 관계로 육식을 쉽게 할 수 없는 상황이었다. 이에 의학에 능통했던 그는 부족한 단백질을 콩으로 보충했는데, 결과적으로는 허약하게 타고났던 그의 건강 유지에 큰 도움이 되었던 것이다.

여유로움을 가져라

공자는 "어진 자는 오래 산다仁者壽"[23]고 했다. 어진 사람은 잡념이나 욕심이 적어 항상 마음의 평정심을 유지하므로 장수한다는 뜻이다. 즉, 어진 사람은 남을 나처럼 여기는 마음을 지녔기에 경쟁과 욕심으로부터 비교적 자유롭고 그럼으로써 타인과의 관계에서 불필요한 스트레스를 받지 않으며 삶의 여유를 누릴 수 있는 것이다. 선인들에 따르면 마음은 인체의 주인으로, 천군天君이라고 한다. 귀·눈·입·코·몸은 듣고, 보고, 말하고 먹으며, 냄새를 맡고, 움직이는 역할을 담당하는 오관五官이다. 그런데 이 오관을 관장하는 것이 바로 마음이다.[24]

이는 곧 장수를 위해서는 신체적 건강뿐만 아니라 정신적 여유를 지녀야 한다는 것과 다름없다. 조선시대 청백리(총 219명)의 평균수명은 68세다. 물론 이는 청백리를 대상으로 산술평균을 낸 것이기에 당시의 높은 유아 사망률의 영

「칠언시고」(2수), 『해동명적海東名蹟』, 이달, 종이에 먹, 34.2×23.1cm, 1603, 경남대박물관 데라우치 문고. "숲 우거지고 땅 궁벽하니 동무가 없어, 늘 나무하는 늙은이 고기 잡는 늙은이와 어울리네. 역易 놓인 책상 좋은 책을 조용히 보고, 밤마다 향을 피우고 오관五官을 경계하네"라는 구절이 보인다.

향을 받지 않은 수치다. 또 청백리는 오랜 기간 관직생활을 보낸 이들 중에서 선발했기에 단명한 사람은 포함되지 않았다. 그러나 이런 점을 감안하더라도, 이들 대부분 70세 가까이 생존했다는 사실은 욕심을 내려놓고 검소함으로 일관된 삶을 보낸 것과 무관하지 않다. 한편 고려시대 묘지명을 분석한 김용선 교수에 따르면 고려 왕의 평균수명은 42.3세에 불과한 반면 승려는 70.2세로 나타났다고 하는데, 이것 역시 일상의 욕망으로부터 자유로운 승려들의 삶과 깊은 관련성을 지닌다고 볼 수 있다.

　마음의 여유로움이 장수에 도움이 된다는 것은 황희黃喜(1363~1452) 정승을 통해서도 알 수 있다. 그는 조선의 명재상이자 청백리의 귀감으로 90세까지 건강하게 살았다. 고려 우왕 시절 음직蔭職으로 관직에 진출했다가 1389년 공양왕 때 문과에 급제했다. 이후 여러 관직을 두루 거치고 1431년(세종 13) 69세 때 영의정에 올라 숨을 거둘 때까지 약 20년 동안 현직에 머물렀다. 그야말로 노익장老益壯이었다. 이런 그의 삶은 늘 여유로움으로 넘쳐났다. 좀처럼 화를 내는 일이 없었으며, 상대의 의견을 경청하면서 자신과 생각이 달라도 항상 웃음으로 대했다. 다음의 일화가 전한다.

　　여자 종 둘이 싸우다가 선생에게 와서 억울함을 호소했다. 먼저 한 종이 선생에게 찾아와서 자초지종을 말하자 "그래 네 말이 옳다!" 하고는 돌려보냈다. 이어 다른 종이 달려와서 억울함을 다시 호소하자 "네 말이 옳다!" 하고는 보냈다. 곁에서 지켜보던 부인이 선생의 처사가 옳지 않음을 말하니 "과연 부인의 말도 옳소!"라고 했다.

　얼핏 보면 주관이 뚜렷하지 않은 듯도 하지만, 사소한 언쟁으로 불필요한 갈

등을 줄인다는 생각이었던 것 같다. 실제로 그는 대의大義에 충실한 인물이었다. 이성계가 조선을 건국하자 두 임금을 섬기는 것은 의義에 어긋난다고 해서 송악산 두문동으로 들어갔다. 하지만 이성계는 그의 충절과 청빈함 등을 높이 평가해 출사出仕를 간청하기에 이르렀는데, 그는 당연히 거절했다. 이후에도 이성계의 간청과 그의 거절은 되풀이되던 중 그가 마침내 출사를 결심한다. 이때 그의 마음을 움직인 것 역시 '대의'였다. 당시 두문동에 함께 은거하던 고려의 신하들은 "그대가 여기서 우리와 죽는 것도 의를 지키는 일이지만, 밖으로 나가서 만백성을 위해 정사政事를 잘하는 것도 의로운 일"이라고 설득했던 것이다. 아마도 그는 '불사이군不事二君'이라는 명분과 '백성을 위한 참된 일'이라는 대의 사이에서 많은 고민을 했을 것이고, 그 결과 대의를 선택했다. 이처럼 그에게 출사란 입신양명을 위한 타협이 아니라 백성을 위한 충정과 다름없었다. 대의 앞에서 올곧음을 잃지 않고, 의를 해치지 않는 사소한 일에는 여유로움을 보이는 것이 황희의 마음 다스리는 방법이었던 셈인데, 이는 곧 노익장으로서 그의 삶을 유지해준 비결이기도 했다.

결국 욕심을 버리고 여유로움을 지니는 일은 마음을 다스리는 것이고, 이는 신체적 건강으로 이어진다는 뜻이다. 이처럼 몸과 마음은 불가분의 관계에 놓여 있는데, 이런 가르침은 퇴계 이황의 『활인심방活人心方』[25]에 잘 나타나 있다.

인간이 태초의 원기를 잃음으로써 질병이 발생하기 시작했다. 의원은 병이 발생한 후에 생약生藥이나 침으로 치료한다. 그러나 병의 원인은 마음에 있으므로 성인聖人은 마음을 다스려서 병이 나지 않도록 사전에 예방한다.

노년의 풍경

책 서문에 실린 내용이다. 사실 『활인심방』은 신체 단련을 위한 체조가 아니라 '마음을 다스림으로써心方 몸의 활기를 구한다活人'는 데 목적을 두고 있다. 그래서 총 12개의 항목 중에서 마음과 관련된 내용이 다섯 항목이나 차지한다.[26] 이 가운데 중화탕中和湯에 대한 퇴계의 설명이다.

한약 재료를 처방 조제하여 물을 붓고 끓여서 약으로 복용하는 것을 탕湯이라고 한다. 그러나 여기서 탕이라고 하는 것은 물질적인 약이 아니라 정신적인 약을 의미한다. 중화中和란 모든 것을 중도中道로 화합시키는 것을 말한다. 즉 인간의 성정性情이 한쪽으로 치우치지 않고 과불급過不及이 없는 바른 상태를 중화라고 한다. 도를 닦아 마음을 잘 다스리면 심신이 중화의 상태를 유지해서 장생長生한다는 뜻에서 중화탕이라고 이름 붙인 것이다.

중화탕에는 사무사思無邪(마음에 거짓을 없애라), 막질투莫嫉妬(시기하고 샘내지 말라), 청심淸心(마음을 맑게 하라), 과욕寡慾(욕심을 줄여라), 유순柔順(부드럽고 순해져라), 겸화謙和(겸손하고 화목하라), 지족知足(만족하라), 존인存仁(어진 마음을 간직하라), 계노戒怒(분노하지 않도록 경계하라), 계탐戒貪(탐욕을 경계하라) 등이 있다. 이 글귀를 하루에 수차례 읽으면서 마음과 영혼 깊숙이 부어넣는 방식이다. 이런 식으로 수천수만 번 읽어 자신의 잠재의식 속에 심어놓으면 부정적인 마음이 서서히 긍정적으로 바뀌고, 이로써 신체에도 활기가 찾아든다는 이치다. 퇴계가 중화탕에서 강조하는 마음이란 욕심을 내려놓고 주변과의 경쟁으로부터 벗어나 겸손함과 온화함을 지니는 상태를 말한다. 특히 '지족知足' 곧 '만족하라'는 말처럼 주어진 환경에 만족하고 그 속에서 즐거움을 찾아 나서는 삶이 절실하

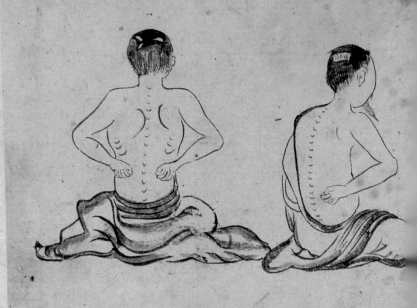

左右單關轆轤
各三十六

雙關轆轤三十
六

左右舌攬上腭三
十六漱三十六分
作三口如硬物嚥
之然後方得行火

兩手摩腎堂三
十六以數多更
妙

『활인심방』, 이황, 29.0×45.0cm, 16세기, 진성 이씨 상계종택 기탁, 유교문화박물관.

게 요구된다. 실제로 퇴계는 도산서당의 한 칸 남짓한 크기의 방을 '도道와 이理를 완성하여 즐기니, 족히 여기서 평생 지내도 싫지 않겠다'라는 뜻의 '완락재玩樂齋'[27]라고 이름 짓고는, 그 소박하고도 단출한 방에서 자신의 학문을 완성하고 제자들을 길러내 대유大儒로 우뚝 섰으며 또 장수의 복을 누리는 삶을 영위했던 것이다.

결국 이로써 볼 때 장수를 위한 생활 지침은 '거친 것을 가까이하고 마음의 여유로움을 지녀야 한다'는 것으로 정리된다. 즉, 감미로운 음식 대신 거친 음식을 즐기고, 편안한 거처에서 한가로이 지내기보다는 거친 환경에서 몸을 자주 움직이며, 경쟁과 갈등 속에서 스트레스를 받기보다는 욕심을 내려놓는 여유로운 마음을 가지는 것이다. 이를 흔히 '안빈낙도安貧樂道의 삶'이라고 한다. 따라서 청백리나 승려의 평균수명이 길었던 까닭 역시 부족함(검소함) 속에서도 삶을 즐기는 낙관적인 태도에 있었던 것으로 짐작된다.

타고남과 다스림
|

체질이나 품성은 타고난 부분이 적지 않다. 이를 선천품부先天稟賦 곧 '조상으로부터 이어받은 유전 인자'라고 한다. 개인의 질병 원인을 파악할 때도 당사자의 병력과 함께 가족력을 중시하는 이유가 바로 여기에 있다. 장수 역시 마찬가지다. 장수의 유전 인자를 물려받았으면 오래 살 확률이 그만큼 높아진다. 하지만 비록 선천품부가 약하더라도 후천적으로 부족함을 잘 다스리면 건강하게 오래 살 수 있다. 이때 부족함을 다스리는 것을 '양생법養生法'이라고 한다. 이른바 '웰빙 건강법'이다.

양생의 역사는 중국 상고시대로 거슬러 올라간다. 대표적인 인물로 팽조彭
祖가 있다. 그는 약 2000년 전 하나라에서 상나라에 걸쳐 800여 년을 살았다.
그의 양생법은 제자백가를 비롯해 의학에 이르기까지 큰 영향을 미쳤는데, 크
게 섭양술攝養術, 도인술導引術, 복기술服氣術 등으로 구분된다. 섭양술에는 대기
와 햇빛에서 영양을 흡취하는 기공氣功 섭양술과 식품과 약물을 통해 영양을
보충하는 음식 섭양술이 있다. 도인술과 복기술은 인간의 생로병사란 기氣에
근본을 두고 있다는 관념에서 비롯된 것으로, 기의 원활한 소통을 통해 양생
하는 방식이다.

춘추전국시대의 양생법은 주로 도가와 유가를 중심으로 전개되었다. 대표적
인 인물은 도가의 노자와 장자, 유가의 공자와 맹자다. 도가 양생법의 핵심 사

자개 반짇고리, 한지·자개·옻칠, 7.5×33.0cm, 18세기, 온양민속박물관. 테 안쪽에는 부귀공명과 자
손창성을, 바깥에는 석숭과 같이 부유하고 팽조와 같이 오래 살기를 기원하는 글자를 새겨넣었다.

상은 순응자연順應自然 곧 자연의 법칙에 따르는 것이고, 유가에서는 호연지기浩然之氣 곧 도덕적 수양을 장수의 기본 요소로 꼽았다. 예를 들어 노자는 도덕이나 지혜 등과 같이 인위적인 작용에서 벗어나 무위무욕無爲無慾의 수양을 통한 양생법을 강조했으며, 장자 역시 크게 다르지 않았다.

우리의 생명은 한계가 있으나 지식은 끝이 없다. 유한한 생명으로 무한한 지식을 추구하니, 위태로울 따름이다. 이미 그러한데도 지식을 추구하는 것은 위태로울 따름이다. 선을 행하더라도 명예를 가까이하지 말고, 악을 행하더라도 형벌에 저촉되지 말라. 중도를 따라 법도를 삼으면 몸을 보존할 수 있고, 목숨을 온전히 할 수 있고, 어버이를 봉양할 수 있고, 천수를 누릴 수 있다.(『장자』「양생주養生主」)

내용의 핵심은 "인간이 살아가면서 외물外物을 지나치게 추구하면 몸과 마음이 고통스러워지며, 마음이 비어 있으면 몸이 편해진다"는 것이다. 이처럼 노자와 장자는 무지무욕無知無慾, 곧 모든 생각과 지각 그리고 욕망을 버리는 것이야말로 진정한 양생이라고 보았다.

공자의 양생법은 도가의 청정무위淸靜無爲와 달리 자강유위自強有爲에 중점을 두었다. 즉, 공자는 마음이 강해야 신체가 건강하고 신체가 강해야 양생을 이룰 수 있다는, 이른바 심신단련을 주장했던 것이다. 공자가 제자들에게 육예六藝[28]를 연마할 것을 강조한 까닭도 신체와 마음의 상관관계를 중시했기 때문이다. 그렇더라도 공자 역시 궁극적으로는 덕성 함양을 장수의 최고 비결로 꼽았다. "어진 자는 오래 산다"라는 그의 말처럼, 마음이 깨끗하면 사기邪氣가 몸으로 들어오지 못하기 때문에 절로 건강해지고 이는 곧 장수로 이어진다는 이치

「노자가 함곡관을 나가다(老子出關圖)」, 정선, 비단에 엷은색, 29.6×23.2cm, 18세기 초, 성 베네딕도회 왜관 수도원 기탁, 국립중앙박물관.

다. 맹자가 주장한 양생법은 양기설陽氣說로 압축되는데, 기본 골자는 공자와 동일하다. 핵심은 의義와 도道를 체득하여 주체 의식이 고상한 인격으로 승화한다는 내용이다. 그리고 의와 도를 체득하는 것은 호연지기의 수양을 통해서 가능하다고 덧붙였다.

이처럼 도가나 유가의 양생법 모두 정신적인 평안함을 통해 신체적 안정을 도모하며, 이로써 건강과 장수를 누릴 수 있다는 것으로 요약된다. '치심치병治心治病' 곧 '마음을 다스려 병을 치유한다'고 하듯이, 장수를 위해서는 신체 단련보다는 마음의 평정이 우선이다. 다만 도가에서는 무위無爲 곧 모든 것으로부터 벗어나고 내려놓음으로써 마음의 평안을 얻는 반면, 유가에서는 유위有爲 곧 끊임없는 자기 수양을 통해 도덕적 완성을 성취함으로써 심신의 평안을 이룬다는 점이 다를 뿐이다.

결국 중요한 것은 '마음'이다. 사실 양생법의 범위는 무척 넓다. 크게 음식·운동·정신·기거(수면, 휴식, 노동)·환경·계절 등으로 구분되는데, 가장 으뜸으로 정신양생을 꼽는다. 그러나 육체와 정신은 서로 연결되어 있는 까닭에 육체가 허약하면 정신에 영향을 미치고, 정신이 쇠衰하면 육체를 해치게 된다. 다만 굳이 말하면, 육체를 주관하고 통제하는 것은 정신이므로 이것이 우위에 놓인다는 이치다. 그렇다면 과연 마음의 평안함을 얻는 방법은 무엇일까? 이를 『동의보감』에서는 십이소十二少[29]로 정리하고 있다. 소사少思(생각을 줄일 것), 소염少念(걱정을 줄일 것), 소욕少慾(욕심을 줄일 것), 소사少事(일을 줄일 것), 소어少語(말을 줄일 것), 소소少笑(웃음을 줄일 것), 소수少愁(시름을 줄일 것), 소락少樂(쾌락을 줄일 것), 소희少喜(즐거움을 줄일 것), 소노少怒(노여움을 줄일 것), 소호少好(좋아하는 것을 줄일 것), 소오少惡(미움을 줄일 것) 등이다.

십이소의 핵심은 '절제'다. 사실 현대 의학에서는 웃음과 기쁨은 스트레스

『동의보감』, 허준, 33.0×22.0cm, 조선 후기, 가천박물관.

와 고통을 조절하는 진통 호르몬인 엔도르핀을 생성한다고 해서 적극 권장하는 편이다. 그런데 엔도르핀은 양면적 속성을 갖고 있어 적당량이 분비되면 인체에 긍정적인 영향을 미치지만, 과다 분비되거나 장기간 지속되면 건강에 해를 끼친다고 한다. 즉 지속적으로 과다 분비되는 엔도르핀으로 인해 면역 기능을 담당하는 임파구 기능이 점점 더 억제되어 감염 및 암이 발생할 수 있다는 것이다. 따라서 웃고 즐거움을 만끽하는 감정 자체는 시름에 잠기고 노여워하는 것에 비해 인체와 정신에 긍정적인 영향을 끼치지만, 정도가 지나치면 오히려 부정적인 영향을 줄 수 있다는 논리다. 이를 유가의 양생법에서는 '치중화致中和' 곧 '치우침이 없는 마음'이라고 한다. 이는 『중용』에 토대를 둔 것으로, 구체적인 내용은 다음과 같다.

기뻐하고 성내고 슬퍼하고 즐거워하는 것이 아직 나타나지 않은 상태를
중中이라 하고, 나타나되 절도에 맞는 것은 화和라고 한다. 중과 화에 이르
면 천지가 제자리에 자리잡고 만물이 제대로 자라나게 된다.
중中이란 편벽되지 않고 치우지지 않으며 지나치지도 모자라지도 않는 것
의 이름이다.

기쁜 것이든 슬픈 것이든 지나치거나 모자람 없이 적절한 감정 상태를 유지
하는 것이 건강에 이롭다는 뜻이다.

한편 '재앙은 입에서 나오고 병은 입으로 들어간다'는 일본 속담이 있듯이
음식 섭생 역시 장수를 위한 주된 요소로 여겼다. 이를 위해 공자는 금기 음식
을 강조했다. "쉰밥과 부패한 고기나 상한 생선은 먹지 않는다. 빛깔이 나쁜 것
은 먹지 않는다.[30] 냄새가 나쁜 것은 먹지 않는다.[31] 제철이 아닌 음식은 먹지
않는다.[32] 자른 것이 바르지 않으면 먹지 않는다. 요리가 잘못된 것은 먹지 않
는다.[33] 고기가 아무리 많이 차려져도 밥보다 더 많이 먹지 않는다. 술이 아무
리 많아도 취하도록 마시지 않는다. 음식에 맞는 장醬이 갖추어지지 않으면 먹
지 않는다. 시장에서 사온 술이나 육포는 먹지 않는다"[34] 등이다. 이처럼 공자
는 몸에 좋은 음식보다는 먹어서는 안 될 음식을 정해두었다. 지금으로 보면
큰 의미가 없지만, 당시에는 위생 상태가 열악했기에 음식의 영양보다 위생에
더 주의를 기울였던 것 같다.

공자의 음식 양생법의 기본 핵심은 '부다식不多食'[35] 곧 '과식을 하지 않는 것'
에 있다. 불가의 건강법에도 소식다작小食多嚼이라고 해서 '적게 먹고 잘 씹어 먹
는다'는 말이 있다. 또 중국에서는 복육분천수腹六分天壽라고 하여 자기 식사량
의 6할만 먹으면 하늘이 내린 천수를 누릴 수 있다고 한다. 일본이 최장수 국가

「공자상」

가 된 비결 역시 복팔분腹八分 곧 배의 80퍼센트만 채우는 식습관에 있으며, 또 천 년을 산다는 장수의 상징물인 학鶴도 위장의 5분의 1 정도만 채운다. 결국 이렇게 보면 장수를 위한 양생법의 요지는 '과유불급過猶不及' 곧 '지나침은 부족함만 못하다'로 정리된다. 즉, 그것이 정신(마음)이든 신체 보양이든 중화를 지키는 것이 중요하다는 뜻이다.

시름 없이 덕을 쌓고
편안히 숨을 거두다

최근 몇 년 사이 '100세 시대 도래'라는 말이 신문 지면을 뜨겁게 달구고 있다. 실제로 우리 주변에서도 90세 혹은 100세를 훌쩍 넘긴 장수 노인들을 어렵지 않게 만날 수 있다. 하지만 장수만이 능사는 아니다. 이른바 '축복받는 장수'를 누릴 수 있어야 한다. 그렇다면 축복받는 장수란 어떤 삶일까? 그 해답을 전통적인 오복에서 찾아보자. 오복이란 수·부·강녕·유호덕·고종명이다. 즉, 적절한 부유함을 갖추고 큰 질병과 시름 없이 덕을 쌓으면서 장수를 누린 뒤 고통 없이 편안하게 숨을 거두는 삶이다.

오복과 관련해서 삼달존三達尊이라는 것이 있다. '때와 장소에 관계 없이 보편적으로 존중받는 세 가지'라는 뜻으로, 관작官爵(지위)·연치年齒(나이)·덕德(덕망)을 일컫는다.[36] 이에 대한 일화가 『맹자』에 나온다.

맹자는 제나라 선왕宣王의 부름을 받고도 조정에 나아가지 않았다. 그러자

백자청화국화 '수복' 명각병, 높이 16.8cm, 19세기 전반, 고려대박물관.

경추씨景丑氏는 "군주가 명하여 부르시면 말에 멍에를 매기까지도 기다리지 않는다"는 태도에 크게 어긋난다고 비난했다. 이에 맹자는 제후가 비록 삼달존 가운데 관작은 지니고 있지만, 그렇다고 해서 연치와 덕이 있는 사람을 함부로 대할 수는 없다고 답했다.

관작, 연령(연장자), 덕은 각각 존경의 대상이 되는 까닭에 관작이 나머지 두가지를 압도할 수 없다는 뜻이다. 따라서 맹자는 제후가 관작으로 존경을 받고 있다면, 자신 또한 연령이나 덕망에서 결코 뒤지지 않으므로 제후의 명령을 따르지 않더라도 무방하다고 답했던 것이다. 흥미로운 점은 오복과 삼달존에서 공통되는 것이 수와 덕이라는 사실이다. 이는 곧 부·강녕·고종명은 복된 삶의 요소이기는 해도 존경의 대상은 아니며, 관작은 존경의 대상이지만 복된 삶의 조건은 아니라는 것과 다름없다. 반면 장수와 덕은 복되고 존경받는 삶의 요소가 되는 셈인데, 이에 따라 덕을 쌓으면서 장수를 누리는 것이야말로 '축복받는 장수'에 이르는 길이라고 할 수 있다.

그렇다면 어떻게 '유호덕攸好德'으로 천수를 누릴 수 있을까? '유호덕'이란 '덕을 좋아하여 즐겨 행한다'는 뜻으로, 쉽게 말해 덕을 쌓는 일이다. 구체적으로는 배려, 베풂, 나눔 등의 실천적 행위를 일컫는데, 이를 우리의 전통 습속에서 찾아볼 수 있다. 예를 들어 세시풍속 가운데 정월 대보름 전에 마을의 부유한 집에서는 다리가 없어 강을 건너지 못하는 곳에 징검다리를 놓아주는 습속이 있었는데 이를 월천공덕越川功德이라고 했으며, 또 정월 대보름 전날 밤에 괭이를 메고 나가 비탈길을 넓혀주거나 큰 돌을 치우는 등의 행위를 행인공덕行人功德이라고 했다. 그 외에도 정월 대보름이나 입춘이 되면 걸인들이 모여 사는 다리 밑 움막 앞에 밥 한 솥을 가져다놓는 적선공덕積善功德, 헐벗은 사람에게 옷을 입혀주는 구난공덕救難功德, 약탕을 끓여 병자가 누워 있는 방문 앞에 두고 오는 활인공덕活人功德 등이 있었다.

이들 행위는 덕을 쌓으면 액을 면할 수 있다는 일종의 액막이 습속으로, 소극적인 의미로는 액을 물리치는 것이지만 적극적인 의미로는 복을 불러오는 것이 된다. 이와 관련해서 '적선지가필유여경積善之家必有餘慶' 곧 '선덕을 쌓는 집안은 반드시 경사스러운 일이 생긴다'는 말이 있다. 사실 베풀고 나눔으로써 기쁨과 행복을 느낀다면 이미 내 마음에 경사스러운 일이 일어나고 있는 것이다. 나아가 마음의 행복은 긍정적인 에너지로 작용해 건강을 유지하는 데 큰 도움이 될 것이고, 이는 곧 장수로 이어지게 마련이다.

그런데 사실 유호덕의 바탕에는 하늘이 내려준 성품이 자리하고 있다. 즉 덕을 쌓는 일을 즐겨하는 성품이란 태생적으로 부여받는 것이라는 뜻이다. 그러하기에 아마 오복에 포함시켰을 것이다. 하지만 다행스럽게도 유호덕은 수·부·강녕·고종명처럼 오로지 운명에 의해 결정되는 것이 아니라 스스로의 노력에 따라 충분히 성취할 수 있다. 아울러 '적선지가필유여경'처럼 덕을 베풀면 온갖 경사스러운 일이 생기듯이, 유호덕에 의해 생겨난 마음의 여유로움은 긍정적인 에너지로 발산되어 삶을 좀더 윤택하게 해줄 것이고, 이로써 큰 걱정 없이 천수를 누리며 편안하게 눈을 감을 수 있다. 이런 점에서 유호덕이야말로 '축복받는 장수'를 뛰어넘어 '축복받는 삶'을 위한 키워드가 되는 셈이다.

제2장

노년의 거장들,
어떻게 달랐나

이숙인

서울대 규장각한국학연구원 책임연구원

하나이지 않은
이 지혜들

노년은 삶의 경험과 지혜를 미래 세대에 전달하는 성숙의 시기라고 한다. 나이듦이란 자신에게 진술해질 수 있는 일종의 특권이며, 노년은 평온과 재생 그리고 영적으로 성장할 수 있는 적기라고도 한다. 각종 사회적 의무로부터 자유로워지는 노년이야말로 그 자신일 수 있는 시기라는 뜻이겠다. 물론 그 반대의 전망도 만만치 않다. 노인에 대한 일반적인 이미지 같은 것이다. 아픈 몸, 상처난 마음, 소외, 아집, 불통, 욕심, 빈곤 등이 오늘날 노인을 구성하는 부정적인 이미지들이다. 노년이란 획득하는 것이 아니라 스스로 오는 것이고, 피할 수 없는 것이라면 긍정하고 즐기는 것이 맞을 것 같다. 무엇보다 노년을 설렘으로 맞이할 수 있다면 그 또한 축복이다. 그것은 젊음에 충실했다는 의미와 함께 의무로부터의 해방을 뜻하기 때문이다.

노년의 좋은 삶이란 어떤 것일까. 젊음을 그대로 유지하는 것보다는 젊음을 발전시킨 모습이어야 하지 않을까. 젊음을 기준으로 삼기보다 노년의 강점과 노년만이 누릴 수 있는 특권을 최대로 발휘하는 삶이 아닐까. 나이의 벽을 허문다는 것은 젊음과 늙음이 같아지는 것이 아니라 각자 다르지만 평등하게 서로 어울리는 것을 말하는 것이 아닐까. '청춘 같은' 노년이 아니라 '노년다운' 노년의 삶을 찾아가는 것이다. 그런 점에서 노년의 삶도 어느 정도는 문화적·사회적으로 구성된다.

초고령 사회로 접어든 오늘날 '나이 잘 들기'에 대한 성찰적 사유의 방식과 문화를 조선의 한 시기를 풍미했던 거장 몇 사람을 통해 엿보기로 한다. 각자 다양한 방식으로 자신의 삶을 꾸려간 노년 거장들로부터 그 지혜와 경험을 얻을 수 있을 것이다.

여러 분야에서 사회적 명성을 얻은 이들을 거장이라 하고, 그들이 노년을 사는 방식들에 주목했다. 노년에도 왕성하게 정치 일선에서 높은 관직에 종사했던 '노장 정치가들', 즉 '흰머리'의 노인으로서 경상卿相의 자리에 앉아 정치 실무를 수행했던 사람들이 있다. 그리고 '은퇴'를 고집하며 일선에서 물러나 자연친화적이고 관조적인 노년을 보낸 거장들이 있다.

유교적인 지식세계에서 노년의 삶에 접어든 사람들의 자기 인식을 살피는 것은 매우 의미 있는 작업이라 여겨진다. 지금으로부터 100여 년 전 노인들은 나라 잃은 울분을 토해내며 '노인동맹단'을 만들어 나라를 찾기 위해 일어났다. "구구區區한 형해形骸가 세상에 존재하는 기한이 과연果然 기하幾何냐?" 살날이 얼마 남지 않은 자신들이야말로 세상에 겁날 게 없다는 것이다. 이보다 더 힘찬 웅변이 있을까. 노년의 함성을 잠깐 들어보자.

우리 국민은 노인을 통할 때 약간의 길이 있다. 국내외에 거주하는 전체 노인의 수는 몇백만 명에 이른다. 이 몇백만의 백발노인이 죽기를 기필할

「송하담소도松下談笑圖」, 『산수인물화첩』, 이경윤, 비단에 먹, 31.1×24.8cm, 16세기, 고려대박물관. 노인 둘이 소나무 아래에서 바둑을 두면서 이야기와 웃음을 나누는 한가로운 모습이다.

때 적인敵人도 오히려 업신여기지 못할 것이다. 우리 노인 형제여, 생각해 보라. 구구한 형해가 세상에 살날이 그 얼마더냐? 고인이 말하기를 죽을 때 죽으면 죽음도 영광이 된다고 했다. 우리가 만일 오늘 죽을 뜻을 얻어 영광을 자손에게 전하게 된다면 하늘이 내린 행복이라 하겠고, 또 우리가 생전에 요구하는 바는 오직 자손을 위해 복리를 바라는 것 외에는 아무 생각이 없다는 것을 알 것이다. (…) 이에 노인동맹단을 조직했고 좋은 방법을 모색하기 위해 우선 우리 단체의 뜻을 포고하는 바다. 여러 노인은 이를 잘 살피어 수일 내로 모여 함께 의논하고 결행할 것을 간절히 바라는 바다. 기원 4252년(1919. 3, 「대한국민노인동맹단취지서大韓國民老人同盟團趣旨書」)

노년을 어떻게 살 것인가? 각자 살아온 삶의 여정에 따라, 세계관이나 생명에 대한 태도에 따라 여러 답이 나올 수 있다. 이 답들은 우리 모두가 경청하고 잘 전수해야 할 다양한 색과 향의 지혜들이다. 그것은 하나이지 않은 지혜들이다. 이를 통해 늙음을 '추함'과 동의어로 만든 특정 제도 권력의 미의식이나 소비 능력이 있어야 존엄하다는 자본주의 논리, 또는 사회적으로 유익한 활동을 해야 의미 있다는 유사 공공성 논리를 비판적으로 볼 수 있을 것이다. 그보다 자신이 살아온 인생의 여정과 리듬에 맞게 현재의 이 노년이라는 생의 무대에서 편안하고 자유롭게 나이 든 삶을 사는 다양한 노년의 모습을 찾고자 한다.

백두경白頭卿의
거목들

지조와 절개의 표상, 대로 김상헌
|

"신으로 하여금 시골로 물러가 노년을 지키며 늘그막의 절개를 보전할 수 있게 해주소서."

청음 김상헌金尙憲(1570~1652)은 우리 역사에서 지조와 절개로 일관한 '대로大老'의 모습으로 기억되고 있다. 그의 행적을 70세 이후의 노년에 맞춰 『청음연보淸陰年譜』를 통해 추적했다. 김상헌은 1640년(인조 18)에 71세의 나이로 청나라 심양으로 압송되었다. 청의 장수 용골대龍骨大가 관작도 받지 않고 청의 연호도 쓰지 않는다는 김상헌을 추궁하자 국왕 인조는 그를 심양으로 보낼 수밖에 없었다. 12월에 그가 도성을 지날 때 인조는 어찰을 내려 위로했다.

뜻밖에 화란이 터져 마침내 이 지경에 이른 것은 참으로 내가 현명하지 못한 소치다. 말과 생각이 여기에 이르니 나도 모르는 사이에 눈물이 흐른다. 서로 만나보고 싶은 마음이 간절하나 껄끄러운 사정이 있어 그렇게 못했다. 경은 모쪼록 잘 대답해 저들의 노여움을 풀어주길 바란다.

김상헌은 "소신이 형편없이 못난 탓에 끝내 성상의 은혜에 우러러 보답하지 못했으니, 죄가 만 번 죽어도 모자랍니다"라고 화답했다. 그를 만나고 온 신하들은 "행동거지가 여유로워 평소와 전혀 다르지 않았다"고 하고, "조금도 꺾이는 뜻이 없었던바, 저들에게 가서 말하는 즈음에 노여움을 촉발시킬 염려가 없지 않다"고 우려했다. 도성을 떠난 청음은 밤낮 없이 길을 가 12월 18일 의주에 도착했다. 김상헌을 대면하자 청의 장수 용골대가 추궁하기 시작했다.

용골대: 정축년(1637)에 너의 국왕이 남한산성에서 내려올 때, 너 혼자만 청나라를 섬길 수 없다고 하면서 국왕을 따라 성을 내려오지 않았는데, 그것은 무슨 뜻인가?

김상헌: 나라고 해서 어찌 우리 임금을 따라 내려가고 싶지 않았겠는가. 나는 늙고 병이 들어서 따라가지 못한 것일 뿐이다.

용골대: 정축년 이후에 제수된 관직을 한 번도 받지 않았으며, 심지어는 교지敎旨를 도로 돌려보내기까지 했는데, 이 또한 무슨 뜻인가.

김상헌: 나라에서는 내가 늙고 병들었다는 이유로 애당초 관직에 제수하지도 않았다. 그런데 어찌 교지를 도로 돌려보낸 일이 있었겠는가.

용골대: 군사들을 내어 도울 때 어찌하여 상소를 올려 저지시켰는가?

김상헌: 나는 나의 뜻을 지킨 것이다. 그리고 나는 나의 임금에게 고한 것

이다. 그런데 나라에서 나의 말을 쓰지 않은 것이다. 이와 같은 일을 다른 나라에서 왜 알고자 한단 말인가?

용골대: 두 나라가 이미 한집안이 되었는데, 어찌하여 다른 나라라고 하는가?

김상헌: 양국에는 각자 경계가 있다. 그러니 어찌 다른 나라라고 하지 않겠는가?

오목도梧木道: 조선 사람들은 말을 하는 사이에 오로지 부드럽게 하기만을 일삼는데, 이 사람은 응답하는 것이 아주 시원시원한바, 대하기가 가장 어려운 노인이다.

다음 날 김상헌은 강을 건너 26일 심양에 도착해 북관北館에 구류되었다. 1642년(인조 20)에는 73세의 김상헌이 병이 나자 청나라는 그를 잠시 의주로 돌려보냈다. 이때 생일을 맞았는데, 의주 수령이 술과 안주를 보내왔다. 그 감회를 시로 읊었다. 천 리 밖에서 부인의 부음을 듣고 처음 맞는 생일이었다.

고향 산의 송백 속에 무덤 잠겨 있거니와	故山松柏鎭幽宮
지난날에 즐겁던 일 꿈속으로 들어오네	疇昔歡娛入夢中
오늘에는 한 잔 술을 어느 누가 올리려나	今日一杯誰爲進
흰머리로 천 리 밖서 눈물 줄줄 흘리누나	白頭千里泣無窮

1643년(인조 21) 1월, 74세의 김상헌은 다시 심양으로 끌려갔다. 그때 주화론 主和論의 입장에 선 정승 최명길崔鳴吉(1586~1647) 역시 잡혀가 구류된 몸이었다. 최명길은 시를 지어 경권經權의 뜻을 건네기를 "끓는 물과 언 얼음이 모두 물이

清陰先生年譜卷之二

崇禎皇帝元年戊辰 先生年五十九 正月柳孝立謀逆事覺 時孝立許逖芋謀逆將推戴仁城君瑛事覺伏誅

以大司諫恭鞫

四月上箚請虛心察理禮使臣下

時判義禁徐渚以激事下獄諫官權濤以被削

黜王堂諸臣上箚論事 上心輕躁為敎上箚

論之

恭鞫勞也

拜副提學改都承旨 加資憲大夫辭 不許 前錄

八月拜刑曹判書移大司憲遍拜議政府右參贊

○冬特除都承旨

고, 가죽 옷과 갈포 옷이 모두 옷일세湯氷俱是水 裘葛莫非衣"라고 했다. 그러자 청음이 여기에 차운하여 시를 지었다.

성패는 다 하늘 운에 달려 있거니   成敗關天運

의에 맞는 것인가만 보아야 하리   須看義與歸

제아무리 아침저녁 바뀐다 해도   雖然反夙暮

어찌 옷을 뒤바꾸어 입어서 되랴   詎可倒裳衣

권도權道 쓰면 현인도 혹 잘못될 것이고   權或賢猶誤

정도正道 쓰면 뭇 사람들 못 어기리라   經應衆莫違

이치 밝은 선비에게 말해주나니   寄言明理士

급한 때도 저울질을 신중히 하소   造次愼衡機

1643년 4월, 김상헌은 청나라의 '은전恩典'으로 특별히 석방되어 세자관世子館 가까운 곳에 거처를 얻었다. 최명길도 함께 있었다. 용골대 등은 석방해준 대가로 그들로 하여금 서쪽을 향해 황제에게 사은의 절을 올리도록 했다. 최명길이 김상헌의 팔을 잡고 함께하려고 했다. 김상헌이 허리에 병이 났다고 핑계 대고는 끝내 예를 올리지 않자 용골대가 강요했는데 그럼에도 꿈쩍도 하지 않았다. 최명길만 홀로 서쪽을 향하여 사배를 올리고 꿇어앉아서 용골대에게 사례하니, 용골대가 눈을 부릅뜨고 김상헌을 오랫동안 노려보았다.

조선의 국왕은 김상헌과 함께 심양에 구류되었다가 돌아온 신하를 붙들고 그의 안부를 물었다. 신하가 "생사가 눈앞에 있어도 개의치 않았으며 두 번째 들어갈 때에는 더욱더 마음이 흔들리지 않았다"고 하자 왕은 떠날 때 나라에서 내려준 은자로 고스란히 돌려주었다고 하고 "그 맑고 꿋꿋한 절조는 참으로 가상하다"고 했다. 이어서 왕은 "거센 바람 속에서 강한 풀을 안다고 했는데 이 사람이야말로 남자다운 기상이 있다. 다른 사람들은 비록 심상한 일로 심양에 들어가더라도 대부분 제대로 대처하지 못하고 만다"고 했다.

1645년(인조 23) 2월, 76세의 김상헌은 심양에서 돌아왔다. 서교西郊에 도착하자 상소를 올려 임금의 명을 무시한 죄로 상황이 이렇게 되었지만 자신의 진실에 대해서는 아직 밝히지 못했다고 했다. 이어서 말했다.

이에 감히 외람됨을 무릅쓰고 대궐 뜰에 나아가 크나큰 은혜에 대해 공손하게 사례하지 못하겠습니다. 그런 데다 거듭해서 질병이 들어 거동하는 것을 거의 폐하고 있기에, 머리를 들어 대궐이 있는 곳을 바라보기만 할 뿐 대궐로 나아갈 수가 없습니다. 견마犬馬와 같은 신의 나이가 이미 팔순이 다 되어가는바, 기울어지는 햇살을 바라보매 아침저녁으로 떨리기만 할 뿐입니다. 이제 한번 시골로 돌아가면 영원히 성상을 뵈올 수 없을 것이기에, 짤막한 상소를 올리노라니 눈물만 흐를 뿐입니다.

그런데 10여 일이 지나도록 왕의 회보가 없었다. 이에 그는 자신의 거처인 석실로 갔다. 정원이 김상헌에게 비답해줄 것을 왕에게 청했다. 정원이 올린 글은 당시 관료들의 보편적인 시각이었을 것으로 여겨진다.

김상헌이 환난을 당하여 끝까지 마음을 변치 않았으니, 천길 절벽 같은 굳은 절조는 천고에 드문 바입니다. 만 번 죽을 뻔한 위험을 겪고 거듭 살아 돌아오게 된 것은 모두가 그의 의열義烈이 감동시킨 소치가 아닌 것이 없습니다. 그러니 어찌 천하 후세에 크게 할 말이 있지 않겠습니까. 그리

石室山第□長髯

遐延之涯重慶見

方□幸老以此歉然

歲甲申李夏二目

南冠老人草

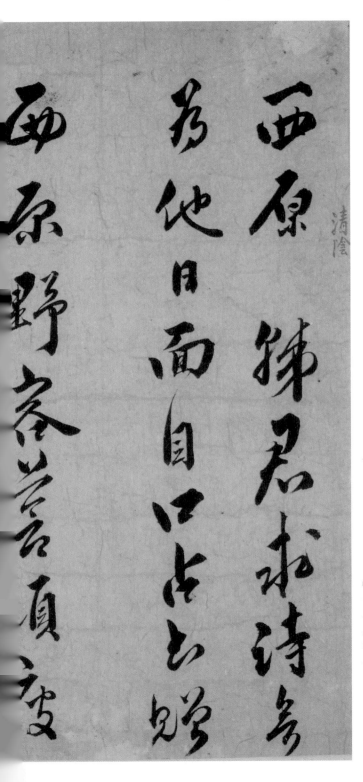

西原 猶君求詩爲

爲他日面目口占書贈

清陰

西原野容告言頁變

「청주 한군이 내 시를 구하여
앞날에 내 대신 보냈다기에,
읊어서 써주다西原韓君求詩
欲爲他日面目口占書贈」,
『선배시첩先輩詩帖』, 김상헌,
종이에 먹, 30.7×43.5cm,
1644, 경남대박물관 데라우치 문고.
"청주 시골 늙은이 안색은
파리하고, 석실 산 늙은이
백발은 긴데, 하늘 끝에서
해후하여 두 번 만나니,
백 년 고생을 지금 잊을 수 없네."

고 또한 우리 성상께서 보호해주신 사랑과 북돋워 길러주신 공을 충분히 볼 수 있습니다. 그렇다면 진실로 특별히 위로하고 달래는 말씀을 내리시어 그를 가상하게 여겨 장려하는 뜻을 보여야 할 것입니다. 그런데 사정을 진술하고 물러가겠다고 고한 그의 상소에 대해 비답조차 내리지 않으셨습니다. 이것이 어찌 뭇 사람이 바라는 바이겠습니까. 신들이 듣건대, 김상헌이 성문 밖에 머물러 있으면서 공손히 성상의 말씀이 내려지기를 여러 날 기다리다가 이제야 비로소 교외로 물러간다고 합니다. 백발의 외로운 신하가 고국에 살아 돌아와서 대궐을 지척에 두고 끝내 성상을 배알하지 못했습니다. 성상께서 절의를 숭상하고 장려하는 도리에 있어서 어찌 부족한 것이 아니겠습니까.

이에 국왕 인조는 "고국에 살아 돌아왔으나 궁문에는 오지 않았으니, 이는 벼슬하기를 탐탁지 않게 여기는 것이다" "나를 배알하고 싶어하는 뜻이 별로 없었다"며 트집을 잡았다. 아마도 왕은 김상헌에 대해 콤플렉스를 가졌을 법하다.

김상헌의 나이 77세, 1646년(인조 24)에 의정부 좌의정에 제수되었다. 차자를 올려 물러나게 해주기를 요청했으나 왕은 허락하지 않고 세 차례나 승지를 보내 따뜻하게 유시했다. 이에 김상헌은 다시 차자를 올려 녹봉을 사양하고, 장령 이응시李應蓍[1]를 사면시켜줄 것을 요청했다. 이응시는 왕에게 직간하다가 미움을 사서 멀리 유배된 젊은 관리다.

국가가 이미 그에게 말하는 책임을 주어 맡겼으니, 이는 그에게 말을 하라고 시킨 것입니다. 이미 말을 하도록 시켜놓고 말을 했다고 죄를 준다면, 누가 감히 다시 말을 하려고 하겠습니까. 예로부터 어지러워지고 망하는 길이 하나가 아니나 말한 자에게 죄를 주는 것이 특히 심한 것으로, 이에 대해서는 여러 서적에 즐비하게 기록되어 있어 낱낱이 지적할 수가 있습니다.(『인조실록』 24년(1646) 5월 5일)

김상헌은 관직에서 물러나게 해달라는 상소를 무려 32차례나 올렸는데, 이에 왕은 비로소 체차를 허락했고 그는 곧바로 석실로 돌아갔다. 1649년(인조 27) 7월, 80세의 노장 김상헌은 왕에게 다시 상소를 올렸다.

무릇 벌이 죄에 합당하지 않으면 무슨 일인들 잘못되지 않겠습니까. 그런데 신하가 지극한 원통함을 품는 경우로는 바른말을 했다가 죄를 받는 것보다 더 심한 것이 없으며, 상천上天께서 임금에 대해 노여워하는 것 역시 올바르게 간언을 올린 신하를 죄준 것보다 더 심한 것이 없습니다. 이런 예는 자고이래로 손가락으로 이루 다 꼽아 헤아릴 수 없이 많습니다.

80세 8월에는 좌의정에 제수되었다. 하지만 상소를 올려 극력 사임했으며, 또 열한 차례나 정고하니, 체차를 허락하고 영돈녕부사에 제수했다. 그 상소는 대략 다음과 같다.

신의 질병은 참으로 우연한 것이 아닙니다. 지난날 남한산성에서 영남嶺南으로 내려갔는데, 시세時勢가 뜻밖에 변한 뒤에는 감히 스스로 사람들 사이에 낄 수가 없었습니다. 이에 황량한 골짜기 속에 숨어 지내면서 마음을 붙일 곳이 없어 산속 동굴에서 바람을 쐬기도 하고, 물가에 나가 더위를 식히기도 했으며, 밤중에 어두운 언덕에서 쉬기도 했습니다. 이렇게 넓이

나가 귀신과 만나 노는 사람처럼 지내 대부분의 사람이 신에 대해 다시는 사람 노릇을 할 수 없을 것이라고 여겼습니다. 그때를 당하여 모르는 사이에 기력이 쇠잔해진 것은 이루 다 말씀드릴 수가 없습니다.

그는 청나라에 구류되면서 신경통 증세가 더 심해졌는데, 거기에 중풍까지 더해져서 기력이 모두 고갈되었다고 하며 체차를 요청했다. 그것보다 그가 사임을 요청한 더 근본적인 이유는 다른 데 있었다.

또 들으니, 근일에 청나라 사신이 계속해서 나오고 있다고 합니다. 신은 의리상 그들과 함께 같은 당堂에서 읍양揖讓하고 좌우에서 주선할 수가 없습니다. 삼가 바라건대, 속히 신을 면직시키도록 해 신으로 하여금 시골로 물러가 노년을 지키며 늘그막의 절개를 보전할 수 있게 해주소서.

대신들은 "영돈녕부사 김상헌은 나라의 시귀蓍龜이고, 백료百僚의 사표師表로서 바로 오늘날의 대로大老입니다"[2]라고 했다. 1650년(효종 원년) 81세의 나이로 물러나 향리로 돌아갈 수 있게 해주기를 청했다.

형편없는 자질을 지닌 노신이 염치를 상실하여 일흔 살이 되어서 이미 물러났다가 여든 살이 되어서 다시 나와, 쇠파리 모양으로 들락거리고 강아지 모양으로 구차스러운 짓을 하여 다른 사람들의 천시와 모욕을 받았습니다. 명분은 비록 크나큰 성상의 은혜에 감격해서 나온 것이라고는 하나, 실상은 저 자신을 이롭게 하기 위한 것이었습니다. 소인배의 마음 씀씀이를 식견 있는 자들이 먼저 알아보는 법인바, 구구한 제 속셈을 어찌 감히

노년의 풍경

스스로 거짓으로 꾸밀 수 있겠습니까. 그런 데다 신은 감내할 수 없을 만큼의 큰 질병이 있으며 또 아주 어렵고 걱정스러운 형세를 만났습니다. 그러니 이는 역시 조금은 살펴줄 만한 점이 있는 것입니다.(『청음연보』 제2권)

1570년 외조부 정유길의 한양 집에서 태어난 김상헌은 역사에 큰 족적을 남기고 83세의 나이로 세상을 떠났다. 척화斥和를 정치적 입장으로 삼아 지조와 절개로 일관한 그의 삶에 대해서는 다양한 평가가 있을 수 있다. 그 시대에 그의 판단과 처신이 옳았는가 하는 측면은, 거의 모든 사안이 그렇듯이 의견이 갈릴 것이다. 죽기 직전까지 사회 정의를 위해 정도正道를 가려고 고군분투했다는 점에서 '거장 노년'의 전형이라 할 수 있다.

상생과 안절安節 그리고 균형,
정승 황희

일흔의 나이에 접어든 황희黃喜(1363~1452)는 사직서를 제출하며 이렇게 말한다. "하고자 하는 바를 반드시 그대로 하는 것은 임금의 큰 법이오나, 할 수 없는 것을 그치게 하는 것은 미신微臣의 지극한 충정衷情이옵니다."3 즉 자신을 재상의 자리에 재임용한 왕의 뜻을 신하된 자의 충심으로 거절하겠다는 뜻이다. 이에 국왕 세종은 비답을 내려 황희의 사퇴 이유를 하나하나 반박하며 제발 자기 곁에 있어주기를 원했다. 세종은 황희에게 "경은 나이가 아직 80~90세에 이르지는 않았으며, 병도 치료할 수 없을 만큼 나쁜 상황이 아니다"라고 했다. 그리고 왕은 병이 나면 치료하면 될 것이고, 일반적인 규정 따위도 "나의 의지할 사람" 황희를 그만두게 할 이유가 될 수 없다고 했다. 기로소에 들어갈 나이에 이른 황희는 넉넉함과 편안함으로 임금의 마음을 사로잡았던 것이다. 왕이 황희의 보필에서 편안함을 느꼈다면 그것은 원로의 특권으로 왕에게 이의를 제기할 수 있는 그 여유였을 것이다.

노년의 풍경

「황희 초상」, 비단에 채색, 79.0×57.0cm, 조선시대, 경기도박물관.

임금이 말하기를 '이정간李貞幹의 어머니는 나이가 90세를 넘었으며 자손이 번성하여 진실로 칭찬할 만하다. 내가 그에게 두터운 은총을 내리고자 한다'고 했다. 대언代言들이 말하기를 '마땅히 잔치를 내리시고 안팎 옷감을 은사恩賜하는 것이 좋겠습니다'라고 했다. (…) 황희 등이 아뢰기를 "왕명이 지당합니다. 그러나 나이가 많아서 상을 주어야 할 만한 자는 정간의 어머니 혼자만이 아닙니다. 그런데 유독 그에게만 이례異例의 은사를 내리는 것은, 그것이 옳은 일인지 알지 못하겠습니다"라고 했다.(『세종실록』 14년 (1432) 4월 25일)

균형을 보여주는 대목이다.

황희 등이 아뢰기를 "법이라는 것은 가볍게 변경할 수 없습니다. 지금 이미 도죄徒罪를 사면했는데, 약해 등의 죄는 도徒·유流에 지나지 않는 것이니, 어찌 임금의 말씀에 믿음을 잃어가면서 그들에게 죄를 주어야 하겠습니까. 또 약해 등은 처음부터 고의로 한 것이 아니고 현명하지 않은 까닭으로 그렇게 된 것이니, 마땅히 다만 파면시키는 데 그쳐야 하겠습니다" 하니, 그대로 따랐다.(『세종실록』 14년(1432) 6월 25일)

황희는 죄에 대한 징계를 법의 테두리 내에서 행해야 한다는 입장이었다. 예컨대 죄의 성격이 사람의 감정을 자극하는 유형일지라도 논죄하는 자리에 있는 사람은 법에 근거하여 객관성을 유지해야 한다는 것이다. 황희가 기대는 바의 법적 근거는 형벌을 가볍게 함으로써 사람을 살리는 쪽이었다. 즉 '살림'이라는 목적을 위해 법조문을 해석하는 방식이었다. 그는 왕이나 여느 대신들과 달리 법보다는 '살림'이나 '생명'을 중시했는데, 황희의 나이 각각 70세, 76세 때의 일이다. 그는 왕에게 "경經에 이르기를 '범죄한 사실에 의심될 만한 점이 있으면 오직 가볍게 벌하라'고 했으니 청하옵건대 가벼운 법을 따르소서"[4]라고 했다.

조부모를 때리고 욕한 이적李迹을 즉시 교형에 처하는 데 의금부와 정부가 다 동의했다. 하지만 오직 영의정 황희만이 이적을 교형에 처하는 것을 반대했다. 황희는 말한다. "『대명률』에 '조부모나 부모를 욕한 자는 교형에 처한다'는 조문이 있지만 그 주注에는 '친고親告가 있어야 문제 삼는다'고 했습니다." 그리고 그는 이적의 아비 행行이 그 아들에게 보낸 편지에 의하면 '집안의 추한 꼴을 드러내기 싫어서 아직 참아둔다'고 했으니 아들을 관가에 고발할 의사는 없었던 것으로 해석했다. 따라서 이적을 교형에 처하는 것은 법률의 본의에 어긋날 수 있다고 했다.(『세종실록』 20년(1438) 10월 27일)

사람의 생명을 중시하여 형벌을 최소화하고자 한 황희의 사상은 세종의 정치적 지향에도 큰 영향을 미쳤던 것으로 보인다. 이것은 재상 황희를 특징짓는 한 요소가 되었다. 그의 졸기에는 이렇게 기록되어 있다.

옥사獄事를 의정議定할 적에는 관용을 주견으로 삼아 일찍이 사람들에게 이르기를 '차라리 형벌을 가볍게 하여 실수할지언정 억울한 형벌을 할 수는 없다'고 했다.[5]

1448년(세종 30) 7월에는 궁성 가까운 곳에 새 불당을 지으려는 왕의 계획을 반대하는 상소가 빗발쳤다. 하지만 세종은 모든 대신과 서생의 요구를 묵살하고 자신의 계획을 실행시키고자 했다. 이에 86세의 노재상 황희는 이렇게 말한다.

신은 생각건대, 비록 나라를 이롭게 하고 백성을 편안하게 하는 데에 관계되는 일이라도 사람들이 모두 불가하다고 말하면 마땅히 굽혀 좇아야 할 것이옵니다.(『세종실록』 121권, 30년(1448) 7월 22일)

(그들의 상소는) 정에 지나쳐 정도를 넘어선 부분이 있지만 아첨하여 입을 다물고 있는 것보다 낫습니다. 많은 선비가 각자 자기 말을 하는 것은 치화治化의 결과물이라고 봅니다. 이는 곧 나라의 복이 되고 만세의 경사입니다.(『세종실록』 121권, 30년(1448) 7월 26일)

황희는 왕을 향한 신하들의 거센 항의를 오히려 국왕 세종의 지도력이 만들어낸 결과로 해석함으로써 왕과 신하 그리고 백성, 그 모두를 배려하고 인정하는 태도를 보여준다. 황희가 보기에 좋은 정치란 시비나 이해의 문제도 중요하지만 절대다수의 백성이 원하는 것이 무엇인지 경청하고 반응하는 일이 더 중요하다. 즉 왕은 백성에게 져야 한다는 것이다.

안절安節, 곧 '절제를 편히 여긴다'는 것은 '중정中正'을 의미하는데, 이는 『주역』 절괘節卦에서 기원한다. 옛말에 "성인은 절도節度에 통달하고 그다음은 절도를 지키고 그 아래는 절도를 잃는다"고 했다. 절제하지 못한 행위는 물론 절제를 고집하는 행위 또한 바람직하지 못하다. 절괘는 한계를 정하는 것에 그 의의가 있으나 활용하는 것도 중요하다.[6]

황희신도비, 성균관대박물관.

그 역시 나이가 들면서 일선에서 물러나 자연으로 돌아가고 싶어했다. 도승지 김돈金墩에게 건넨 시에는 이런 내용이 있다. "벌써 물러날 나이 지났건만 벼슬을 그만두지 않고, 의정부에서 밥만 먹고 있으니 얼마나 부끄러운지. 조용한 날 임금께 여쭈어 백발로 청산을 대하도록 해주소서."[7] 하지만 세종은 그를 놓아주지 않았다.

황희가 오랜 세월 재상의 자리를 지킬 수 있었던 것은 곧 이 '중정中正'의 태도로 자신의 임무에 충실했기 때문인 것으로 보인다. 즉 아첨하거나 교만하지 않고, 누구를 지나치게 좋아하거나 지나치게 미워하지 않는 등 자기 내부에 이미 절제를 편안히 여기는 기제를 갖추고 있었던 듯하다. 그에 대한 사후의 평가도 이 점을 잘 말해주고 있다. 황희는 "진퇴進退가 모두 의리에 합하고, 희로喜怒가 기색에 나타나지 않았다"[8]고 한다. 또한 휴휴休休한 포용성과 아부하지 않는 충직함을 발하되 자신만을 고집하지 않았다.

노년의 풍경

선뜻 물러나
삶의 여백을 찾다

"어리석지 않고 귀먹지 않으면 늙은이 노릇 할 수 없다."(『사소절』)

늙은 유선儒仙[9] 농암 이현보
|

이현보李賢輔(1467~1555)는 호조 참판으로 있던 1542년에 사직을 청했으나 허락받지 못하자 온천욕을 구실로 낙향하여 은퇴했다. 76세의 나이였다. 은퇴하여 고향에 살았지만 중추부中樞府의 관직이 죽는 날까지 계속 제수되었고, 농암은 그러거나 말거나 산천 속에서 '늘그막'을 즐겼다. 이에 대해 퇴계는 고봉에게 보낸 편지에서 이렇게 말한다.

우리 고장 선배인 농암聾巖 이 선생은 나이 75세에 벼슬에서 물러나 고향

「이현보 초상」, 전 옥준상인, 비단에 채색, 126.0×105.0cm, 보물 제872호, 유교문화박물관.

으로 내려와서 89세에 돌아가셨는데, 고향으로 내려와서 죽는 날까지 항상 중추부의 관직이 제수되었습니다. 그도 처음에는 매년 한두 차례 사면을 청했지만, 번번이 청은 받아들여지지 않고 도리어 이따금 포사褒賜의 은전恩典이 내렸으므로 뒤에는 사면을 청하지 않기로 결심하고서 말하기를 "무익함은 논할 것도 없거니와 가장 미안한 것은 은명恩命이 내리심이니, 사면하지 않는 것이 낫다"고 했습니다. 나도 당시에는 오히려 농암을 의리에 극진하지 못하다고 여겼습니다만, 지금 내 몸이 그런 일을 당한 뒤에야 그분의 말이 과연 옳았다는 것을 알았습니다.(이황, 『고봉집』「기주서시사奇注書侍史」)

즉 퇴계 역시 사직을 요청하나 받아들여지지 않고 벼슬자리를 자꾸 올리면서 자신을 성가시게 하는 상황에 직면하고서야 농암의 심정을 알게 되었다는 것이다. 홍섬洪暹이 쓴 이현보의 비명에는 거장 이현보가 구상한 노년이 담겨있다.

예로부터 신하로서 높은 지위에 올라 명성을 세운 뒤 몸을 거두어 한가하게 퇴로하고자 하지 않은 바 아니지만, 대부분 자유롭게 되기가 어렵고 구차하게 잘 보이려고 하기 마련이다. 그 덕이 고상하여 다른 사람을 격려하여 분발하게 할 만하고 나이가 국로國老가 되기에 충분하면서 구원丘園에서 깨끗하게 만절晚節을 온전히 보전한 사람을 근세에서 찾아보면 오직 이현보 공 한 분이라 하겠다.(홍섬, 『농암집』「이현보비명李賢輔碑銘」)

농암은 서울의 오랜 벼슬살이를 접고 고향으로 돌아와 농암에 올랐다. 주변

「향산구로회도香山九老會圖」, 『삼재화첩三才畫帖』, 종이에 엷은색, 35.5×38.5cm, 개인.

산천을 돌아보고 감회에 젖는다. 그 옛날 뛰놀던 흔적이 그대로임을 기뻐하여 이 노래를 지었다.

> 농암에 올라보니 노안老眼이 밝아지도다
> 세상사 변한들 산천이 다를손가
> 바위 앞 흐르는 물 어제 본 듯하여라
> (『농암집』 권3 「농암가聾巖歌」 병서幷序)

농암 이현보는 홍문관 부제학의 자리에 있을 때 고향으로 내려와 선친을 위해 수연을 열었다. 그의 나이 67세 때의 일이다. 이후 '애일당구로회愛日堂九老會'라는 모임을 결성하는 계기가 되기도 했던 그때의 일을 농암은 이렇게 적었다.

예로부터 우리 고향에는 늙은이가 많았다고 했다. 1533년(계사癸巳) 가을 내가 홍문관 부제학이 되어 내려와 선친하고 수연을 베푸니 이때 선친의

「분천헌연도」, 비단에 엷은색, 36.9×26.7cm, 보물 제1202호, 1526, 농암 종가. 사후 효절孝節이란 시호를 받을 만큼 부모에 대한 효와 노인에 대한 공경심이 높았던 이현보는 양로연을 시행하고 부모에게 효성이 극진했다. 이 그림은 1526년 이현보의 나이 60세에 부모 생신에 올린 연회 장면을 그린 것이다.

연세가 94세였다. 예전에 나는 부모님이 모두 계실 때 이웃을 초대하여 술잔을 올려 즐겁게 해드린 것이 한두 번이 아니었다. 그러나 지금은 아버지만 계시는지라 단지 고을에 아버지와 동년배인 80세 이상의 노인을 초대하니 모두 여덟 분이었다. 마침 향산고사에 '구로회'라는 모임이 있었는데, 이날의 백발노인들이 서로서로 옷깃과 소매가 이어지고, 간혹은 구부리고 간혹은 앉아 있고 편한 대로 하니 진실로 기이한 모임이 아닐 수 없다. 술이 반쯤 돌자 생원 김효로 공이 술잔을 쥐고 나에게 고마워하면서 말씀하셨다. "우리 마을이 비록 작지만 좋은 일이 많았다. 공과 같은 천상의 선관仙官이 와서 수연을 베풀어 대청을 메운 노인들 즐겁게 취하니 이 어찌 다른 고을에서는 할 수 없는 일이 아니겠는가?"(이현보, 『농암집』 권3 「애일당구로회愛日堂九老會」)

이현보는 산수를 특히 좋아하여 죽장망혜竹杖芒鞋로 산림을 헤매고 산을 오르며 분천汾川에 배를 띄우고 당대의 명사들과 어울려 시를 짓고 노래 부르기를 즐겼다. 그의 노년생활은 멀리 속세를 떠나 유유자적하며 자연에 흥취를 즐기는 어부의 생활을 노래한 「어부가」에 깃들어 있다. 이 노래는 그의 나이 83세 때인 1549년에 지어졌다.

이러한 생활 속에 근심 걱정 할 것 없으니 어부의 생활이 최고로다
조그마한 쪽배를 끝없이 넓은 바다 위에 띄워두고
인간 세사를 잊었거니 세월 가는 줄을 알랴

굽어보니 천 길 되는 깊고 푸른 물, 돌아보니 겹겹이 쌓인 푸른 산이로다

「선상취소도船上吹簫圖」, 이경윤, 비단에 먹, 32.2×24.9cm, 16세기, 고려대박물관.

열 길이나 되는 붉은 먼지(어수선한 세상사)는 얼마나 가려 있는고
강호에 밝은 달이 비치니 더욱 무심하구나

푸른 연잎에다 밥을 싸고 푸른 버들가지에 잡은 물고기를 꿰어
갈대꽃이 우거진 떨기에 배를 매어두니
이런 일반적인 맑은 재미를 어느 사람이 알 것인가

산머리에는 한가로운 구름이 일고 물 위에는 갈매기가 날고 있네
아무런 사심 없이 다정한 것으로는 이 두 가지뿐이로다
한평생의 근심 걱정을 잊어버리고 너희와 더불어 놀리라

멀리 서울을 돌아보니 경복궁이 천 리로구나
고깃배에 누워 있은들 (나랏일을) 잊을 새가 있으랴
두어라, 나의 걱정이 아닌들 세상을 건져낼 위인이 없겠느냐

1554년(명종 9)에는 노인을 봉양하고 구언求言했던 옛 뜻에 따라 그에게 하유하여 진언하게 했다. 이에 88세의 농암은 아뢰었다.

"전야田野의 늙은 백성이 물러나 한가하게 지낸 지 이미 오래되었습니다. 그러므로 임금의 잘못이나 대궐의 시정時政에 대해 감히 지적하여 진달드릴 수는 없으나, 간언을 받아들이는 한 가지 일에 있어서 물 흐르듯이 하는 아름다움이 부족하다고 들었습니다. 옛사람이 이것을 나무가 먹줄을 따르고 물이 모습을 비추는 데 비유했으니, 이것이 바로 임금이 늘 반성하

고 생각해야 할 점입니다" 하니, 상이 긍정적으로 받아들이고, 본도로 하여금 음식물을 지급하게 했다.(『국조보감』 제22권, 명종 9년(1554))

이기李墍(1522~1600)는 『송와잡설松窩雜說』에서 농암과 평소에 나누던 대화를 소개했다. 농암에 의하면, 향촌에서 난 선비가 조정에서 벼슬하다가 나이가 많아지면 고향으로 물러가고 싶어한다. 그런데 자녀 혼사를 대부분 서울에서 치르는 바람에 늘그막에 돌아가려 해도 그들을 떠나갈 수가 없다. 하지만 농암은 달랐다.

공은 조정에 있으면서 자녀의 혼사를 모두 같은 고을에서 치렀다. 나이 일흔이 되어 벼슬을 그만두고 시골에 돌아와서 자그마한 집을 짓고 '애일당愛日堂'이라 이름했다. 자손이 많고 나이와 덕이 높아 사람들이 모두 곽분양郭汾陽·배사도裵司徒라고 일컬었다. 인간의 즐거움과 임천林泉의 경치를 오래도록 편안하게 누리다가 89세에 죽었다.(이기, 『송와잡설』)

농암 이현보는 오랜 관직생활을 통해 자신의 존재를 역사에 남긴 인물이기도 하지만 무엇보다 그의 노년의 삶으로 인해 더 부각된 인물이라 할 수 있다. 그는 나아가고 물러나는 일련의 과정이나 은퇴 이후의 삶 등 인생을 자신의 뜻대로 만들어갔다는 생각이 든다. 우리 시대의 많은 사람이 추구하고 그리워하는 그런 노년의 삶, 이 또한 농암이 젊은 시절부터 꿈꾸고 준비한 삶이었음을 알 수 있다.

'양졸당養拙堂'의 노인 신개

신개申槩(1374~1446)는 세종의 묘정에 배향된 다섯 신하 중 한 사람이다.[10] 신사임당의 고조이기도 한 그는 대사헌을 비롯해 우의정과 좌의정 등을 지낸 인물이다. 신개를 두고 당시 사람들은 "천성이 단정하고 엄숙하며, 일을 처리함이 근면하고 신중했다"고 평했다. 특히 신개는 실록을 통한 역사 서술의 근본적인 의미를 구현하기 위해 그 어떤 권력에도 굴하지 않았던 충신의 면모로 부각되었다. 1398년(태조 7) 국왕은 자신이 주도한 조선 건국의 역사가 실록에서 어떻게 서술되어 있는지 궁금했던 차에 그것을 열람코자 했다. 이에 몇몇 신하가 동조하여 실록이 국왕 앞에 대령하기 직전이었다. 이에 신개는 목숨을 걸고 어떤 경우든 왕의 실록 열람은 역사를 왜곡시키는 첫걸음이 될 것이라고 경고했다. 그는 장문의 상소를 올려 "역사를 열람하는 전통을 만들면 대를 이은 임금이 이것을 구실로 모두가 열람하려 할 것이고 사관은 감히 사실대로 기록하지 못할 것입니다"라고 했다.[11]

태종은 신개를 가리켜 "간신諫臣의 풍도風度를 소유하고 있다"고 했고, 세종은 자주 내전으로 불러 의논할 정도로 그에 대한 신임이 두터웠다. 1443년(세종 25)에는 치사致仕의 나이 70세가 되어 사직하려 했으나 왕이 윤허하지 않았다. 73세 때에는 영예의 상징인 궤장几杖을 하사받았다. 그런데 신하로서 최고의 자리에 오른 그가 자신을 만들어온 특별한 방법이 있었다.

늙은 내가 어릴 때부터 성품이 소활疏闊하여 항상 도시의 기교機巧를 싫어했다. 그래서 성 남쪽의 한적하고 궁벽한 촌구석을 찾아서 양졸당養拙堂을 짓고 일상생활의 동정動靜을 오직 졸拙과 함께하여 잠시라도 서로 잊지 아

노년의 풍경

니하여, 고요한 밤 달은 밝아 모든 동물이 쉬고 있을 때 베개를 높이 베고 편안히 누워 솔밭의 바람 소리를 듣곤 했다. 세상 사람이 나더러 너무 오랫동안 졸을 기른다 하여 자못 꾸지람도 있고, 나 역시 의심이 생겨서 그만 사절하고 떠나보내려 했더니, 졸이 또 그리워 잊지 못해서 선뜻 떠나지 아니하며 불평하는 기색이 있는 듯했다.(신개, 『동문선』 권81 「양졸당기養拙堂記」)

그가 치사의 나이를 넘기고 최고 영예의 상징인 궤장을 받기까지 정치 일선에서 품위를 지킬 수 있었던 것은 자기 본성의 소리에 귀 기울이고 그 본성과 대화를 나누는 여백의 시간이 있었기 때문이다. 즉 '화려한' 권력의 공간과 거리를 두며 '궁벽한' 곳을 찾아 자신을 뉘이고 자신을 비우기를 주기적으로 했던 것이다.

네拙가 비록 볼 수 있는 모양이나 소리는 없을지라도 그 신묘한 계기와 높은 식견은 사람보다 뛰어난 점이 있다. 내가 이욕을 가까이하고자 하면 네가 도척盜跖과 백이伯夷의 행실로 경계해주었고, 내가 명예를 구하고자 하면 범여范蠡와 대부 문종文種의 일을 들어 책하여주었으며, 내가 간사한 짓을 행하고자 하면 옛날 대간大姦이 도리어 해를 받은 것과 대우大愚가 제 명대로 산 것을 낱낱이 들어 깨우쳐주었고, 이뿐만 아니라 의리를 해치고 도에 위배되는 것은 잘 타일러서 바로잡아주지 않은 것이 없으며, 나의 벼슬이 높고 또 오래 사는 것도 오직 졸이 붙잡아 보호해준 힘이 많았다.(신개, 『동문선』 권81 「양졸당기」)

노년의 민망한 기나긴 삶
그 욕망을 추스르고 다잡다

　노년은 누구에게나 다가오지만, 그것을 인식하고 받아들이는 방법은 사람마다 다를 것이다. 그러면 조선시대의 거장들은 자신의 노년을 어떻게 인식하고 수용하는가. '아직도 팔팔하다'는 자신감에 넘친 경우가 있는가 하면, 끝난 인생처럼 과거를 회상하며 노년이 된 현재를 안타까워하는 경우가 있다. 그 성격은 다르지만 이 유형은 노년의 '현재'를 인정하지 않은 경우다. 반면에 '나이 든' 나의 현재를 긍정하면서 과거를 되돌아보고 미래를 만들어가는 '성찰적' 유형도 있다.

노익장과 노년의 비감
|
심수경沈守慶(1516~1599)은 "나이 여든두 살인데도 여전히 병이 없는" 자신이

무척 자랑스럽고 대견하다.

> 나는 5인 중에서 재주와 덕이 최하이면서 벼슬과 수壽는 최고이고 보니, 하늘이 주신 풍부하고 군색한 것은 실로 알지 못하겠다. 이는 늦게 영달한 이유에서인가. 재주 없는 내가 장원급제한 것은 첫 번째 요행이고, 급제한 지 10년 만에 승지에까지 오른 것은 두 번째 요행이며, 본래 명망도 없으면서 벼슬이 의정에 이른 것은 세 번째 요행이고, 권세를 잡지 않았으므로 집에 손님이 드문 것은 네 번째 요행이다. 네 가지 요행이 있는 데다 나이가 여든이 넘었으니, 다섯 번째 요행이다. 어찌 하늘이 주신 운명으로 사람의 힘으로는 미치지 못할 것이 아니겠는가.(심수경, 『견한잡록遺閑雜錄』)

심수경의 자의식은 젊은이 못지않게 왕성한 신체 활동에 있다. 75세, 81세에 각각 아들을 낳은 사실을 두고 그는 물론 그의 친구들이 호탕해하는 모습이 보인다. 75세에 아들을 낳은 것도 대단한데, 81세에 또 아들을 얻었다. 모두 비첩의 몸에서 태어나긴 했으나, 여든이 넘어 자식을 본 것은 근세에 드문 일로 사람들은 축하를 보내왔다. 하지만 심수경에게는 이것이 부담스러웠나보다. 그 심정을 시로 읊었다.

> 75세 생남도 세상에 드문 일인데 어이하여 팔십에 또 생남했나
> 알겠구나. 조물주가 일이 많아 이 늙은이 후대하여 하는 대로 내버려둔 것을
> 팔십 생남은 재앙인가 두려우니 축하는 당치 않소 웃기나 하소
> (심수경, 『견한잡록』)

심수경은 75세에 정승이 된 자신을 뿌듯해한다. 그런 그에게 김귀영(1520~ 1593)[12]이 시로써 축하했다. "금항아리를 백두의 경이 차지하니 천심이 노성한 이를 중하게 여김이로다."[13] 한편 심수경은 그의 시대 노년 거장들의 활약상을 정리하면서 자신을 포함해 장수무병한 벗들을 자랑스러워한다.

재상 중에 연령이 80세 이상 된 이를 내 눈으로 본 바 있으니, 송순宋純은 지중추로 92세이고, 오겸吳謙은 찬성으로 89세이며, 홍섬洪暹은 영의정으로 82세이고, 원혼元混은 판중추로 93세이며, 임열任說은 지중추로 82세이고, 송찬宋贊은 우참찬으로 88세이고, 나는 영중추로 82세인데, 모두 아직 병이 없이 건강하니 다행이다.(심수경, 『견한잡록』)

한편 노년에 찾아오는 신체적 노쇠함은 그 어떤 장사도 비껴갈 수 없을 것이다. 성호 이익은 「노인의 좌절 열 가지」라는 글에서 노년의 비감미를 고백했다.

노인의 열 가지 좌절拗이란, 대낮에는 꾸벅꾸벅 졸음이 오고 밤에는 잠이 오지 않으며, 곡할 때에는 눈물이 없고, 웃을 때에는 눈물이 흐르며, 30년 전 일은 모두 기억해도 눈앞의 일은 문득 잊어버리며, 고기를 먹으면 뱃속에 들어가는 것은 없이 모두 이 사이牙縫에 끼며, 흰 얼굴은 도리어 검어지고 검은 머리는 도리어 희어지는 것이니, 이는 태평노인太平老人의 명담이다. 내가 장난삼아 다음과 같이 보충해보았다. 눈을 가늘게 뜨고 멀리 보면 오히려 분별할 수 있는데, 눈을 크게 뜨고 가까이 보면 도리어 희미하며, 지척의 말은 알아듣기 어려운데 고요한 밤에는 항상 비바람 소리만 들리며, 배고픈 생각은 자주 있으나, 밥상을 대하면 먹지 못한다는 것이

노년의 풍경

다.(『성호사설』 제15권 「인사문人事門」 '노인십요老人十拗')

　글에 나타난바 성호는 노년의 신체적 현상을 심각하게 받아들이기보다 익살
스럽게 대하는 면이 있다.

　조선 21대 국왕 영조(1694~1776)는 83세까지 살았고, 52년이라는 최장의 재
위 기간을 누렸다. 영조는 치세하며 조선의 중흥기라 불릴 만큼 왕성한 성과를
냈지만 노년에 이르러서는 각종 신체적 증상에 시달렸고 이를 기록으로 남겼
다. 그는 공부를 하는 중에 깜빡깜빡 조는 현상이 더 심해지고, 읽으라고 명해
놓고는 다시 졸아 들리지도 않을뿐더러 들어도 무슨 말인지 모르는 상황이 되
풀이되었다. 그는 말한다. "옛날 재여宰予가 낮잠을 자자 공자께서 면칙하셨으니
아! 지금 내가 조는 것이 어찌 게으른 것이겠는가. 이는 혼미한 것이다. 올해 특
히 심했는데 요즘 들어 더 심해졌다."[14] 더욱이 노년의 영조는 우울증에다 불면
증에까지 시달렸는데, 그런 그의 내면세계를 글로 남겼다.

　금계에게 물었다, 금계에게 물었다
　언제 우느냐, 언제 우느냐
　83세, 83세
　긴 밤이 민망하다, 긴 밤이 민망하다
　(「어제당중민세이문대도御製堂中悶世以文代圖」)[15]

　영조가 83세 때인 1776년에 쓴 것으로 불면증으로 인해 잠들지 못하고 오히
려 새벽닭에게 언제 우느냐고 다그치고 있다. 80대 노년의 영조는 밤에는 잠을
이루지 못하고 낮에는 조느라 제대로 일을 못 하는 그런 상황에 맞닥뜨린 것이

다. 어쩌면 당연한 노년의 이러한 현상을 영조는 "민망하고" "정말 심하고" "진실로 구차하고" "아득한" 것으로 인식하고 있다.

성찰적 노년
|

당나라의 시인 백낙천白樂天(772~846)은 자경시自警詩에서 누에와 벌의 생리를 빗대어 노년의 삶이 어떤 방향이어야 하는지를 보여주었다.[16] 즉 노년에는 자기 자신으로 돌아와 내면에 집중하는 삶이어야 한다는 것이 아닐까.

누에 늙어 고치 되어도 제 몸은 못 가리고　　　　　蚕老繭成不庇身

벌은 굶주려가며 꿀 만들어 다른 사람 위하네　　　蜂飢蜜熟屬他人

알아두자꾸나 늙어서도 집안 걱정하는 자　　　　　須知年老憂家者

두 벌레의 헛수고 같다는 것을　　　　　　　　　恐似二虫虛苦辛

허목許穆(1595~1682)은 1675년(숙종 1) 궤장을 받고 소疏를 올렸다. 거기에는 허목이 자신의 노년을 성찰하는 세 가지 요점이 들어 있다.

생각하오니, 신은 못난 자질로 나이만 제일 높아졌습니다. 이제 해와 달이 바뀌어 신의 나이가 82세입니다. (…) 신은 우졸迂拙하여 세상에 쓰이지 못함이 오래되었습니다. 평생을 두고 스스로 힘써온바 세 가지 지킴이 있으나, 아직 하나도 이루지를 못했습니다. 첫째는 입을 지키는 것이고, 둘째는 몸을 지키는 것이며, 셋째는 마음을 지키는 것인데, 입을 지키면 망언

「허목 초상」, 72.1×57.0cm, 보물 제1509호, 1794, 국립중앙박물관.

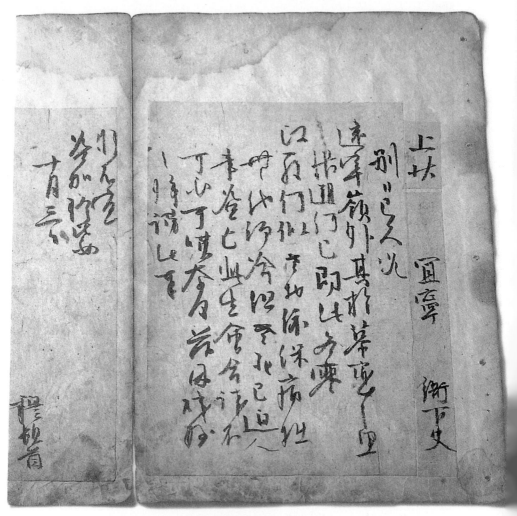

미수 허목 편지, 26.5×27.2cm, 조선시대, 북촌동양문화박물관. 편지에 "늙은이는 병들어 졸렬한 목숨을 여전히 보존하고 있을 뿐, 달리 드릴 만한 일은 없습니다. 다만 죽음이 이미 임박하여 인사가 더욱 드무니, 이승에서의 만남은 정말 기약할 수가 없습니다"라는 구절이 있다.

훗듬이 없고, 몸을 지키면 망행妄行이 없으며, 마음을 지키면 망동妄動이 없습니다.(허목, 『미수기언』 제55권 「수고壽考」)

84세의 허목은 1678년(숙종 4)에 판중추부사에서 물러나 향리로 돌아갈 것을 청했다. 이항李沆이 임금께 이 사실을 아뢰자 임금은 명을 내려 허목이 살 집을 하사했다. 그러자 허목은 극력 사양하는 글을 올렸는데, 논리는 이러하다.

"옛날 안영晏嬰이 진晉나라에 사신 갔을 때 경공景公이 그의 집을 다시 지었는데, 돌아오자 집이 벌써 완성되었으므로 안영은 일단 배례를 드리고 바로 그 집을 헐었습니다. 이제 상께서 신을 귀히 여기고 아끼심은 경공이 안영에게 했던 것보다 못하지 않은데, 전하에 대한 신의 보답은 안영에 미치지를 못합니다. 신처럼 안영보다 못한 자가 안영과 같은 사람도 헐어버린 그러한 집에 편히 산다면, 마음에 부끄러움이 없겠습니까?"라고 했으나, 상은 끝내 허락하지 않으셨다.(허목, 『미수기언』 제55권 속집 「거실居室」)

'노욕老慾'을 경계하며 자신이 설 자리를 객관적으로 살피는 허목의 태도는 노년에 대한 성찰적 자원이 될 것이다. 송준길(1606~1672)은 왕이 현자를 대우하는 예로써 자신을 대사헌에 임명하려 하자 사직을 요청하며 소를 올렸다. 그에 따르면 머지않아 관에 들어갈 몸으로 성글고 용렬한 한 선비일 뿐인 자신이 과분한 명예와 직분을 받게 된 것이다. 송준길은 말한다.

신이 목석은 아니니 어찌 감격하여 보답하고 싶은 생각이 없겠습니까. 그러나 오직 신은 학식과 재능이 얕아 분수 밖의 일은 알기 어려우므로 전후 직임을 맡았을 때 가는 곳마다 실패하여 한갓 조정을 불안하게 하고 성상의 마음에 근심만 끼쳤을 뿐이며, 신의 몸은 더욱 노쇠하고 신의 병 또한 더욱 깊어졌으니 벼슬을 내놓고 물러가 만년의 절개를 보전하여 누조累朝께서 알아서 대우해주신 은혜를 저버림이 없기를 바라는 마음이 간절하여 자나 깨나 항상 잊히지 않습니다.(송준길, 『동춘당집』 제5권 「사헌직겸진소회소辭憲職兼陳所懷疏」)

대부분의 사람은 과거의 자신을 과도하게 꾸미거나 자신에게 유리한 방향으로 과장되게 기억하곤 한다. 이 글에서 송준길은 과거에 자신이 조정의 직임을 맡았을 때 학식과 재능이 얕아 하는 것마다 실패했음을 고백하고 있다. 그런데 이런 고백이 자신의 내면의 진실을 담아낸 것인지 아니면 다른 정치적 이유가 있는지, 이는 더 깊은 연구를 통해 풀어낼 문제다. 여기서는 한 개인의 진실 혹은 역사적 평가보다는 노년 인식과 언어에 담긴 성찰적 의미에 주목했다.

심수경과 송찬은 같은 해에 과거에 합격한 '동년同年'으로 40여 년간 각별한 우정을 나누었다. 이들의 우정은 82세의 심수경과 88세의 송찬이 시로써 나눈 대화에 담겨 있다. 심수경은 "같이 백발이 된 것도 참으로 다행이니 오늘도 손잡고 옛 자리에서 취해보세"[17]라고 했다. 이에 송찬이 "함께 이 정자에서 취한 적이 청년 시절인데 서로 백발 휘날리니 무슨 인연인가"[18]라고 화답했다. 하지만 하나둘 세상을 떠난 벗들의 소식을 접하면 울적한 마음을 가눌 수 없다. 그럴 때는 시로써 마음을 달랜다.

우리 마을 노인들 다년간 모임 갖더니	吾鄕耆老會多年
한번 흩어진 후 세상사 몇 번이나 변했는고	一散東西事幾遷

노년의 풍경

지금 살아 있는 이는 단지 세 사람   今日生存只三箇

옛일 회상하노라면 그저 멍해지네   回思舊興却茫然

(심수경)

성 서쪽에서 활이나 쏘며 여생을 보내노라니   城西爭鵠屬殘年

습관이 되어 다른 일은 하기 어려웠네   成癖難爲他技遷

오늘 쓸쓸히 활 쏘던 옛일을 생각하노라니   今日漂零思射

슬픔을 금치 못하여 눈물이 흐르네   不禁哀涕自潸然

(송찬)

이웃에서 성은 알아도 나이는 몰랐으니   四隣知姓不知年

젊어 사귄 정 늙은들 변할까   自少交情老豈遷

오늘 셋이 솥발처럼 앉으니   今日三人成鼎坐

그동안의 마음이 흰머리에 비춰지네   這間肝膽照皤然

(안력)

　　그렇다면 여성들은 자신의 노년을 어떻게 인식했을까. 순암 안정복(1712~
1792)이 74세에 기록한 일기는 세상을 떠날 무렵의 어머니를 생생하게 보여준
다. 어머니가 병이 위독하실 때 약을 올리자 손을 저어 말리시며 말씀하시기를
"수명은 약으로 연장시킬 수 없는 것이다. 나의 수명이 이미 만족스러운데 어찌
약을 먹을 필요가 있겠는가" 하셨다. 이때 송파松坡의 이모님이 오셔서 병을 보
살폈는데, 선비께서 기력은 매우 약했지만 정신은 맑아 간혹 이야기하며 웃고
농담도 곁들여 하셨으니 조금도 죽음을 슬퍼하는 뜻을 갖지 않으셨다. 대개 선

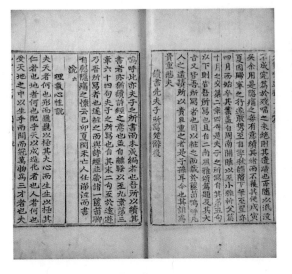

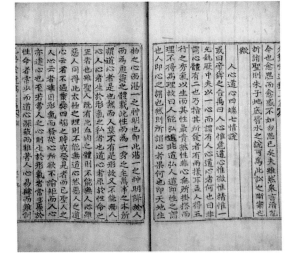

『윤지당유고』, 임윤지당, 31.0×19.8cm, 장서각.

비께서는 어릴 때부터 천성이 초매超邁하여 세속 부녀자들의 잗달고 좁은 습성이 없었는 데다 고명한 식견과 정직한 품행에 실로 옛날 여사女士의 기풍이 있었기 때문에 죽음을 당한 때에 이처럼 조용하실 수 있었던 것이다.[48]

윤지당(1721~1793)은 원주의 시가에서 73세의 수를 마쳤다. 윤지당은 그의 나이 65세 때 사후를 대비해 자신이 평생 써온 글들을 책으로 펴낼 준비를 했다. 그 이유에 대해서는 "비록 식견이 천박하고 문장이 엉성하여 후세에 남길 만한 투철한 말이나 오묘한 해석은 없지만, 내가 죽은 후에 장독이나 덮는 종이가 된다면 또한 비감한 일이 될 것이다"[49]라고 했다. 겸손한 표현이지만 그 속에는 자기 글에 대한 애착과 긍지가 담겨 있다. 윤지당은 자기 글을 스스로 정서하고 편차를 정해 한 권의 책으로 편집하여 양자 재준在俊에게 맡기고, 서조카에게 다시 한 부를 더 필사하게 해서 동생 임정주에서 보냈다. 임정주는 누님이 남긴 40편의 글 가운데 다시 30편을 추리고, 65세 이후의 저작 5편을 보태 이 책을 간행했다.

84세의 노인 성석린成石璘(1338~1423)은 임금의 궤장을 하사받고 손수 감사의 표전을 지어 올렸다. 여기서 그는 "하늘과 땅이 생물을 기르는데 저륵樗櫟과 같은 쓸데없는 재목도 버리지 않고, 비와 이슬의 은택을 베풀어 뽕나무와 느릅나무의 늙은 시기까지 덮어주신다"고 했다.[50] 즉 노쇠하여 쓸모없게 된 자신에게까지 마음 쓰는 것을 보건대, 세종 임금의 정치는 천지자연의 원리를 꿰뚫고 있는 것이다. 성석린에 의하면, 천지자연의 운행 원리처럼 인간세계도 "큰 것 작은 것이 다 각기 성명을 바르게 하고, 늙고 어린 것이 다 같이 살아가는 곳"으로 이해된다. 이것이 바로 성찰하는 노년이 서 있는 자리가 아닌가 한다.

어떤 시대 어떤 문화에서나 노인이나 늙음에 대해서는 항상 부정적인 인식과 긍정적인 인식이 병존하고 교차해왔다. 최근 우리 학계에는 사회적·개인적 차원에서 노인이 어떻게 인식되고 어떤 의미를 지니는가에 관심을 둔 연구들이 나오고 있다. 늙음은 상호 경쟁적인 다양한 표상에 의해 사회적으로 구성되는 하나의 범주이기도 하지만 동시에 개인적인 체험이기도 하다. 즉 개인적인 경험으로서의 늙음이 사회적 범주로서의 늙음과 무관하지 않은 것이다. 이제 긴 노년의 시간을 살아야 하는 현대인들은 사회적으로는 노년에 대하여 바람직한 새로운 표상을 제공하면서 늙음에 대한 개인적 체험을 찾아내고 공감하는 작업을 해야 할 것이다.

조선시대 노년 거장의 삶에 대한 연구는 이러한 맥락에서 시작되었다. 어느 사회에서든 노인은 사회 구성원이자 세상의 상징적 질서의 일부로 여겨졌다. 조선의 많은 지식인은 자신의 늙은 인생에 대해, 자신의 내면적 상황을 기록으로 남겨놓았다. 그들의 삶과 지혜는 노년에 대한 새로운 표상을 만들어가는 오늘날 우리의 작업에 역사적 자원이 될 것이다.

제3장

흰머리와
잔주름의 붓끝에서 피어난
노년의 기상

고연희

연세대 강사

흰머리의 자족적
노인들의 이미지

조선시대 그림을 두루 보면 주로 노인이 등장인물로 나온다. 산수 속을 유유
자적 거니는 노인, 수염 희끗희끗한 노인 남성의 초상, 성성한 백발과 흰 수염
을 휘날리는 신선노인 등을 곧잘 만나게 된다. 다양한 행사 기록도에서도 노인
들은 공경받고 우대받는다. 청년, 여인 혹은 아동이 그려진 것에 비하면 말할
것도 없이 노인 남성이 그려진 그림이 월등하게 많다.

회화 갈래별로 정리해보면 산수화에는 등 굽은 고승이나 허름한 옷을 입은
은자, 산수를 관망하는 학자들이 고상한 형상으로 점철되어 있고, 아집도雅集圖
류 그림에는 늘그막에 벗들과 어울린 노인들이 멋스럽게 등장한다. 기로회도耆
老會圖에는 궁중 건축을 배경으로 최고 직위에 오른 원로들의 구부정한 모습이
보란 듯이 그려져 있고, 풍속화로 분류되는 그림에는 농업에 종사하는 백성이
들판에서 노인을 우대하는 미풍양속이 눈에 띈다. 초상화 속 얼굴에는 늙음을
증명하는 주름과 검버섯이 부각되어 있고, 신선도 속 신선들은 무병장수를 보

「조옹도釣翁圖」, 『산수인물화첩』, 이경윤, 비단에 먹, 31.1×24.8cm, 16세기, 고려대박물관.

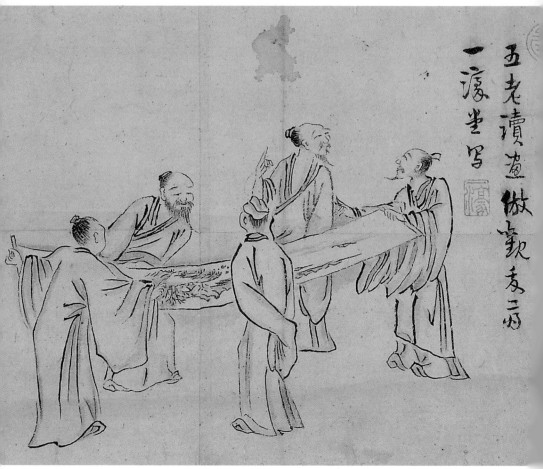

「오로독화도五老讀畫圖」, 남계우, 종이에 먹, 20.3×26.9cm, 19세기, 선문대박물관. 다섯 명의 노인이 산수화가 그려진
긴 두루마리를 둘러싸고 그림을 감상하는 모습이다.

장받아 비현실적으로 건강한 노인의 형상이 구현되어 있다. 대략 훑어보면 그림 속 내용이 정치사회적 현실 공간에서나 현실 너머의 산수 공간에서나 상관없이 노인은 보기 좋게 그려지고 존중되었다.

그림 속 '늙음老'의 긍정적인 이미지들이 당시 사람들에게 다 함께 공감된 '늙음'의 모든 내용이며 의미였다고 할 수는 없을 것이다. 오히려 그림으로 그려진 '늙음'은 긍정적인 측면만을 편파적으로 표현하고 있는 점이 특징이다. 예컨대 같은 시대의 문자 매체인 문학작품을 보면, 늙음 자체가 불행하거나 추한 형상으로 표현된 것이 적지 않다. 벗과 가족의 상실, 안질이나 기침 등 노인성 질환, 자연스런 노화 현상인 백발과 쇠약에 대한 통탄 등 늙음에 뒤따르는 '부정적인' 요소들이 읊어지곤 했기 때문이다. 그런데 그림으로 표현된 '늙음'은 자족적인 건강한 이미지를 드러내며, 공경되어 마땅한 대상으로 자리한다. 그림 속 늙음의 이러한 특성은 시각예술의 장르적 기능이나 이미지에 대한 기대 때문에 생겨날 수 있다.[1] 분명한 점은 이러한 '늙음'의 이미지들이 전근대 문화 속에서 '늙음'으로 기대한 내용 혹은 '늙음'의 이상적 구현상을 보여준다는 것이며, 나아가 그 보여줌 속에 숨겨진 결핍과 소망이 있다는 점이다.

조선시대 그림을 대상으로 그 속의 '늙음'을 주제로 한 연구가 지금까지 없었기에, 이 글은 그림에 표현된 늙음에 대한 전반적인 양상을 살피면서 그 의미를 풀어보려 한다. 오늘날 실버 시대가 급속도로 연장되고 있기에 개인적인 면에서든 사회적인 면에서든 늙음의 존재는 큰 비중을 차지하게 되었다. 늙음에 대하여 정신적·실제적 파악과 대응의 문제가 중요한 시점이다. 이 글에서는 전근대 그림 문화 속 늙음의 양상을 살피면서 그 의미를 탐색해보고자 한다. 이를 통해 조선시대 회화작품들이 늙음에 어떻게 대응했는지 살펴볼 수 있을 것이다.

절대적 자유를 누리는 늙음:
산수화, 아집도류

산수 속 노인, 현실의 달관과 자족
|

전근대기 산수화에서의 산수는 현실적 사회 공간에서 발생하는 온갖 종류의 갈등이 존재하는 않는 공간으로 설정되어왔다. 산수는 인간사회에서의 문제가 제거된 공간이다. 따라서 산수를 좋아한다는 말은 사회적 문제로부터 초월한 인격의 고상함을 뜻하는 굳건한 메타포였다. 또한 산수화에 등장하는 인물은 현실적 명리 추구로부터 초연하고 의연한 인격체, 즉 산수로 귀의한 은자隱者형 인물로 표현되는 것이 자연스럽다. 잠시 현실을 피해 산수의 어떤 경관을 감상하는 인물로 표현될 때라도 그 순간에는 산수의 가치를 터득한 인격으로 표현된다. 산수를 배경으로 그려진 이들은 초현실적 비문명의 가치를 영유한다. 이러한 정황에서 산수화에 그려지는 인물은 현실 사회의 문제는 물론이고 인생의 희로애락 문제를 터득한 정도의 연륜을 기대하게 된다. 산수 속 인물을

가리켜 '산옹山翁'(나무하는 노인) 혹은 '어옹漁翁'(고기잡이 노인) 등으로 부르는 것은 이러한 내용을 반영하며, 실로 산수화 속 인물들은 그런 호칭에 걸맞게 수염을 늘어뜨리고 느릿느릿 움직이는 모습으로 그려져 있다.

산수화 속 노인형 인물들은 산수로 은퇴한 지식인이 산수시의 주체로 정착되었던 중국 중세 시문의 양상을 반영하는 것으로 해석할 수 있다. 이와 관련된 논의로는 긴바라 세이코金原省吾의 해석이 도움이 된다. 그에 따르면 동양 미학이 추구하는 개념은 천天·노老·무無·명明·중中·은隱·담淡·지知·골骨·경敬·항恒 등인데, 이 가운데 '노'가 둘째로 중요하다. 서양과 달리 동양의 '노'는 생성을 의미하며, 생성은 기욕이 식고 총명이 생기는 단계를 말한다. 좋은 예는 당나라 시인 왕유王維가 그의 늘그막을 지낸 별장 망천輞川에서 지은 시가 보여주는 정신적 경지다.[2] 산수화가 본격적으로 발달했던 북송대의 대표적 산수화론인 『임천고치林泉高致』에 수록된 왕유의 망천시 「종남별업終南別業」은 "가다가 물이 끝나는 곳에 이르면 앉아서 구름 오르는 때를 보고, 우연히 산노인林叟을 만나면 담소하느라 돌아갈 기약을 잊노라行到水窮處, 坐看雲起時. 偶然值林叟, 談笑無還期"라고 노래했다. 그림으로 그려질 만한 시구다. 이후 남송대부터 청대와 조선 후기까지 꾸준히 그림으로 그려진 이 시구의 이미지는, 산수화 속 인물형의 기본 틀을 정착시켰다고 할 수 있다. 그림에서 시인 왕유가 현현하듯 산수화에 등장하는 은자형 인물들은 유유자적하는 노인 남성이다. 그림 속 노인에게서 젊은이의 기운을 찾을 수는 없지만 오히려 총명의 '생성'을 감지할 수 있다는 것이다. 산수화에 등장하는 인물이 사회 현실을 경험하고 은퇴한 정도의 연륜 및 인격을 갖춘 인물, 즉 노인의 모습이어야 자연스러운 이유다.

오랜 역사 속에서 은자형 노인은 동아시아 산수화에 등장하는 가장 적절한 주인공으로 굳게 자리잡았다. 송대 산수화의 걸작이라 할 수 있는 범관范寬이

나 곽희郭熙의 산수화에는 노동하는 모습의 인물들이 산수 속에 점철되듯 그려
졌지만, 남송대로부터는 산수를 감상하거나 사색하는 문인의 모습이 강조되어
그려지는 회화 문화가 자리잡으면서 은자형 노인 남성은 산수화의 주된 인물형
으로 굳어졌다. 어떤 경우에는 비현실적 인물상이 그려지기도 한다. 그러나 전
통의 굳건함 속에서 비현실성은 간과된다. 깊은 산수 속에 홀로 있는 외로운
노인 남성의 비현실적 형상이 산수화 전통에서는 오히려 자연스러워 보인다.

산수화 속 노인 남성은 자연스러울 뿐 아니라 대단히 자족적으로 보인다. 노
인은 자연을 홀로 향유할 수 있는 정신력의 소유자이고 현실 사회의 문제도 돌
아볼 줄 아는 지성을 겸비한 인물이다. 조선 후기 김홍도金弘道(1745~?)가 그린
「죽리탄금도竹裡彈琴圖」는 그 예가 될 수 있다. 금을 타는 문인의 모습이 비현실
적일수록 이 문인이 자족하는 정도는 높게 그려진다.

「죽리탄금도」에서 한 선비가 대나무 숲에 의연히 앉아 있다. 깊은 산속에 홀

「죽리탄금도竹裡彈琴圖」, 김홍도, 종이에 먹, 22.4×54.6cm, 조선 후기, 고려대박물관.

노년의 풍경

로 금을 안고 앉은 모습은 비현실적이다. 이러한 비현실성은 중국이나 우리나라에서 지속적으로 등장하며 강조된다. 김홍도의 부채그림에 적혀 있는 시는 왕유가 망천에서 읊은 시 중 하나다. "그윽한 대숲에 홀로 앉아, 금을 타며 길게 휘파람 부네. 깊은 숲이라 사람들은 알지 못하고, 밝은 달이 비추어주네獨坐幽篁里, 彈琴復長嘯. 深林人不知, 明月來相照." 달빛 관람자로 만족하는 한밤중의 대숲 독주자는 일체의 사회적 물욕과 개인적 고독에서 자유로운 거대한 자족의 인격을 반영한다.

아집도의 고상한 모임

|

문사들이 모여 시서화를 즐기는 그림, 일명 아집도 혹은 아회도雅會圖라 이르는 그림을 보면 우아한 모임이라는 명칭에 걸맞게 품위 있는 남성들이 모여 문화 행위를 하고 있으며, 많은 경우 일정한 사회집단을 기반으로 한 노인들의 풍류와 우정이 담겨 있다.[3] 우아한 모임에 대한 전설적인 이야기들이 오래전부터 있었고 그것은 회화의 한 주제가 되었다. 중국의 '상산사호商山四皓'나 '죽림칠현竹林七賢'을 그린 그림은 가장 오래된 전설적인 모임을 다룬 것이다. '상산사호'는 진시황 말기 난세를 피해 상산(지금의 산시 성陝西省 상뤄商洛 경내)에 은거한 네 명의 노인 동원공東園公, 하황공夏黃公, 기리계綺里季, 녹리甪里가 바둑을 두는 그림이다. 이들은 거만한 군주가 백성을 업신여기는 것을 못마땅하게 여겨 산속으로 들어갔으며 나라의 신하가 되고자 하지 않는다. 상산사호는 나무 그늘에서 바둑 두기를 즐긴다. '죽림칠현'은 중국 위魏·진晉 교체기에 부패한 정치권력을 떠나 죽림에 모여 거문고와 술을 즐기며 청담淸談으로 세월을 보냈다는 전설적

商山四皓

「상산사호」, 종이에 엷은색, 56.5×35.9cm, 19세기 말~20세기 초, 선문대박물관.

인 일곱 명의 선비다. 이후에도 중국의 「낙중기영도洛中耆英會」 「낙양기영회洛陽耆英會」 「서원아집도西園雅集圖」 등이 모두 연륜 있는 중국 문사들의 운치 있는 모임을 그린 고전적인 이미지로 간주된다. 조선 후기에는 중인 문인들이 이러한 그림의 틀과 제발문의 틀을 활용해 그들 자신의 여유 있는 모임을 기록으로 남기고자 했다.

흥미로운 것은 조선 후기 '아회도'를 즐겨 그린 이들이 대개 중인中人 집단이었다는 점이다. 양반 사대부들을 그린 아회도는 별로 찾아볼 수 없다. 중인들은 스스로 아회 장면을 남김으로써 그림 속 당사자들의 사회문화적 성취를 기록할 수 있었던 것으로 보인다. 그렇다면 중인의 아집도는 그들의 집단적 욕구가 반영된 그림이며

「죽림칠현도」, 조석진, 비단에 채색, 147.0× 41.0cm, 20세기 초, 삼성미술관 리움.

「누각아집도樓閣雅集圖」, 이인문, 종이에 엷은색, 86.5×57.8cm, 1820, 국립중앙박물관.

아회도에 그려진 모습은 중인이라는 신분으로 도달한 성취를 자축하는 것이다. 그 좋은 예로 조선 후기 이인문李寅文(1745~1821)이 그린 「누각아집도樓閣雅集圖」를 들 수 있다. 이 그림 위에 적혀 있는 글을 보면, "책상에 의지하여 두루마리를 펼친 이는 이인문이요, 손에 종이를 들고 곁에서 보는 이는 임희지요, 거문고를 내려놓고 난간에 기댄 이는 김영면이라네, 걸상에 걸터앉아 소리 높여 시를 읊는 이는 영수로다. (…) 죽림칠현과 맞설 만하다네. 호걸스러운 기상의 사람들이로다"라고 하여 그림 속 인물들이 중국 성현의 모습에 비견될 만하다고 했고 혹은 더 낫다며 자부하는 표현도 서슴지 않았다. 그림에는 서화와 악기를 향유하는 이들이 고풍스런 중국 문사의 복장을 입고 있는 모습으로 그려져 있고, 아집이 이뤄지는 공간에는 가공할 만한 커다란 산석과 소나무가 배경이 되는 산수경이 펼쳐져 있다. 특히 인물들이 중국식 복장을 하고 있는 것이 눈에 띈다. 이러한 복장은 옛 중국의 현자들이 입었던 도포와 두건으로, 절대적인 정신적 자유로움을 표현한 것으로 이해할 수 있다. 이들의 사회적 신분이 중인이었기에 오히려 자신들을 최상의 현자로 표현함으로써 만족을 느낄 수 있었던 것으로 보인다. 결과적으로 그림에 표현된 인물상들은 고풍스런 분위기의 연륜을 갖춘 이미지로 인물의 정신적 가치를 보장받고 있다.

용처럼 우뚝 서고 태평성세를 누리는 자들: 기로회, 풍속도, 행실도류

기로회도, 정치적 원로의 우대

노인들의 모임을 기록한 그림을 '기로회도' 혹은 '기영회도'라고 하며 조선시대 왕실에서 상당한 공력으로 제작한 그림 중 하나였다.[4] 조선 왕실은 초기부터 기로회를 국가적 차원에서 제도화했다. 조선시대의 '기로회'란 70세가 넘는 정2품 이상 문관文官들의 모임이었고, 이 모임을 위해 마련된 장소가 '기로소'였다. 노인을 공경하는 문화를 바탕으로 국가의 원로元老를 특별하게 우대하는 제도다. 기로회 장면은 기로회도로 그려졌다. 김종직金宗直은 기로회도에 대하여 옛 구로회도와 결부시켜 의미를 부여하며 그 위정자적 기능을 지적했다.

사람은 사라지고 이야기만 남았는데, 그림으로 그려 그 훌륭한 자취를 전하는구나. 후세에 와서 노옹과 한옹이 뭇 사람 가운데 용처럼 우뚝해라.

기영회로 다시 구로회를 계승하니 임담이 생용처럼 세상에 자자하구나. 지금 우리 태평성대의 백성이 이 그림을 보고 어찌 공경심이 일어나지 않겠는가.[5]

　중국 당·송대 전통에서 그 유래를 보면 당나라 백낙천白樂天의 '낙중기영회'가 있었고, 송나라 문노공文潞公의 '낙양기영회'가 있었다. 말하자면 문언박文彦博이 서경 유수西京留守로 있으면서 당나라 백거이白居易의 구로회九老會를 모방하여, 13인의 노인이 어울려 즐겼고 이때 나이가 일흔이 채 안 된 사마광司馬光도 넣었다고 한다.[6] 이는 그림으로 그려져 중국과 우리나라로 전달되었다. 일찍이 고려시대 쌍명재雙明齋 최공당崔公讜의 '해동기영회海東耆英會'는 낙중기로의 뜻을 기리며 이뤄진 모임이었다. 해동기영회는 매월 열흘마다 한 번씩 모여 오직 마시고 읊조리는 것으로 즐길 뿐 세간의 시비득실은 말하지 않기로 기약한 모임이었다.[7] 해동기영회의 제작과 의미는 최해崔瀣의 글에 상세히 나온다.[8] 이 노인들의 모임은 「해동기영회도」라는 그림으로 그려져 조선에 전달되었다. 조선에서는 이 모임을 다시 중국의 백거이와 문언박의 풍류에 비유했고, 기로회도에 그려진 노인들의 모습은 천명天命을 알고 미혹되지 않는 군자가 우유자락優遊自樂(여유 있게 노닐며 스스로 즐김)하는 뜻을 가진 인물들의 모임임을 자부하는 성격을 보여준다.

　조선시대 기로회 그림은 무척 많다. 모든 기로회에서는 국가의 원로급 노인들이 음식과 술을 대접받고 있다. 16세기 작품으로 국립중앙박물관에 현전하는 「선조조기영회도宣祖朝耆英會圖」가 기로회도의 가장 유명한 예다. 그림 화병이 장식된 방에서 원로들이 술을 받고 있는 모습이 그려져 있다.

　그러나 양 난이 터지면서 국토는 초토화되었고 국가는 번듯한 기로회를 베

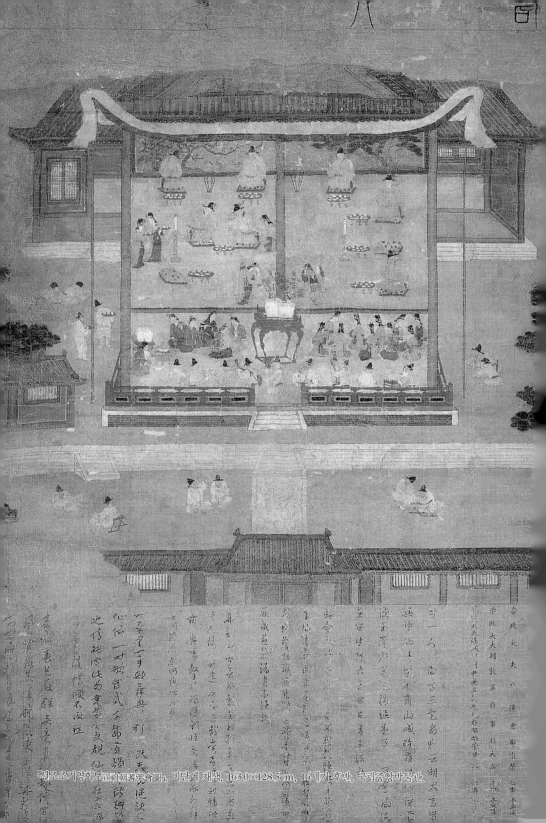

「선조조기영회도宣祖朝耆英會圖」, 비단에 채색, 163.0×128.5cm, 16세기 후반, 국립중앙박물관.

푸는 구실을 제대로 수행할 수 없었다. 규장각에 전하는 「기석설연지도耆碩設宴之圖」는 수십 년 만에 새로 열린 격식 있는 기로회(1621)를 그린 그림이다. 여기에 서문을 붙인 심희수沈喜壽는 "난리를 겪은 지 30년이 지났지만 아직도 모든 일이 처음 새롭게 하는 것이라, 모임을 연 것이 겨우 대여섯 번인데 지난해와 올겨울 모두 연회를 연 기일을 임금에게 보고하지 못했다. 대개 군무가 많고 변경의 정황이 더욱 급했기 때문이다. 어찌 애석한 일이 아니겠는가" 하며 전후의 상황 속에서 기로회를 제대로 열지 못했던 정황, 열어도 보고하지 못했던 정황을 알리고 어려운 시절이 지난 뒤 베풀어진 1621년의 기로회에 특별한 감회를 표현했다.[9] 이 그림은 낡고 오염이 심해 원래의 모습을 온전하게 볼 수 없으나, 무용수들과 악단이 가무를 펼치고 있으며 커다란 청화백자 화병의 코발트 빛 문양이 선명하다. 그 가운데 공로가 있는 노인들이 봉양을 받는 모습이 훈훈하게 표현되어 있다.

남지기로회南池耆老會는 남지의 연꽃을 배경으로 삼아 그린 화사함으로 인해 노인들의 모임이 복스럽고 화기애애하게 기억되는 특별한 이미지다. 「남지기로회도의 뒤에 쓰노라」라는 박세당의 글을 보면,[10] 「남지기로도회도」는 1629년(인조 7)에 노인들이 성남城南의 못가에서 연꽃을 구경하는 모습을 그린 것이며, 여기 모인 사람은 모두 12명이었다. 이 모임은 관작보다 "연치年齒를 우선했다"고 기록되어 있다. 모인 이들의 노인으로서의 모습을 자랑스럽게 그리고 있는 이유다. 송계옹松溪翁이 81세, 윤파흥尹坡興·이첨지李僉知가 80세, 연릉延陵은 77세, 이정랑李正郎·홍동지洪同知·강우윤姜右尹은 75세, 연평延平은 73세, 서참찬徐參贊은 72세, 강첨지姜僉知·유좌윤柳左尹은 71세. 심청평沈青平은 68세로 나이가 가장 어려 제공들 사이에 낄 수 없는데도 모임에 참여했으니, 당송의 고사故事가 있기 때문이라고 했다. 박세당의 발문은 「남지기로회도」가 그려진 지 63년이

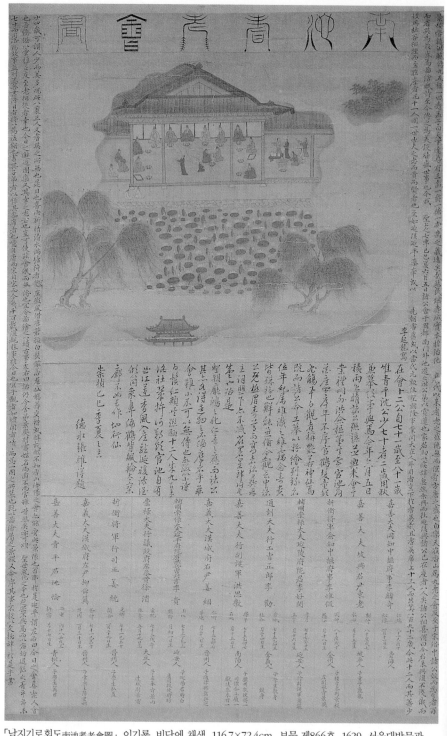

「남지기로회도 南池耆老會圖」, 이기룡, 비단에 채색, 116.7×72.4cm, 보물 제866호, 1629, 서울대박물관.

지난 뒤에 쓰인 것이다. 박세당은 서로에게 화기애애한 선배들의 풍류라고 운치 있는 표현으로 그리움을 표현하고 있다. 「남지기로회도」는 역사적 인물들을 구체적으로 드러내면서 노인들의 지혜와 인격을 주제로 삼는 이미지다.

중종은 중국의 옛 노인들을 그린 「낙양기영회도」와 「향산구로도」를 새롭게 그리는 문화사업을 벌였다.[11] 중종조 당송대의 기영·기로회도의 제작 과정과 의미에 대해서는 당시의 권신 신용개申用漑의 글을 통해 자세히 알 수 있다.[12] 기로회의 모임과 그림에 대해 국가적 차원의 덕목으로 의미화한 시문들이 조선시대에 지속적으로 나타났다. 김상헌金尚憲의 「기로회도서」는 1635년(인조 13) 가을 8월의 기로회에 불려나온 여러 노인의 모임을 칭송하고 있다.

사람의 복에는 다섯 가지가 있는데, 그중에서 장수를 누리는 것보다 더 나은 것은 없다. 그러나 한갓 장수만 누리면서 작위爵位의 귀함이 없는 것은 나이만 먹는 것이며, 한갓 지위만 있으면서 덕으로 칭해지지 않는 것은 그냥 귀하기만 한 것이다. 그냥 나이만 누리는 존귀함은 향당鄕黨에서나 존귀한 데 그칠 뿐이며, 그냥 귀함만을 누리는 존귀함은 조정에서나 존귀한 데 그칠 뿐이다. 반드시 덕이 있으면서 이 두 가지를 겸한 다음에야 천하 사람들이 모두 존귀하다고 하는 것인데, 이런 사람은 한 시대에 겨우 몇 사람만 있을 뿐이다. 그런즉 세상 사람들이 그 성대함을 칭하면서 미담으로 여기는 것이다. 만약 창성하고 밝은 조정에 나이가 많으면서 덕이 있는 신하가 많이 포진되어 있다면, 이것은 또 성대한 가운데 더욱 성대한 것이어서, 실로 드물게 듣고 드물게 볼 수 있는 일이다. 그러니 어찌 한 세상에서만 아름다움을 칭하는 것에 그칠 뿐이겠는가.(김상헌, 『청음집』 권38 「기로회도서耆老會圖序」)

덕이 있는 원로들이 조정에 포진되어 있는 의미를 기리고 있다. 국가 치세의 성대함과 사회의 건강함이 원로가 제 역할을 하고 존중되는 그림으로 표현되었던 것이다.

요컨대 기로회도는 국가 원로급 노인들을 공양하는 장면의 그림으로, 사람들에게 태평성대한 국가의 건재를 말해주는 기능을 담당한다. 따라서 그림 속 노인들은 덕과 품위를 갖추고 존중받아 마땅한 모습으로 그려지며 이들의 모습은 국왕의 덕과 국가의 권위를 대변한다.

행실도와 풍속도의 교화
|

『삼강행실도』 『오륜행실도』 등 조선 왕실 차원에서 제작한 판화 이미지에는 충忠·효孝·열烈의 덕목 실현 대상으로 노인이 그려졌다. 부친 혹은 시부모인 노인들은 병들어 누워 있는 모습으로 그려지곤 했고, 이들은 신체적으로 노쇠한 모습으로 나타나지만, 그럼에도 대단한 존중과 공경을 받는 대상으로 표현되어 있다는 점에서 노인의 모습이 긍정적 차원에서 다뤄졌다고 할 수 있다. 『오륜행실도』에 실린 「석진단지石珍斷指」는 조선의 효자 석진이 손가락을 잘라 피를 내어 아버지를 먹여 치료한 행적을 그리고 있다. 이 그림에서 석진의 부친은 병들고 늙은 노인이지만 아들의 극진한 보살핌을 받는 존재다.

풍속화 범주에서 다뤄지는 경직도 및 빈풍도豳風圖류, 평생도平生圖류, 효병孝屛 등 널리 제작되어 유통된 그림들에서 노인들은 그 공동체에서 존중받는 모습으로 그려진다. 그림 속 노인들은 젊은이들에게 대우를 받아 마땅한 위상으로 그려진다는 뜻이다. 경직도 및 빈풍도는 왕실에서 끊임없이 그려진 그림이

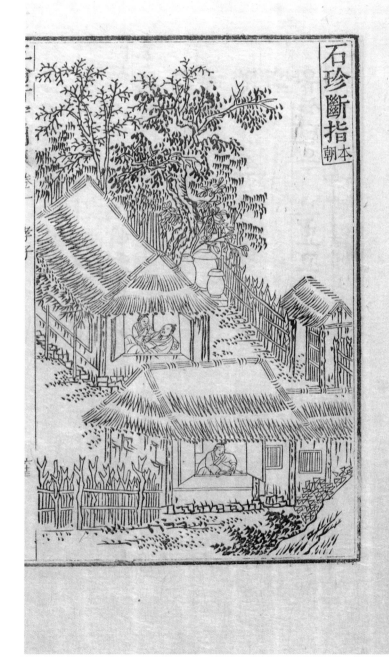

『오륜행실도』 중 「석진단지」, 판화, 규장각한국학연구원.

며, 조선 말기에서 근대까지는 민간에서도 널리 제작되었다. 빈풍도는 『시경』 「빈풍·칠월七月」의 월별 농사일을 노래한 내용에 따라 사시사철 때를 잃지 않는 근면한 백성의 노동하는 모습을 담은 그림으로, 위정자의 성실함을 강구하는 기능을 담당했기에 왕이 곁에 두고 보았다. 이방운李昉運의 필치로 그려진 빈풍도를 보면, 그림 속 노인들은 대개 술이나 음식 대접을 받고 있는 모습이 따뜻하게 인상적으로 그려져 있다. 농가의 분주함을 한편으로 한 채 집 안에 모셔진 노인에게서는 떳떳한 풍모가 느껴지고, 태평성세의 치세에서 풍족한 생산경제와 예의질서가 이루어진 사회, 즉 왕의 덕화가 펼쳐진 사회상을 보여주는 상징이 되었다. 이 그림 속 노인들은 사회적으로 당위적인 노인의 이미지이며, 교화가 요구하는 실현의 이미지였다.

평생도는 대개 병풍으로 그려지며 한 남성이 평생을 성공적으로 사는 모습을 과정에 맞춰 보여주는 그림이다. 돌을 맞이하는 첫 장면에서 시작해 혼인을 올리고, 장원급제하고, 차근차근 벼슬이 오른 뒤, 늘그막에 회혼식을 올리는 마지막 장면으로 끝난다. 지극히 이상적이어서 비현실적이라고도 할 수 있는 한 남성의 평생이다. 이 그림에서 집안 행사 윗자리에 노인이 자리해 있다. 무엇보다 주인공 남성은 벼슬을 두루 거치며 자손을 많이 두고, 회혼식을 맞이한다. 아기의 모습에서 시작한 평생도는 노인이 되어 행복한 모습으로 끝을 맺는다. 즉 조선 후기 크게 유행했던 평생도에 그려진 행복한 노인의 이미지는 삶의 모든 과정을 성실하게 이행한 뒤 얻어지는 복된 이미지로 제시되고 있다. 평생도는 김홍도의 그림으로 전칭되는 것이 가장 유명하고 이후 평생도가 널리 유행해 많은 그림이 전하고 있다. 고려대박물관 소장 평생도의 회혼 장면은 이러한 유전의 양상을 보여주는 좋은 예다.

효병에는 늙은 부모를 봉양하는 효자, 효녀, 효부 등이 등장한다. 다른 경우

「평생도팔곡병」 중 회혼, 종이에 채색, 64.7×33.9cm, 19세기 초, 고려대박물관.

五月斯螽動股六月
莎雞振羽七月
在野八月在宇九月
在戶有蟋蟀
入我牀下穹窒
熏鼠塞向
墐戶嗟我婦子
曰為改歲入
此室處

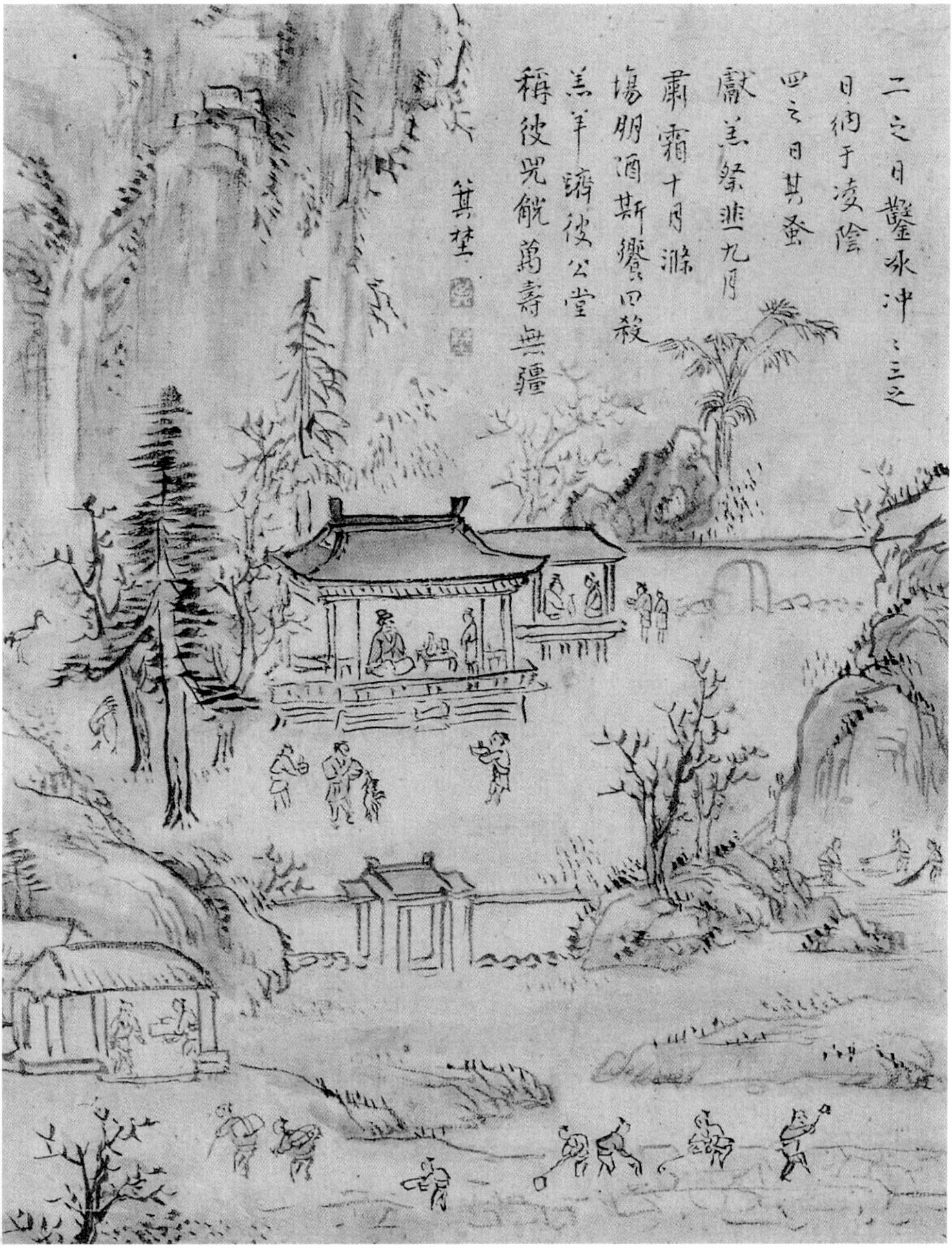
二之日鑿冰沖沖三之
日納于凌陰
四之日其蚤
獻羔祭韭九月
肅霜十月滌
場朋酒斯饗曰殺
羔羊躋彼公堂
稱彼兕觥萬壽無疆
箕埜

「빈풍칠월도」 중 제5면과 제8면, 종이에 엷은색, 25.6×20.1cm, 1761, 국립중앙박물관.

「윤리행실도」, 명주에 채색, 33.4×108.5cm, 19세기 후반, 온양민속박물관.

보다 노인의 병약한 상황이 더 부각되고 있지만 이들 모두 자식들의 효행으로 인해 행복한 모습으로 그려진다. 효병에서 특히 눈에 띄는 장면은 며느리의 젖을 먹고 있는 시모의 모습이다. 현대인의 눈에는 그로테스크하게 보이는 장면이지만, 며느리의 양기를 먹고 건강한 할머니의 하얀 머리가 돋보이는 이미지다. 이 점은 행실도류의 노쇠한 노인 이미지와 유사한 의미로 기능한다.

노고와 인격이 붓끝에서 드러나다:
초상화, 고사인물도, 신선도

초상화, 주름과 검버섯이 드러내는 기상

조선시대 회화에서 초상화가 차지하는 비중은 상당히 높다. 거대하게 그려진 공신 초상에서 가문이 제작한 영정용 초상화들이 모두 일정한 사회적 기능을 가지고 제작되었기 때문이다. 이런 초상화들은 대개 인물이 늙은 뒤의 모습을 담으며, 그려진 얼굴 표현에서 주름, 검버섯 등이 부각되면서 늙음의 구체적인 양상이 그려진다는 특징을 보인다.

초상화는 털끝 하나도 틀리지 않게 그린다는 전신傳神을 중시하므로, 사람마다 다르게 생긴 주름이나 검버섯 등의 형상을 구체적으로 표현하는 것 자체가 초상화 제작의 기본 원칙이기도 하지만, 주름이나 검버섯을 부각시키는 표현의 내면에는 늙음을 드러내는 것에 대한 긍정적인 마음가짐이 자리하고 있었던 결과로 판단된다. 늙은 모습을 구체적으로 그려낸 초상화에 대해 언어적 대응도

상응했다. 백발, 흰 수염, 주름, 검버섯, 여윔 등이 소재가 되었다.

초상화에 대한 문인들의 글은 초상화 속 늙음의 이미지를 언어로 표현할 뿐 아니라 어떻게 의미화했는지도 알려준다. "저 사람은 어떤 늙은이인가. 머리는 다 빠지고 수염은 하얗구나髮已禿, 鬚盡白. 자신은 궁한 노인이 멍청하다 하지만, 나는 홀로 단아하고 근식이라 하노라"[13]라고 18세기 문인 강세황이 벗 조중보의 초상에 글을 지었다. 초상화 속 모습은 머리 빠지고 수염 하얀 노인 이미지가 강조되어 있었던 것으로 보인다. 강세황은 그 늙은 모습에서 보이는 단아함과 꾸밈없음을 칭송했다. 노인의 초상 전통으로 송나라의 수양오로도睡陽五老圖가 있어 김안로, 신용개, 김창흡 등이 거론하기도 했다. 이들 노인의 모습에 대해서는 '고枯'(마르다) 혹은 '구臞'(여위다) 등의 단어로 그 정신의 고고함을 드러내고자 했다. 김창흡은 수양오로도를 읊으면서 '청구淸臞'라며 맑은 정신을 표현했다. 송시열도 자신의 초상에 대해 구臞라고 했다. 객관적으로 초상 속 송시열의 풍채가 결코 파리하지는 않았지만 그렇게 표현했던 것은 초상화 속 늙은 모습을 긍정적인 어조로 담아내는 문학적 전통으로 이해할 수 있다. 말하자면 노인의 이미지에 대한 긍정적인 표현이며 이를 통한 맑은 정신의 의미화인 것이다.

노인의 얼굴에 잡힌 주름이나 피어난 검버섯은 나이 듦을 뜻하는 것 외에도 수고로움을 실천했다는 의미가 있다. 중국 고대의 우禹임금이 9년의 치수사업 후 얼굴에 검버섯이 피었다는 표현은 그가 이룬 업적에 대한 치하이기도 했다. 한편 검버섯이 핀 것은 장수의 의미이기도 했다. 늙을수록 검버섯이 많아지니 그럴수록 장수의 복됨이 크다. 노인의 모습을 대하여 "얼굴에는 검버섯이 피고 눈썹과 수염이 하얗게 세어凍梨浮垢, 白眉皓鬚 기상이 질박하고 생각함이 깊으니, 참으로 모습이 예스럽고 마음 또한 예스러웠다"[14]고 하는 것은 이런 맥락에서 이해할 수 있다.

노년의 풍경

조선시대 초상화들은 대개 그림으로 그려질 만한 인물들, 그 평생의 공적이 인정되었을 때 그려지곤 했기에 대개 노인의 모습이었고, 생애의 공적은 얼굴에 나타난 노년으로 인해 드러났다. 초상화에서 주름과 검버섯 등이 강조되어 그려지는 이유가 여기에 있다. 조선 후기 명신화첩名臣畫帖 계통의 그림들은 살결도 표현하지 않고 단순화시켜 간편하게 그리곤 했는데, 이러한 그림들에서도 주름과 검버섯은 구체적으로 강조되고 있다. 인생의 수고로움과 함께 늙음에도 건장했던 복됨을 표현하는 방법이었다고 할 수 있다. 18세기 이후 조선 말기에 제작되었을 것으로 보이는 명신화첩의 예로는 규장각 소장의 『선현영정첩先賢影幀帖』『진신화상첩搢紳畫像帖』과 국립중앙박물관에 소장되어 있는 『초상화첩』과 『해동명신초상첩海東名臣肖像帖』, 일본 덴리天理대 도서관에 소장되어 있는 『초상화첩』 1·2·3·4권 등 총 9종이 전한다.

초상화들 가운데 16세기 작으로 전하는 농암 이현보 초상은 주름과 검버섯의 표현이 조선시대 초상에서 중시된 예가 될 만하다. 이 그림을 얼핏 보면 화사한 홍포에 약간 뒤로 처진 풍만한 신체가 그려져 있어 전반적으로 화면의 분위기가 힘차다. 그림 속 이현보는 특이하게도 털이개를 들어올린 모습이라 역동적인 기세마저 느껴진다. 게다가 얼굴이 크고 이목이 유난히 크며 입술이 붉고 볼마저 발그스름해 활기가 넘친다. 그러나 이현보 초상의 얼굴을 들여다보면 깊은 주름들이 선명하게 그려져 있을 뿐만 아니라 주름마다 명암을 처리해 강조했다. 또한 코, 볼, 관자놀이, 귀에도 번져 있는 검버섯들을 선명하게 그렸으며, 수염은 주로 백색으로 했다. 이현보 초상은 이후 여러 차례 임모된 것으로 보이는데, 임모본에서는 얼굴 주름이 더 선명하고 검버섯도 같은 위치에 더 뚜렷하게 그려진 것을 볼 수 있다.

조선시대 초상화에서 노인의 특성을 구체적으로 강조해서 그린 것은 초상화

「농암 이현보 초상」 얼굴 부분, 마에 채색, 128.0×105.0cm, 1537년경, 영천 이씨 농암종택 기탁, 유교문화박물관.

「농암 이현보 초상」 얼굴 부분, 이모, 비단에 채색, 124.0×101.0cm, 1827, 영천 이씨 농암종택 기탁, 유교문화박물관.

에 담긴 노인성으로 그 인물의 노고와 인격을 드러내고자 함이었다. 여기서 그 노고와 인격은 노년에 접어들면서 획득할 수 있는 것으로 의미화된다.

고사인물화, 젊은이를 무릎 꿇린 이상적 노인상
|

중국 역사 속 성현이나 영향력 있는 문사들의 행적을 소개하는 고사인물도는 단폭일 때도 있고 8폭이나 10폭의 세트로 꾸린 병풍이나 화첩으로도 널리 제작되었다. 이는 조선 전기부터 말기까지 지속된 그림 문화의 한 부분이라고 할 수 있다. 고사인물도의 구성 내용은 시대에 따라 약간씩 차이를 보이지만, 도연명, 강태공, 허유와 소부, 소동파, 장량에게 책을 전수하는 황석黃石노인 등의 이미지가 지속적으로 그려졌다. 모두 수백 년 전에 사라진 역사 속 인물이지만 화면에서는 멋진 노인의 전형으로 모습을 드러내고 있다.

강태공은 꾸준히 그려진 인물이다. 그가 낚시만 하다가 조백을 만나 출사하게 되는 나이가 90세다. 그림 속 강태공은 대개 90세 노인으로 묘사된다. 오랜 시간을 인내하여 삶의 마지막 장에서 대활약을 펼치는 인물은 그 자체로 노인의 이상적인 모습이다. 장량의 이야기에 등장하는 황석노인 또한 노인의 멋진 이미지를 제공한다. '이교수리坼橋授履'에 그려진 황석노인은 신선의 현신으로 믿어지기도 한다. 황석노인은 흰 수염을 휘날리며 장량을 놀리고 야단치면서 결국에는 비법의 책을 전수해주는 자다. 어린 장량이 노인 앞에 무릎 꿇은 채 노인이 벗어던진 신발을 공손히 받들고 있는 장면은 매우 유명하다. 신을 벗어던지고 장량을 야단치는 노인과 공손하게 앉은 장량이 대조적이어서 흥미를 유발한다. 그림의 주인공은 공손하게 등장하는 장량이기도 하지만, 이 젊은 장량

「태공조위太公釣渭」, 양기성梁箕星, 종이에 채색, 33.5×29.4cm, 18세기 전반, 일본 야마토분가칸.

「이교수리圯橋授履」, 양기성, 종이에 채색, 33.5×29.4cm, 18세기 전반, 일본 야마토분가칸.

에게 지혜를 전수하는 노인은 훗날 일대의 영웅으로 자라날 장량의 젊은 기상을 완전히 제압하여 무릎 꿇도록 한 정신력과 체력을 소유한 노인이다. 조선 후기 영조대에 제작한 『예원합진藝苑合珍』에 「태공조위」와 「이교수리」의 장면이 그려져 있다. 이 그림들에서 강태공과 황석노인은 매우 늙은 모습이지만 황제를 호위하여 커다란 선업을 이루는 데 결정적인 역할을 한 능력자들이며, 심신 양면에서 청년 못지않은 노인들이다. 「태공조위」와 「이교수리」 속 두 노인은 매우 긍정적인 노인상으로 감상되었을 것이다.

고사인물의 또 다른 예로 조선 후기에 크게 인기를 누린 곽자의郭子儀를 그린 「곽분양도」 또한 노인의 이상적 경지를 담아냈다.[15] 당나라 인물 곽자의는 스스로 관록과 장수를 누리고 많은 자손을 거느려 손자들을 일일이 알지 못했다고 하는 인물이다. 중국에서보다는 조선에서 더 큰 인기를 누렸다. 곽자의는 원래 당나라 안사의 난을 평정하는 데 큰 공을 세웠으며[16] 그가 부귀공명을 누린 점이 부각되어 곽자의는 복 많은 사람을 뜻하는 말로 조선 후기 거듭 언급된 것을 볼 수 있다. 정조가 신하를 칭찬할 때 곽자의에 빗대 언급한 바 있다. 곽자의는 주로 수많은 손자를 거느린 노인의 모습으로 그림에 그려졌다. 특히 「곽분양도」에서 복이 가장 많은 노인의 이미지를 제공한다. 즉 인간사회 노인의 가장 이상적인 이미지를 보여주는 예다.

신선도, 건강한 노인 이미지

고려와 조선의 문헌에서 노인을 일컬어 '신선神仙'이라며 칭송했다. 오늘날에도 어떤 노인을 가리켜 '신선 같다'고 일컫는다면 마땅히 심신이 건강해 보이는

「나이 자랑하는 신선들三人間
年圖」, 장승업, 비단에 채색,
142.0×69.0cm, 조선 말기,
국립중앙박물관.

「수노인도壽老人圖」, 이정, 종이에 채색, 95.4×46.0cm, 조선 중기, 국립중앙박물관.

「군선도병」, 김홍도, 종이
에 채색, 132.8×575.8cm,
국보 제139호, 조선 후기,
삼성미술관 리움.

노인을 뜻할 것이다. 노인을 일러 신선이라 할 때는 도가道家가 추구하여 빚어 낸 불로장생 구현자의 실상을 말하는 것이라기보다는 신체 건강하고 인격이 갖 춰진 노인에 대한 압축적 비유에 가깝다.

　건장한 노인의 모습을 신선의 그것에 빗대는 비유는 그림 속 신선 이미지에 그 유래를 둔다. 조선시대 그림 속 신선은 노인의 최상급 이미지였다. 신선 이 미지에 대한 기억이 현대의 언어 관습에 잔존하기 때문에 '신선 같은 노인'이란 표현이 있고, 그 이미지가 견지된다. 이미지 속 신선은 수염과 도포자락을 휘날 린다. 그는 질병病으로부터 자유로운 신체와 인격과 지혜를 두루 갖춘 정신의 소유자다. 즐겨 그려진 신선도의 노인 이미지를 열거해보면, 우선 노자老子가 있 고, 사람들의 수명을 관장하며 느긋하게 서 있는 '수노인壽老人' 외에 다양한 신 선을 열거할 수 있다. 조선 후기 크게 인기를 누린 군선도群仙圖류 그림은 신선 들의 특정한 능력과 형상을 한꺼번에 보여주는 그림이다. 요지연도瑤池宴圖에서 는 바다를 건너는 군선의 모습이 한 부분을 차지한다.[17] 노인들이 무리지어 호 화로운 신선의 잔치에 도달하고자 바다의 풍랑을 건너고 있다. 신선계의 잔치 에는 신선의 음식뿐만 아니라 음악과 수많은 아름다운 선녀가 연회장을 채우 고 있다. 이러한 잔치에 초대받아 바다를 건너가는 신선들이 각자의 풍모와 능 력을 자랑하며 잔치를 즐기는 건강함은, 현실에서는 꿈꾸기도 어려운 경지의 이상적 노인상을 가시화시켜서 보여주고 있다.

삶의 막바지에 이른 자들이
말해줄 수 있는 것들

그림에 표현된 늙음에는 대체로 긍정적인 면이 담겨 있다. 늙음이 표현된 그림에는 감상용을 표방하며 제작된 산수화 혹은 아집도나 고사인물과 신선을 그린 그림이 있고, 기록과 교화를 위해 제작된 초상화, 기로회도, 행실도 등으로 크게 나누어 볼 수 있다. 이들은 다른 방향으로 늙음을 표현하고 있다.

산수 및 인물을 감상용으로 표현한 그림들은 사회나 개인이라는 현실의 조건에 내재된 결핍과 불만을 극복하려는 성격이 있다. 이 그림 속 노인들은 이러한 조건을 정신적으로 혹은 물리적·실제적으로 극복한 존재들이다. 은퇴하여 자연에서 만족하는 비현실적 이미지나 젊은이들을 능가하는 능력을 지닌 노인들, 그리고 불로장생의 특권을 누리는 신선들은 현실에서는 거의 불가능한 존재다. 그림은 이런 모습을 보여줌으로써 노인의 긍정적인 측면을 담아내고 있다. 따라서 우리는 오히려 이러한 그림들 속에 내재되어 있는 사회의 문제 및 유한한 인생에 대한 근본적인 두려움 등을 엿볼 수 있다. 또한 그림이 이처럼 내재해 있는 불안과 불만을 위로하고 행복한 상상을 제공하는 역할을 했음을 알 수 있다.

한편 기록과 교화를 목적으로 하는 그림들은 현실의 번영과 현실을 더 나은 방향으로 이끌어가고자 하는 의지의 표현으로 노인의 모습을 제공한다. 국가의 원로를 공양하는 기록은 정치적 안정과 번영의 표상, 태평성세의 기록이다. 이는 위정자 입장에서 치세 권역의 이미지를 표현하는 하나의 방법으로 경로의 도덕이 실천되는 이미지 제공이라고 할 수 있다. 충·효·열을 강조해 사회의 풍속을 교화하고자 하는 왕실의 행실도류 제작에서는 적극적으로 노인을 모실 것을 가르침으로써 사회 질서를 도모하고 있다.

논의를 마치기에 앞서 주목할 점이 있다. 왜 하필 노인이었을까? 이는 앞서 말한 정치적 혹은 현실적 도모를 위해 혹은 개인적인 불만과 불안을 표현하고 위로하기 위해 그림에서 노인의 긍정적인 이미지를 제공하는 것이 다른 인물형보다 더 효과가 있었을까를 묻는 거꾸로의 질문이다. 이 논의는 처음부터 노인의 이미지를 찾아 정리하고 밝혀보는 방향으로 진행되었지만, 이러한 논의의 원초적인 방향에서 잠시 벗어나서 왜 하필 노인을 그렸을까 하는 문제를 꺼내들 수 있다. 아이, 청년, 여인, 남녀노소의 군중, 병사들도 이런 목적에 부응하는 그림으로 그려질 수 있으며 그러한 경우도 없지 않다. 그럼에도 노인이 등장하는 것이 상대적으로 더 많다. 노인의 이미지를 통해서 특별히 감상되거나 표현되는 것은 무엇일까 하는 문제는, 노인이 갖는 의미 자체를 다시 불러올 수 있다. 그것은 해석의 문제가 될 것이다. 노인에 이르는 여정은 곧 개인의 인생 여정이며 삶의 전 영역을 말해주기에 감동을 낳는 효과가 있었던 것은 아닐까. 노인이 되어야 갖출 수 있는 온갖 종류의 미덕 및 시간을 통해 이룰 수 있는 학식과 경험, 인격과 지혜 등은 오랜 인생의 시간을 누린 노인들만이 제공할 수 있기에 노인 이미지가 인물의 무엇을 표현하든 효과적이었을 것이다. 또한 그림을 보는 모든 개인에게 노인에 이르는 삶을 긍정적인 시선으로 바라보게 하고, 그들이 인생에 걸친 모종의 방향감이나 적어도 기대감을 제공받을 수 있었기 때문이었다고 생각한다.

제4장

우러름과 능멸의 삶,
늙음을 받아들이는 법

김경미

이화여대 이화인문과학원 HK교수

늙음,
우러름과 능멸의 이중 시선

국가를 다스리는 기본 이념으로 유교를 기치로 내걸었던 조선은 노인에 대한 공경을 중시했으며, 노인직老人職, 양로연養老宴 등의 제도를 두었다. 『경국대전』에는 노인직을 두고 있고, 『대전회통』에 이에 대한 자세한 설명을 해두고 있다. 노인직은 양반에게만 해당되는 것이 아니라 상민과 천민에게도, 또 여성에게도 두루 적용되는 것이었다. 『경국대전』에는 양로연에 대해 매해 가을철 마지막 달에 양로연을 차리는데 높고 낮은 관직 중에 나이 80세 이상 된 사람들이 연회에 참석하며, 부인들에 대해서는 왕비가 내전에서 연회를 차리고, 지방에서는 고을 원들이 안팎 대청에 따로따로 연회를 차린다고 규정하고 있다.[1] 노인직에 대해서는 조선 말기에 간행된 『대전회통』에도 자세히 기록하고 있어 당시까지도 노인직이 시행된 것을 알 수 있다. 『대전회통』에는 80세 이상, 90세 이상, 100세 이상으로 나누어 자세히 기록하고 있다. 나이가 80세 이상인 자는 양인·천인을 막론하고 관직을 주며 원래 관직이 있는 자는 다시 1계階를 올려

주는데, 당상관은 임금의 지시가 있어야 준다고 기록하고 있다. 또 사족의 부녀에게는 90세가 되면 해당 관서에서 뽑아 올려 임금에게 보고하고 관작을 내렸다. 사족과 서인으로서 100세인 사람에 대해서는 그 자손이 임금에게 알리는 것을 허용하고, 서울은 한성부, 지방은 관찰사가 연초에 그 집을 방문해 임금에게 보고한다고 기록하고 있다. 그리하여 사족과 서인으로서 100세인 자는 숭정대부로 올려주는 것으로 되어 있다.[2]

인조는 노인을 공경하고 어진 이를 존경하는 것은 나라를 다스리는 근본이라고 하며 옛날 제왕帝王들이 몸소 연회에 나와 위로하면서 관작이나 비단을 내리기도 한 것은 모두 노인과 어진 이를 존경하고 숭상하는 의리였다고 하면서 노인들을 생각할 때면 자신도 모르게 측은한 마음이 든다고 했다. 이에 노인직을 주어 노인을 우대하는 자신의 뜻을 표하도록 하라고 지시했다.[3] 인조 당시 사간원이 나이를 속인 사노나 천민이 노인직을 받는 일을 지적하면서 관작을 함부로 베풀어 귀천의 구별이 없어질 것을 우려하기도 했으나, 인조는 노인직에 관한 일은 귀천은 비록 다르지만 늙음은 똑같다고 하면서 사간원의 건의를 받아들이지 않았다.[4]

조선 사회는 이처럼 국가가 노인을 대우한 듯 보인다. 그러나 이런 제도가 어느 정도로 얼마나 시행되었으며, 신분을 막론하고 동등하게 행해졌는지에 대해서는 정확하게 알 수 없다. 양로연, 노인직이 있다 해도 일부에 해당되는 일이었을 가능성이 높기 때문이다.[5] 성호 이익의 다음 글은 이 제도들이 후대에 와서 어떻게 되었는지, 노인을 대하는 풍속이 어떻게 바뀌었는지를 조금이나마 짐작하게 해준다.

효도하는 이로서 공경하지 않는 자는 있어도, 공경하는 이로서 효도하지

「종친부사연도宗親府賜宴圖」, 비단에 채색, 134.5×64.0cm, 1744, 서울대박물관. 1744년(영조 20) 9월 영조의 기로소耆老所 입사를 기념한 진연을 마치고, 영조가 종친들에게 특별히 술과 음식을 내려준 사연賜宴 장면을 그린 그림이다.

않는 자는 없다. 이러므로 선왕先王의 법은 공경이 향당鄕黨까지 미치고 도로까지도 미치며 군려軍旅까지도 미쳤다. 이러한 덕화德化는 국가에서 늙은 이를 잘 기름으로부터 시작되는데, 이것은 순임금 이후로 누구도 폐하지 않았다. 그런데 지금 풍속을 징험해보니 가정에서는 자제들이 부형을 업신여기고 나라에서는 소년들이 노인을 능멸하는데, 이런 풍속은 또 과제科第로부터 비롯되었다. 소년으로 등과하는 것은 여러 사람이 다 원하고 부럽게 여겨, 다만 미천한 자만이 우러러볼 뿐 아니라 자기 집 부형까지도 억눌리게 된다. 진실로 이렇게 되지 못하면 비록 안자顔子와 민자건閔子騫 같은 덕행이 있다 하더라도, 다만 또 사람들이 얕볼 뿐만 아니라 자기의 처첩이 먼저 업신여기게 되니, 어찌 세도가 무너지지 않을 수 있겠는가?

우리나라 초기의 법은 80세가 된 노인이면 남녀를 막론하고 모두 나라에서 잔치를 벌이고 은혜를 베풀어주었다. 왕은 80세가 된 노인을 모아 연향宴享했고, 비妃는 80세가 된 부인들을 모두 궁중으로 불러들여 연향했다. 이 사실은 역시 동월董越의 조선부朝鮮賦에 나타나 있으니 헛말이 아닐 것이다. 내가 젊었을 때 마을 사람들이 해마다 세말이 되면 세서연洗鋤宴을 벌였는데, 이는 농사가 끝났기 때문에 베푼 잔치였다. 나도 어려서 모인 총중에 가서 끼어 있었는데, 모두 연치에 따라 옷깃을 여미고 차례로 앉은 모습이 예의禮儀가 있어, 사족士族의 모임에 비하면 도리어 나은 점이 있었다.

차례로 일어나 춤을 추는데, 노인이 앞으로 나오면 그 일가의 젊은이들은 감히 그 자리에 끼어들지 않고 옆자리로 비켜 공손히 서 있는다. 혹 실례한 자가 있으면 공언公言을 맡은 사람이 문득 벌을 내린다. 나중에 풍악이 울리면 피리를 불고 북을 치면서 한껏 즐긴 후에 그 놀이를 파한다. 시골 풍속도 오히려 이러한데, 더구나 국가에서 이 양로養老란 제도를 시행한다

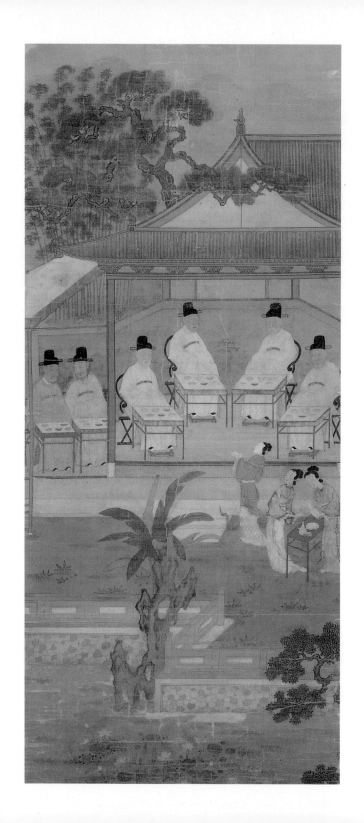

「권대운과 기로들을 위한
잔치耆老宴會圖」, 비단에
채색, 각 139.0×60.0cm,
17세기 후반, 국립중앙박
물관.

면 민심을 감동시킴이 과연 어떠하겠는가?

50년이 지난 이후로는 백성의 가난이 날로 심해져 술도 안주도 장만할 여유가 없게 되자, 이런 세서연 놀이도 없어지고 말았으니 또한 한스럽다.(이익, 『성호사설』 10 「인사문」 '양로養老')[6]

　이익은 소년들이 노인을 능멸하는 풍속의 원인과 노인을 공경하지 않는 세태가 과거시험에서 비롯되었다고 분석하고 있다. 젊어서 과거급제하는 것을 선망하다보니 그렇게 하지 못하는 사람들이 무시당하게 된다는 것이다. 이 한 줄은 당시 과거에 급제하지 못한 채 늙어간 노학구들의 처지가 어떠했을지를 알려주며, 노인들이 그리 존중받지 못했을 수도 있었다는 짐작하게 해준다. 이익은 또 80세 이상의 남녀 노인에게 잔치를 벌이고 은혜를 베풀어준 초기의 법에 대해 이야기하는데, 이는 양로연을 말하는 듯하다. 이익은 이어서 시골 농부들이 벌였던 세서연에서 노인을 존중한 풍속을 언급하면서 사족의 모임보다 더 나은 점이 있었다고 평가한다. 이익이라는 한 학자의 눈에 비친 세태인 까닭에 이를 일반화해서 받아들이기는 어렵지만, 이를 통해 당시 조선사회의 노인을 대하는 풍속 및 양로연이 없어진 상황 등을 알 수 있다. 노인직이나 양로연 등의 제도와 노인에 대한 국가적 지원이 어떠했는지에 대해서는 본격적인 연구가 이뤄져야 할 것이다. 이 글에서는 조선사회가 노인들을 어떻게 대했는지에 대한 제도적인 문제보다는 노인 자신이 노년을 어떻게 바라보고 있는가를 살펴보고자 한다. 이것을 이야기하는 가운데 자연스럽게 사회가 노년을 어떻게 바라보았는지도 함께 드러날 것이다.

쭈그러든 피부가
삶을 탄식케 하지 못하는 이유

여헌 장현광張顯光(1554~1637)은 「노인의 사업老人事業」과 「노령의 인사」라는 글을 남겼다. 이 두 편의 글은 노년에 대해 자세하게 묘사하고 있고, 또 노년에 어떤 태도를 취해야 할지를 보여주고 있어 주목된다. 그렇다면 장현광은 누구인가? 도학자인 그는 여러 번 관직에 임명되었지만 대개 사양하고 학문에 몰두한 인물로 알려져 있다. 그는 83세에 지중추부사에 임명되어 상경하다가 병을 얻어서 사직했으나, 그해 말 호란이 일어나자 의병을 모은, 그야말로 늙어서까지 일을 한 인물이다. 그는 호란이 일어난 다음 84세를 일기로 세상을 떠났으니 오랜 노년을 보낸 셈이다. 「노인의 사업」은 노년에도 할 수 있는 일을 제시한 글로서, 먼저 노년의 특징부터 자세히 묘사하고 있다.

혈기가 이미 쇠함에 이르면 검던 것이 희어지고 길던 것이 짧아지며 빽빽하던 것이 듬성해지는 것은 모발의 변화이고, 살이 빠져 가죽이 쭈그러

「장현광 영정」, 비단에 채색, 124.0×90.0cm, 1632, 유엄당.

고 피부가 언 배의 빛이 되어 때가 떠 있는 듯하고 골절이 툭 튀어나오며 몸이 구부러지는 것은 형모形貌의 변화다. 입술과 혀와 어금니와 이빨과 목구멍의 다섯 소리가 갖추어진 뒤에야 음운音韻이 구비되어 언어가 이루어지는데, 어금니가 빠지고 이빨이 빠짐에 이르면 다섯 소리 가운데 두 소리를 이미 잃게 된다. 그리하여 단지 입술과 혀와 목구멍의 세 소리를 쓰는데 이 또한 모두 가늘고 느리며 민첩하지 못하니, 언어가 이뤄지지 못하는 것은 음성의 변화다. 그리고 마치 연기와 안개가 자욱한 가운데 앉아 있는 것과 같아서 마주 대한 사람의 안면을 살피지 못하고 담장과 벽이 막혀 있는 것과 같아서 가까이 있는 사람의 말을 듣지 못하는 것은 이목의 변화이며, 당堂과 뜰을 오르내림에 숨이 가쁘고 응접하여 절하고 읍함에 넘어지는 것은 기력의 변화다. 옛날 들은 것을 기억하지 못하여 새로 알기를 바랄 수가 없으며 지구知舊의 성명姓名을 모두 잊고 옛날 외우던 문자를 모르니, 이는 정신과 혼백의 변화다. 비록 1000만 명이 있더라도 내가 가서 대적하겠다는 용기를 가지고 단단한 뿌리와 마디를 만나도 무뎌지지 않는 재기才氣로 우리 도를 짊어지고 당세를 경륜하며 우주를 담당하고 천지를 잡겠다는 마음과 담력을 떨치고 뽐낼 수가 없으니, 이는 지기志氣와 역량의 변화다.

사람이 이러한 경지에 이르면 마땅히 무슨 일을 하겠는가. 정신은 의리의 정미精微함을 연구할 수 없고 사려는 변화의 묘함을 다할 수 없으며, 역량은 원대한 사업을 이룰 수 없고 시력과 청력은 소리와 색깔을 살필 수 없으며, 언어는 정情과 의사를 펼 수 없으니, 이때에 어찌 다시 인간의 일을 할 수 있겠는가.(장현광, 『여헌선생문집』 제6권 잡저雜著, '노인의 사업')

장현광은 우리 인간은 하늘과 땅 사이에 태어나고 만물 가운데 처하여 하나의 이치를 따라 있고 없다고 하면서, 처음에 유치幼稚하고 중간에 장성해지는 것은 바로 무로부터 유가 되는 것이고, 장성함이 지극해져서 점점 더 노쇠함으로 들어가는 것은 바로 유로부터 무로 돌아가는 것이니 사람이 노쇠해지는 것은 진실로 당연한 이치라고 본다.[7] 따라서 늙음은 우리가 자연스럽게 받아들여야 하는 것이다. 그러나 늙음은 변화를 가져온다. 머리털은 희어지고 짧아지며, 살이 빠져 피부는 쭈그러들고, 뼈가 튀어나오고, 몸이 구부정해지며, 이가 빠져 발음도 불투명하고, 숨이 가쁘고, 기억력도 쇠한다. 그래서 옛날처럼 일을 할 수도 없다. 그러나 장현광은 이를 추하게 여기거나 피하려 하지 않는다. 인간으로서 어쩔 수 없이 맞아야 하는 변화이기 때문이다. 장현광은 늙은 몸에 대해 가감 없이 서술하면서, 왜 그렇게 되는가를 몸의 변화를 통해 설명하고 사람이 이러한 경지에 이르면 다시 인간의 일을 할 수 없다고 본다. 장현광은 늙은 몸을 비탄의 눈으로 바라보기보다는 이해의 눈으로 보고 있다. 그런 까닭에 이 글을 읽으면 노인이 왜 그런 모습으로, 그렇게 행동하는가를 이해하게끔 해준다.

장현광은 노년을 탄식하거나 늙은 모습을 희화화하기보다는 노년을 어떻게 보내는 것이 좋은지에 대해, 즉 노년에는 무엇을 할지에 대해 더 생각했던 것으로 보인다.

그러나 도를 행하는 것은 몸이 늙으면 쇠하지만 도를 보존하는 것은 마음이 늙더라도 또한 떠날 수 없는 것이다. 쇠한 것은 진실로 다시 성해질 수 없으나 떠날 수 없는 것은 마땅히 그대로 있다. 그러므로 다만 한 방에 고요히 앉아서 일체 사무를 정지하고 경영을 그치며 출입을 끊고 왕래를 끊으며 응접을 적게 해야 할 것이니, 억지로 사려를 쓰고 억지로 시력과 청력을 쓰고 억지로 언어를 쓰고 억지로 동작을 쓰지 말아 앉고 눕기를 때에 따라 하고 음식을 적절히 해야 한다.

그러나 폐할 수 없는 것은 옛날에 읽고 외우던 책을 다시 찾고 생각하여 의리를 보고 기뻐하며 성정을 편안히 길러서 심기心氣를 보양하는 것이니, 이와 같이 하기를 오래 하고 오래 하면 혼미하던 혼백이 다시 돌아오는 듯하고 흩어졌던 정신이 다시 모이는 듯하여 옛날에 잊었던 것이 혹 기억되고 옛날에 통하여 알지 못하던 것이 혹 깨달음이 있을 것이다.

이것을 미루어 지극히 하고 이것을 이끌어 멀리하면 그 쌓임이 천지의 조화와 더불어 유통하게 될 것이니, 이른바 '도는 천지의 무형 밖을 통하고 생각은 풍운의 변하는 태도 속으로 들어간다道通天地無形外 思入風雲變態中'는 경지를 이때에 또한 징험하여 얻을 수 있어서 무극과 태극의 묘리를 더 잘 알 수 있을 것이다. 이렇게 하여 여년餘年을 보낸다면 또한 좋지 않겠는가.(장현광, '노인의 사업')

그는 도를 행하는 것은 늙어서도 행할 수 있는 것으로 보았고, 그것을 위해 사무를 멈추고 경영을 그만두며 출입과 왕래를 끊고, 억지로 생각하거나 시력, 청력을 쓰지 말고 기거를 때에 따라 하고 음식도 적절히 해야 한다고 쓰고 있다. 대신 성정을 기르고 심기를 보양하여 도의 경지로 들어가 무극과 태극의 묘한 이치를 깨달으며 남은 해를 보내는 것이 좋다고 했다. 그리고 옛날에 알지 못했던 것을 혹 깨달을 수도 있다고 보았다. 이것이 노인의 사업이라는 것이다.

이로써 말하면 사람이 처음 태어남은 무에서 유가 되는 것이며, 태어나서 자라고 자라서 성숙하는 것은 무에서 유가 됨이 극에 달한 것이니, 크고 작은 사람의 사업이 모두 이때에 있는 것이다.

성함이 지극하면 쇠해지고 쇠하면 늙어지는 것은 유로부터 무로 돌아가는 것인데 이는 아직 완전히 무가 된 것은 아니며, 기운이 다하여 죽으면 이는 완전히 무인 것이다. 그러하니 완전히 무가 되기 전에 잘 기르고 편안히 휴식하여 위에서 말한 바와 같이 하는 것이 노인의 사업이 아니겠는가. 이는 곧 일이 없는 가운데의 일이요, 업이 없는 가운데의 업인 것이다.

내 이제 다함에 이르러 무로 돌아가는 경지에 이르렀는데, 성함이 지극할 때에 우리 인간의 원대한 사업을 하지 못하여 한 가지라도 옛사람이 세운 것과 같이 하지 못했으니, 쇠함이 지극한 지금에는 혹시라도 노인의 사업을 다할 수 있겠는가. 우선 이 뜻을 기술하여 후일의 징험으로 삼으려 하는 바다.(장현광, '노인의 사업')

장현광은 노년이란 몸은 비록 쇠하지만 도가 완숙에 이르는 시기로 본 것 같다. 그런데 깨달음에 이르기 위해서는 노력이 필요하다. 그래서 그는 「노령의 인사」에서 늘그막에 할 일을 다음과 같이 간명하게 제시하고 있다.

언어를 그칠 것
마땅히 그칠 것은 외간外間의 일에 간섭함을 이르니, 만약 집안에서의 일상적인 말이라면 어찌 다 그칠 수 있겠는가.

경영을 끊을 것
마땅히 끊어야 할 것은 세속에서의 잡된 일을 이르니, 덕을 높이고 업을 넓히는 공부야 어찌 끊을 수 있겠는가.

마음을 크게 비울 것
간사한 생각과 잡념을 일으켜서는 안 됨을 말한 것이니, 경敬을 주장하고
성誠을 생각하는 일을 모두 정지해야 한다는 것은 아니다.

사시四時에 맡길 것
모름지기 방관하며 지나쳐서는 안 된다는 뜻을 둘 것이요, 또한 만나는 환
경에 따라 편안히 하는 도리가 있는 것이다.

장현광은 몸이 변화한다면 삶도 변화시켜야 한다고 보았다. 그러나 위 예문
에서도 보듯이 전면적으로 끊는 것이 아니라 일상적인 말은 하고, 덕업을 위한
공부는 지속하며, 성과 경을 생각하는 일은 멈추지 않는다고 했다. 장현광은
도학자로서 늙음에 대해 탄식하거나, 늙음으로 인해 위축되지 않고, 오히려 집
중해서 이전에 깨닫지 못했던 도에 나아갈 가능성이 있는 시기라고 보았음을
알 수 있다.

거울에 비친 내 늙은 모습,
쇠락함은 정해진 이치

사실 늙음은 달갑지 않다. 장현광이 묘사한바 전혀 다른 사람처럼 만들어버리기 때문이다. 그럼에도 우리는 그것을 거부할 수만은 없다. 이옥李鈺 (1760~1815)의 「거울에게 묻는다鏡問」는 그가 49세 되던 해에 거울을 바라보며 늙은 자신의 모습을 응시하고, 자신을 받아들이는 내용을 담은 글이다. 이옥은 성균관 유생으로 있던 1792년 응제문에 소설적 문체를 구사한다고 해서 당시 임금이었던 정조로부터 불경스럽고 괴이한 문체를 고치라는 명을 받은 인물이다. 이옥은 이 일로 실록에 오르고 벌을 받았으며, 결국 과거에 나가지 않고 평생을 글쓰기로 일관했다. 어느 날 그는 거울에 비친 자신의 모습이 달라진 것을 보고 거울에게 그 이유를 묻는다.

아, 자진紫珍이여! 사람이 자신의 얼굴을 알지 못하고 반드시 너에게서 얻어 보니, 곧 네가 내 얼굴을 얼굴로 보여주는 것이다. 네가 얼굴로 보여주

노년의 풍경

는 것이 다름이 있음을 네 어찌 모른단 말이냐? 나는 모르겠노라. 네가 보여준 얼굴이 그 옛날 가을 물처럼 가볍고 밝던 것이 어이하여 마른 나무처럼 축 처져 있으며, 그 옛날 연꽃이 물든 듯 노을이 빛나듯 하던 것이 어이하여 돌이끼의 검푸른 빛이 되었으며, 그 옛날 구슬처럼 빛나고 거울처럼 반짝이던 것이 어이하여 안개가 해를 가린 듯 빛을 잃었으며, 그 옛날 다림질한 비단 같고 볕에 말린 능라 같던 것이 어이하여 늙은 귤의 씨방처럼 되었으며, 그 옛날 부드럽고 풍만하던 것은 어이하여 죽어서 쓰러진 누에의 죽은 것과 같이 되었으며, 그 옛날 칼처럼 꼿꼿하며 갠 하늘에 구름처럼 무성하던 것이 어이하여 부들숲처럼 황량하게 되었으며, 그 옛날 단사丹砂를 마신 듯 앵두를 머금은 듯하던 것이 어이하여 바랜 붉은빛 해진 주머니와 같이 되었으며, 그 옛날 조개를 둘러쌓은 성곽 같던 것이 어이하여 들쑥날쑥 누렇게 때가 끼었으며, 그 옛날 봄풀이 파릇파릇 돋아난 것과 같던 것이 어이하여 흰 실이 고치에서 길게 뽑혀나와 늘어져 있는 것과 같이 되었는가?(이옥, 「문여文餘」, 잡제雜題)**8**

위 예문에서 자진은 거울을 말하는데, 이옥은 옛날의 젊던 모습과 지금의 늙은 모습을 가을물/마른 나무, 연꽃이 물든 듯 노을이 빛나듯 하던 빛/돌이끼의 검푸른 빛, 반짝이던 것/빛을 잃음, 다림질한 비단, 볕에 말린 능라/늙은 귤의 씨방, 앵두를 머금은 듯하던 입술/해진 주머니, 조개를 둘러쌓은 성곽 같은 이/들쑥날쑥 누렇게 때가 낀 이, 봄풀같이 푸른 머리/늘어진 흰 실 같은 머리털로 대비하고 있다. 그리고 그는 다시 묻는다.

아! 나는 7, 8세부터 이미 너에게서 내 얼굴을 보았고, 지금까지 또 40여

좌경坐鏡, 10.0×14.3×6.0cm, 조선 후기, 유교문화박물관.

년이 흘렀으니 내 나이도 50에서 하나가 부족한 것이다. 정신은 졸아들고 안색은 말라가며, 살은 쇠락하고 피부는 주름지며, 눈썹은 희게 세고 안력은 흐릿하며, 입술은 거뭇하고 이빨은 엉성해짐이 또한 진실로 기약된 것이기는 하나, 내 나이를 다른 사람에 견주어보면 요즘 더욱 사치스럽고 영화로워진 자가 간혹 많이 있기도 한데, 어찌 오직 나에게만 늙음이 빨리 온단 말인가?

다른 사람과 비교해보니 자신에게만 늙음이 빨리 찾아온 것 같다는 이야기다. 이어서 그는 자신의 체질이 그다지 약하지 않고, 비애가 없다고 할 수는 없지만 창자를 도려내듯 슬프지는 않았고, 고생이 없지는 않았지만 고단하게 여위지도 않았는데 왜 이렇게 빨리 늙었는지 궁금해하며 거울에게 그 이유를 묻는다. 그러자 거울은 다른 게 아니라 자초한 것이라고 대답한다.

지금 그대는 고기를 먹지 못하고, 또 약도 먹지 못하니 어찌 옛날과 지금 사이에 변함이 없겠는가? 세상에서 얼굴을 다듬는 자들은 버들을 씹어 양치질하고, 녹두를 타서 씻고, 베고 깎고 수건질을 했다가 다시 고르게 하여 쓸어내고, 밤 껍데기로 주름을 펴고, 육향六香으로 마른 피부를 윤택하게 하고, 명주 수건을 손에 들고 어루만지며 스스로를 보물처럼 다룬다. 지금 그대는 한 달이 지나도록 빗질을 안 하고, 사흘이 지나도록 세수를 않고 눈곱만 비벼 떼고 보며, 찌꺼기를 묻히며 먹고, 땀이 옷에 젖어 더럽혀져 있고, 볕에 그을려 새까맣게 되어 있다. (…) 이것은 그대가 자초한 것임을 그대는 모른단 말이오?

거울은 여기서 이옥의 또 다른 자아라 할 수 있을 텐데, 거울의 말에는 일말의 동정이나 연민도 없다. 거울은 말한다. 세상 사람들을 보라. 그들이 얼마나 얼굴을 다듬고 젊어지기 위해 노력하는지. 이어서 돌이나 소나무는 세월이 지나도 그 모습 그대로인데 꽃은 피었다가 시들어 옛 모습을 잃는다고 하면서 아름다움이나 명예는 지나가는 것이라고 거울은 말한다.

그대의 어린 시절에는 기생이 던진 꽃들이 다발을 이루었고, 성인이 되어서는 거리의 구경꾼이 나귀를 막아섰으며, 겨우 삼십을 넘어서는 비록 구면舊面이 아닌데도 과거 합격자의 반열에서 칭찬을 받기도 했다. 그러나 아름다움이란 진실로 오래 머물러주는 것이 아니며, 명예란 진실로 오랫동안 할 수 없는 것이니, 일찍 쇠락하여 변하는 것이 진실로 그 정해진 이치다. 그대 어찌 절절히 그것을 의심하며, 또 어찌 우울히 그것을 슬퍼한단 말인가? 그대가 만약 묻고 싶다면 조물주에게 물어보시게나.

이옥은 젊은 시절 아름다움과 명예를 가졌지만 이 모두 오래가지 않았다. 과거에 합격하긴 했으나 소설적 문체를 구사한다고 해서 정조로부터 불경스럽고 괴이한 문체를 쓰는 인물로 지목되었고, 그로 인해 과거시험을 보지 못하고 충군充軍되는 등 고초를 겪었다. 이옥은 50세를 앞두고 부쩍 늙은 자신의 모습을 보면서 아마도 뜻대로 풀리지 않았던 자신의 삶 때문이 아닌가 생각했던 듯하다. 그러나 거울과의 대화를 통해 얻은 바는 쇠락하여 변하는 것은 정해진 이치라는 점이다. 이옥은 이렇게 자신과의 대화를 통해 자신의 늙음을 순순히 받아들이고 있다.

거울은 가감 없이 자신을 비춰준다. 이옥은 거울을 통해 자신의 늙은 모습을 응시한다. 그리고 거울이 보여준 자신의 모습을 적나라하게 묘사함으로써 스스로를 객관화한다. 늙음으로부터 도망치지 않고, 핑계대지 않고, 지금의 모습이 곧 내 삶의 결과라는 것을 받아들이며, 나아가 늙음 자체가 정해진 이치라는 당연한 사실을 물리치지 않는다.

젊었고자, 젊었고자

이옥은 늙음에 대한 글을 한 편 더 남기고 있는데, 그것은 머리털을 뽑는 족집게를 다룬 「각로선생전却老先生傳」이다. 이 작품은 조선 후기 늙음을 바라보는 당시의 세태와 늙음에 대한 인식을 보여준다. 늙음을 읊은 시편 가운데 유독 백발을 소재로 한 것이 많다. 늙음으로 인해 변화하는 것 가운데 백발은 늙음을 가장 직접적으로 깨닫게 하기 때문이다. 「각로선생전」의 주된 소재 역시 백발이다. 전체 구성은 흰머리를 뽑아 늙음을 물리칠 수 있는가를 놓고 혹자와 내가 주고받은 문답 형식으로 이루어져 있다.

옛날 왕승건이 구리로 만든 족집게를 '각로선생'이라 불렀다. 나 또한 한 선생이 주머니 속에 있으므로 그의 호를 '각로'라 했다.
혹자가 나에게 물었다.
"선생은 과연 능히 늙음을 물리칠 수 있는가?"

"그렇다."

"사람이 늙으면 뼛속이 비고, 핏기가 사라지고, 살이 시들어 마르고, 정신도 흐려진다. 그 속이 이미 늙었으므로 겉으로 드러나는 얼굴은 아름답지 못하고, 눈은 맑지 못하며, 귀는 밝지 못하다. 걷는 것을 보면 양어깨는 산처럼 튀어나오고, 허리는 구부정하며, 그 말을 들어보면 혀는 굼뜨고, 이는 어린애 이 갈 무렵과 같이 성글고, 정신은 멍하고, 얼굴색은 초췌하다.

이에 머리카락이 변하여 까맣던 것이 검어지고, 검던 것이 검푸르게 되고, 검푸르던 것이 붉게 되고, 붉던 것이 누렇게 되고, 누렇던 것이 허옇게 되고, 허옇던 것이 희게 되고, 희던 것이 눈처럼 희게 되고, 눈처럼 흰 것이 배꽃처럼, 백옥처럼 희게 된다. 희어질 때는 처음엔 머리가 희고, 다음엔 이마가, 다음엔 귀밑이, 다음엔 콧구멍이, 다음엔 수염이, 다음엔 구레나룻이, 다음엔 눈썹이, 그다음엔 겨드랑이와 배꼽 밑까지 희지 않은 것이 없다. 이와 같이 안팎이 있고, 선후가 있다. (…) 그런즉 늙음에 있어서 털은 밖이며 뒤에 나타나는 것이다. 이런 까닭에 늙음을 물리치려는 자는 단사·웅황으로 그 장을 바꾸며 황정·창양으로 그 상한 곳을 다스려 속에 힘을 기울이지 않는 자가 없었다. 그런데 '흰 털을 뽑아내면서 늙음을 물리쳤다'고 하는 사람이 있다는 얘기는 듣지 못했다."[9]

'늙음을 물리칠 수 있는가.' 이것이 위 글의 주된 내용이다. 각로선생, 즉 족집게를 가진 '나'는 늙음을 물리칠 수 있는가라는 질문에 자신 있게 그렇다고 대답한다. 그러자 혹자는 늙음을 길게 묘사하면서 흰 머리털 뽑아서 늙음을 물리쳤다는 얘기는 들어본 적이 없다고 반박한다. 여기서 재미있는 것은 늙음에 대해 묘사한 부분이다. 이옥은 몸 전체의 변화와 특히 털의 변화를 섬세하게 묘사하고 있다. 검은 머리가 희어진다가 아니라 검던 것에서 검푸른 것으로, 검푸른 것에서 붉은 것으로, 붉은 것에서 누런 것으로, 누렇던 것에서 허연 것으로, 허옇던 것에서 흰 것으로, 흰 것에서 눈처럼 흰 것, 눈처럼 흰 것에서 배꽃처럼, 백옥처럼 흰 것으로 색을 나누어 서술하고 있고, 온몸의 털을 나누어 서술하고 있다. 늙음이 단숨에 오는 것이 아니라 한 걸음 한 걸음 오듯이 시간차를 두고 다가오는 늙음을 느끼게 하는 문장이다. 혹자의 반박에 대해 나는 흰 머리털을 뽑아 늙음을 물리치지 못한다는 것을 알고 있다면서, 혹자는 늙음을 물리치지 못하는 것만 알고 늙음을 물리치지 않을 수 없음을 알지 못한다고 하며 그 이유를 이야기한다.

> 아이들 하는 말에 '죽는 것이 서럽지 않고 늙는 것이 슬프다匪死之噎, 伊老之悲' 한다. 사람이 늙음을 싫어함은 죽음에 점차 가까워지기 때문인데 지금 그것을 싫어함이 거꾸로 죽음보다 심하니, 세상에서 늙음을 싫어하여 이를 물리치려는 까닭을 나는 확실히 알고 있다.[10]

죽음보다 늙음을 싫어하는 까닭은 무엇인가? '나'는 여기에 대해 세 가지 이유를 든다. "첫째, 벼슬길이 순탄치 않아서 진취에 민감하거나 불우하게 될 것을 걱정한다면 부득불 흰 머리털을 뽑아 늙음을 물리쳐야 한다. 둘째, 부모님이 연로하셔서 부모님을 기쁘게 해드리는 데 노래자가 아이처럼 놀던 것을 따르고자 한다면 부득불 흰 머리털을 뽑아 늙음을 물리쳐야 한다. 셋째, 늦게 얻은 아내나 예쁜 계집이 젊음을 좋아하고 늙음을 싫어하므로 아양을 떨고 기쁘게 해주려면 부득불 흰 머리털을 뽑아 늙음을 물리쳐야 한다. 하지만 내가 늙음을 물리치려는 것은 이 때문이 아니다. '나'는 나이가 쉰이고, 벼슬에도 마음이 없으며 30년 해로한 아내가 있으니 둘은 벗어난 셈이고, 어머니 앞에서는 감히 흰머리를 멋대로 드러낼 수는 없지만 이 때문만도 아니다. '내'가 늙음을 물리치려고 하는 이유는 늙은이를 멸시하는 풍조 때문이다."

옛날엔 나이를 숭상하여 존경했으므로 선왕이 연모의 제도를 두었고, 『서경』에는 '오히려 저 누런 머리의 늙은이에게 물어보라'라고 했으며, 『예기』에도 '머리가 반백인 자는 물건을 지거나 이지 말라'고 했다. 그때는 머리가 새까만 자는 반백이 된 자를 존경했고, 머리가 반백이 되거나 검은 자는 흰 자를 존경했으며, 머리가 흰 자는 누렇게 된 자를 존경하여, 나이에 각각 차례가 있고 예법에 구별이 있었다. 그런 까닭에 천하에 존경을 받고 영화를 누리는 사람은 털이 누렇고 흰 자다. 나이로는 삼존의 반열에 놓고, 수명은 오복에서 제일로 숭상되었다. 나이가 많고 늙은 사람은 그 털이 희지 않음을 두려워해야 하는 것이지, 어찌 그것을 물리치며 어기려고 하는가!

지금은 그렇지 않아서 그 사람은 보지 않고 오직 이마 위에 희끗희끗한 것이나, 귀 뒤에 성성한 것이나, 입가와 턱 밑에 하얀 것만 보면 업신여기고 박대하는 자는 마치 해오라기나 두루미가 우연히 모여든 것처럼 보아 오직 그 기색을 날려 보내고자 하고, 순실하고 친절한 사람은 마치 소경이나 절름발이가 태어나면서 그렇게 된 것처럼 여겨 다만 스스로 어쩌지 못하고 불쌍히 여긴다. (…) 지금 나는 다행히 삼관三官의 흠이나 오규五竅의 상처가 없는데, 다만 헝클어진 머리가 하얗게 됨으로써 남에게 소외당하고 뭇 사람에게 동정을 받고 있는 것인즉, 이것을 불가불 물리친 뒤에라야 그만둘 것이다.[11]

옛날에는 노인을 숭상하고 존경했으며 수명은 오복 가운데 가장 숭상되었지만, 지금은 그렇지 않다는 것이 '내'가 늙음을 물리치고자 하는 진정한 이유다. 이 부분은 당시의 세태가 더 이상 늙음을 존중하지 않았음을 보여준다. 이는 앞서 이익이 "가정에서는 자제들이 부형을 업신여기고 나라에서는 소년들이 노인을 능멸한다"고 한 것과 상통하는 면이 있다. 여기서 늙은 사람은 소경이나 절름발이와 같이 박대나 동정의 대상이며 소외당하는 존재로 재현되고 있다. 존중의 대상이 아니라 사회적 약자로 인식되고 있는 것이다. '나'는 그런 장애가 없는데도 흰 머리털 때문에 소외당하고 동정받게 되니 흰 머리털을 뽑지 않을 수 없다고 말한다. 그리고 '나'는 마침내 다음과 같이 말한다.

하필 넓게 물리칠 필요가 있겠는가? 다만 귀밑과 턱의 것만 없앤다면 세상 사람들이 싫어하는 늙음을 이미 다 물리치게 된 셈이다. 그렇다면 선생의 늙음을 물리친 것이 이미 많은 것이 아닌가.[12]

이 말을 들은 혹자는 '세상 사람들이 늙음을 대하는 것이나 당신이 세상 사람들을 대하는 것이나 모두 슬픈 일'이라고 하면서 이러한 태도가 곧 집을 망하게 하고 나라를 망하게 할 것이라고 비판한다.

"슬프다! 무릇 세상 사람들이 늙음을 대하는 것이나, 당신이 세상 사람들을 대하는 것이 모두 슬픈 일이다. 당신이 장차 밤가루를 분가루에 타서 굴껍질 같은 주름을 없애고, 버드나무를 깎아 단단하게 하여 구두 앞니가 빠진 자리를 막으며, 꽃을 아로새기고 잎을 마름질하여 넓고 흰 옷소매를 바꾸어 총각들과 구거의 어린아이들과 더불어 날래고 드세게 파피리와 대말놀이를 하고 있는 아이들 모임에서 교활하게 논다면 이 역시 잘못된 것이 아닌가. 이를 집안에 비유한다면 (…) 그 집은 곧 망할 것이다. 나라에 비유한다면 (…) 그 나라는 오래갈 수 없을 것이다. 이와 무엇이 다르겠는가. 나는 당신을 위태롭게 여긴다네."

이 부분은 「각로선생전」의 마지막으로 세상 사람들이 늙음을 대하는 태도를 비판하고 있다. 얼굴의 주름을 없애고, 이가 빠진 자리를 막고, 젊은이처럼 옷을 입고, 젊은이들이 노는 곳에 다닌다면, 즉 젊은 척하고 다닌다면 그것도 잘못된 것이라는 이야기다. 이는 남을 속이고 자신을 속이는 것이기 때문이다. 늙은 사람을 무시하는 것도 잘못이고, 늙은 사람을 무시한다고 해서 늙음을 물리치고 젊은 척하는 것도 잘못이라는 뜻이다. 혹자는 이것이 개인에게만 잘못된 것이 아니라 집안과 국가에도 잘못된 것으로 곧 집안을 망하게 하고, 나라를 위태롭게 한다고 본다. 혹자의 말은 늙음을 받아들이지 않고 물리치려고 하는 세태를 비판하고 있다.

그러나 「각로선생전」은 당시 늙은 사람이 존중의 대상이기보다는 박대나 동정의 대상으로 소외된 존재였음을 보여준다. 조금이라도 젊어 보이기 위해 갖은 노력을 하는 것도 늙음이 소외되는 세태에 대한 반응이었음을 알 수 있다. 따라서 오래 사는 것을 반드시 복이라고 할 수도 없었다. 수壽와 복福이 따라다니고 장수는 축하받을 일이었지만 꼭 바람직한 것으로만 여겨지지는 않았다. 이규경李圭景(1788~?)의 「장수하면 욕辱이 많다는 데 대한 변증설」이 그 예를 보여준다. 이규경은 요임금이 "부富하면 일이 많고 아들이 많으면 염려가 많고 수壽하면 욕이 많다"고 한 말을 듣고 이 말이 참으로 훌륭하다고 하면서, 장수가 바람직한 것만은 아니며, 수·부·아들 많이 두는 것 중에서도 수에 뒤따르는 욕이 가장 많음을 변증하고 있다.

나는 수·부와 아들을 많이 두는 세 가지 중에 수에 수반되는 욕이 가장 앞선다고 본다. 만약 늙어서 죽지 않은 데다 부에서 수반되는 일 많은 것과, 아들 많은 데서 수반되는 많은 염려까지 겸했다면, 이는 아예 수하지도 말고 자식 또한 없어서 천지 사이에 일대 편리를 끼치는 것만 못하다. (…) 만약 누워서 산송장活屍, 앉아서 산귀신生鬼 노릇을 하면서, 보아도 보이지 않고 들어도 들리지 않으며, 맡아도 냄새를 모르고 먹어도 맛을 모르며, 몸은 움직이지 못하고 마음에는 감식이 없는 채, 겨우 끊이지 않은 숨결이 있는 듯도 없는 듯도 하여 구차하게 살아간다면 아무리 100세를 산들 무슨 낙이 있겠는가. 이보다 더 큰 욕이 없을 것이다. 그러므로 '장수하면 욕이 많다' 했으니, 성인聖人이 어찌 나를 속이는 말씀을 했겠는가. 나는 자식이 많지 않아도 염려가 많고 나이가 높지 않아도 욕이 많아서 아예 생이 없었으면 하는 한숨이 저절로 나오므로 이같이 논설하는 바다.[13]

이규경이 변증한 내용은 앞서 대개 장수를 귀하게 여기던 것과 다른 관점을 보여준다. 결국 위 글은 오래 사는 일이 즐거울 바가 없는 것은 오래 살수록 근심만 많아지기 때문이라는 것, 설령 그런 근심 없다 해도 산송장처럼 누워서 목숨만 부지한다면 아무런 의미가 없음을 이야기하고 있다. 결국 삶이란 보고, 듣고, 냄새 맡고, 맛을 느끼고, 몸을 움직이고, 마음으로 느끼는 것이며, 이것이 없는 삶이란 의미가 없다는 이야기다.

이규경이 말한 보지도 듣지도 못하고, 냄새도 못 맡고, 맛도 못 느끼고, 몸을 움직이지도 마음으로 느끼지도 못하는 것은 곧 늙음의 상태다. 인간이 불행한 것은 '늙어' 죽기 때문이다. 늙음이 가져오는 신체적인 변화는 설령 지혜가 날로 쌓여간다고 해도 그것을 피하고 싶게 만든다. 상징적인 시책일지언정 국가에서 노인 공경을 내세우고 있고, 유교 윤리가 양로를 중시하지만 그렇다고 해서 늙음이 반가운 것은 아니며, 또한 존경받는 것도 아니다. 이옥의 글은 사회가 바라보는 늙음이 결코 긍정적이지 않지만, 이옥 자신은 자신의 늙음을 응시하고 그것이 순리라는 것을 받아들이고 있음을 보여준다.

늙은이의 유쾌한 일

앞서 나온 모든 글에서 보듯 늙음은 무엇보다 몸으로 경험하는 것이다. 늙은 몸의 표지는 피부가 쭈그러들고, 머리털이 희어지거나 빠지며, 이가 빠지고, 눈이 보이지 않는 것이다. 이처럼 전반적으로 쇠약해지는 몸의 변화로 인해 노년이 타자화되고 있음을 「각로선생전」이 보여주었다. 앞서 노년문학을 연구한 정인숙은 규방가사가 노년기 여성의 몸을 고단한 삶의 흔적으로서의 아픈 몸, 아름다움을 상실한 낯선 몸, 게으르고 염치없고 추한 몸으로 재현하는 것으로 보았다.[14] 늙음은 남녀 구별 없이 동일하게 경험하는 것이지만, 그것을 바라보는 사회의 시선은 차별적이어서 여성의 늙음은 더욱 희화화되고 비하되는 경향이 있다. 그것은 여성의 몸이 주로 섹슈얼리티의 대상이거나 노동과 생산의 주체로 여겨져왔기 때문일 것이다. 그런데 다산 정약용丁若鏞(1762~1836)은 「노인일쾌사老人一快事」에서 이처럼 타자화되는 늙음이 오히려 유쾌하다는 역설을 보여준다. 이 작품은 모두 6수로 이루어진 연작시로 다산의 나이 71세 무렵(1832)에 쓰인 것으로 추정된다. 이때는 다산이 해배된 지 약 14년이 흘렀고, 세상을 떠나기 4년 전쯤의 시점이다.[15]

한시로 된 이 연작시 여섯 수는 모두 "늙은이의 한 가지 유쾌한 일은老人一快事"으로 시작된다. 제1수에서는 대머리가 된 것, 제2수에서는 이가 모두 빠진 것, 제3수에서는 눈이 어두운 것, 제4수에서는 귀먹은 것, 제5수에서는 붓 가는 대로 마음대로 쓰는 것, 제6수에서는 손님들과 바둑 두는 것을 노인의 유쾌한 일로 들고 있다. 제1수에서 제4수까지 제시한 것은 노년의 변화로 종종 이야기되는 것들이지만, 얽매이지 않고 시를 쓰는 것, 바둑으로 소일하는 것을 노래한 제5수와 제6수는 조금 이채롭다. 그러나 전체적인 분위기로 보면 어디에도 얽매이지 않게 된 것을 기뻐하는 내용으로 일관된다. 늙음의 현상을 오히려 즐거워하는 다산의 이 시를 읽으면 늙음의 구차함이나 초라함을 유쾌하게 인정하게 된다. 이옥이 거울을 바라보면서 젊었던 모습과 대비하며 늙음을 강조하여 이야기한 끝에 결국 늙음을 수긍하던 것과 달리 다산의 이 시는 늙음 자체를 그대로 수긍하는 자유로움을 보여준다.

늙은이의 한 가지 유쾌한 일은
민둥머리가 참으로 유독 좋아라
머리털은 본디 군더더기이건만
처치하는 데 각각 법도가 달라
예문 없는 자들은 땋아 늘이고
귀찮게 여긴 자들은 깎아버리는데
상투와 총각이 조금 낫기는 하나
폐단이 또한 수다하게 생겼고

높다랗게 어지러이 머리를 꾸미어라

(…)

이제는 머리털이 하나도 없으니

모든 병폐가 어디에 의탁하리오

감고 빗질하는 수고로움이 없고

백발의 부끄러움 또한 면하여라

(…)

말총으로 짠 때 묻은 망건일랑

꼭꼭 접어 상자 속에 버려두나니

평생을 풍습에 얽매이던 사람이

이제야 쾌활한 선비 되었네그려[16]

　제1수의 내용으로, 대머리가 된 것이 유독 좋다고 한다. 머리털이 있으면 그것을 어떻게 처치해야 할지 법도가 저마다 달라 번거로운데 머리털이 하나도 없으니 감고 빗질할 필요도 없고 백발이라 부끄러워할 필요도 없다. 드디어 평생 풍습에 얽매이던 사람이 쾌활한 선비가 되었다. 이어서 제2수에서는 "늙은 이의 한 가지 유쾌한 일은, 치아 없는 게 또한 그다음이라"[17] 하고 절반만 빠지면 고통스럽고, 완전히 없어야 마음이 편안하다고 하며 의서醫書 가운데서 치통이란 글자는 빼버려야겠다고 한다. 그렇다고 먹고 싶은 걸 끊지도 않는데 다만 씹는 모습이 좀 부끄러울 뿐이라는 것이다. 평생을 공부했던 다산이 늙어서 유쾌한 것은 눈이 어두운 것이라 한다. "다시는 예경 주소 따질 것 없고, 다시는 주역 괘사 연구할 것도 없어",[18] 평생 문자에 매였던 거리낌을 하루아침에 깨끗이 벗을 수 있게 되었기 때문이다.

그리고 제5수에서 오직 자신의 기호에 맞춰 글을 쓸 수 있는 유쾌함을 이야
기한다.

　　늙은이의 한 가지 유쾌한 일은
　　붓 가는 대로 미친 말을 마구 씀일세
　　경병을 굳이 구애할 것이 없고
　　퇴고도 꼭 오래 할 것이 없어라
　　흥이 나면 곧 이리저리 생각하고
　　생각이 이르면 곧 써내려가되
　　나는 바로 조선 사람인지라
　　조선시 짓기를 달게 여길 뿐이네
　　누구나 자기 법을 쓰는 것인데
　　오활하다 비난할 자 그 누구리요
　　그 구구한 시격이며 시율을
　　먼 데 사람이 어찌 알 수 있으리
　　(…)
　　어찌 비통한 말을 꾸미기 위해
　　고통스레 애를 끊일 수 있으랴
　　배와 귤은 맛이 각각 다르나니
　　오직 자신의 기호에 맞출 뿐이라오[19]

　이 제5수는 일찍이 '조선시 선언'으로 유명한 구절이다. 여기서 다산은 한시
를 지을 때 중국 한시의 압운, 평측, 대구 등의 세세한 규칙을 조선 사람은 일

일이 지키기도 어렵고, 지킬 필요도 없다는 솔직하고 선명한 주장을 거침없이 토로하고 있다.[20] 중국 한시를 전범으로 삼아 그것처럼 지으려 할 필요 없이, 배와 귤의 맛이 다르듯이 자신의 기호에 따라 지을 뿐이라는 이 말은 당시 조선의 시인들을 얽매고 있던 규율을 단번에 뛰어넘는다. 그냥 붓 가는 대로 쓸 따름, 퇴고도 오래 할 필요가 없다고 하는 경지다.

다산의 이 시는 늙음이 주는 또 하나의 자유로움을 보여준다. 쉰도, 예순도 훌쩍 넘은 나이에 이르러 머리털도 다 빠지고, 이도 다 빠지고, 눈도 안 보이고, 귀도 들리지 않는 나이. 세상사와 거리를 둘 수밖에 없는 때에 이르러 세상의 규범을 벗어나고, 세상의 가치를 벗어나며, 옛날의 고통까지도 잊고, 있는 그대로의 늙은 모습을 인정하면서 편하고 넉넉하게 웃는 한 노년의 완숙한 경지를 보여준다. 그리고 그 경지의 자유로움까지도. 늙음을 받아들이는 또 하나의 방법이다.

제5장

중국, 늙음의 문자와 음식을 통해 드러낸 삶의 염원

황금희

목포대 국어국문학과 강사

'노老',
굽은 노인에 대한 도덕적 의미를 담다

동아시아에서 중국은 고대 문화의 발상지로서 막대한 영향력을 지녔다. 한자는 동아시아 문명권을 연결해주는 매개체였다. 한글이 창제되기 전 우리말과 문화를 기록하기 위해서는 한문을 배워서 쓰거나 차용해야 했는데, 그러나 이것은 일부 지배층 지식인들의 전유물이었다. 그리하여 이른바 '기록된 전통'이라는 의미에서 역사는 상당 부분 중국 문화와 맞닿아 있게 마련이다. 예를 들면 조상들이 그토록 숭상하던 역사 인물들은 중국 문헌에서 전고典故를 찾을 수 있는 중국 사람인 것이다. 공자와 맹자, 백이, 숙제, 관우, 제갈량 등 이루 헤아릴 수도 없다. 그 밖의 고사성어에 나오는 이들 대부분이 그렇다.

이처럼 중국과 우리나라는 기본적으로 공통된 문화 인식을 바탕으로 하고 있지만, 실제로 현대의 중국인을 만나면 언어뿐만 아니라 같이 사용한다고 여겼던 한자의 쓰임새에도 차이가 있음을 발견할 수 있다. 우리나라 사람들이 한자에 대해 갖는 기본적인 오해는 아마도 한자를 처음 배울 때 누구나 접하는

노년의 풍경

천자문과 자전字典 때문이 아닐까 싶다. 하늘 천天, 땅 지地, 검을 현玄, 누를 황黃의 순서대로 외우다보니 한 글자에 하나의 의미만을 붙이는 것이 습관이 되었고, 또 한 글자씩 따로 떼어진 자전을 사용하면서 단어와 문장에서의 의미 변화에 익숙하지 않아 복잡하고 어렵다고 느껴 자세히 살피지 않았다. 한자와 중국어는 중화민족의 문화를 이해하는 데 가장 기본적인 조건이므로 중국 사람이 인식하는 한자 '노老'의 의미와 단어의 활용 양상을 통해 그 공통점과 차이점을 먼저 살펴보자.

한자 '老'와 '耂' 부수 글자들의 문자적 의미

노老: 백발의 지팡이 짚은 노인

'老'는 위쪽의 '늙을로엄耂'(사람 인人+머리 털 모毛)과 아래쪽의 변할 '비匕'가 합쳐진 글자다. '희어진 긴 머리에 등이 굽은 사람(=늙은이)이 지팡이를 짚고 가는 모양'이거나 '나이가 들어 수염과 머리털이 희게 변한 것을 말한다. '耂'는 '老'의 부수로 그 자체로 늙음의 의미가 있다.

사람이 늙으면 신체 각 부분의 기능이 모두 노화되고 이는 누구도 바꿀 수 없는 사실이다. 게다가 병약해지면 노인들의 심리 상태도 균형을 잃어 괴로움이 가중된다. 그래서 설상가상이라고 '신체적耂'으로뿐만 아니라 '정신적匕'으로도 늙는다는 글자 조합이라고 해석하는 학자도 있다.

고考: 등이 굽음

보통 '생각할 고로 읽는 '고考'는 허리가 굽은 늙은이가 지팡이를 짚고 있는

「문자도」 중 '효孝', 종이에 채색, 69.0×39.0cm, 19세기 전반, 선문대박물관.

모양을 나타내는 글자다. 즉 머리가 허옇게 세고, 허리가 굽은 노인의 모습을 말한다. 『설문해자說文解字』에서 "고는 늙음이다考, 老也"라고 하듯이, 고는 '나이가 든(연장자) 사람+늙은' 아비父를 의미하며, 노老와 관련된 글자다. 이후에 고는 늙을 노耂 밑에다 '허리가 굽다'라는 뜻의 교丂를 합하여 '노인의 허리가 굽음'→늙은이→아버지→죽은 아버지→조상을 생각하다→생각하다로 뜻이 변화되었다.

효孝 : 자식의 부양을 받아야 함

흔히 효를 이야기하면서 노老를 설명하기도 하는데, 이처럼 효의 근본정신에는 늙음이 전제되어 있다. 효는 원래 노老와 자子를 합치되, 노에서 비匕를 생략하고 그 자리에 '아들 자子'를 넣어서 만든 합성어다. 자식이 늙은 부모(노인)를 봉양하는 것, 머리가 허옇게 세고 등이 굽은 늙은 부모를 아들(자녀)이 잘 섬긴다는 것이다. 효에서 늙은이에 대한 젊은이의 부양과 협력 체제를 엿볼 수 있다.

한자는 뜻을 나타내는 표의문자로 오랜 기간 글자의 형태 변화를 통해 시각적으로 그 의미를 효과적으로 드러내고 있다. 위에서 살펴본 노, 고, 효는 모두 늙은이를 나타내는 글자이지만 신체적인 특징을 묘사한 것 외에도 의미의 변천 및 사회·도덕적인 의무 체계까지 내포하고 있어 매우 함축적이다.

'노'의 이중적 쓰임새

|

중국어사전에 나오는 '노'의 의미는 ① 늙다, 나이 먹다, 나이가 들다 ② 노인

③ 죽다, 돌아가시다 ④ 은퇴하여 쉬다 ⑤ 오래된, 예부터의 ⑥ 낡은, 구식의 ⑦ 본래의, 원래의 ⑧ (야채·고기·과일 따위가) 쇠다, 굳다 ⑨ (요리하는) 불기운 이 지나치다 ⑩ (고분자 화합물의) 노화 ⑪ (빛깔이) 짙다 ⑫ 오래, 오래도록 ⑬ 노 련하다, 경험이 풍부하다 ⑭ 늘, 항상, 언제나 ⑮ 매우, 몹시, 대단히 ⑯ 막내의 ⑰ 호칭 ⑱ 성姓 등으로 매우 다양하게 나타난다.

중국어에서 '노'의 쓰임새는 크게 긍정적인 의미와 부정적인 의미를 지닌 것 으로 나눌 수 있는데, 앞의 것으로는 오래됨, 익숙함, 지혜로움, 슬기로움, 경험 이 풍부함 등으로 노실老實(성실하다, 정직하다), 노붕老繃(상처가 아물다, 경험을 쌓 아 원숙해지다)과 같은 단어가 있다. 반면 부정적인 의미는 낡음, 굳음, 질김, 죽 음 등으로 노도아老掉牙(낡아빠지다, 케케묵다), 노패老悖(늙어 망령들다) 등이 있다.

이와 달리 단어의 첫머리에 쓰여 별다른 의미 없이 친숙함을 나타내는 단어 들이 있는데, 예를 들면 노천야老天爺(하느님), 노불야老佛爺(부처님, 청대 황태후 태 상황제에 대한 존칭), 노호老虎(호랑이), 노서老鼠(쥐), 노사老師(선생, 교사), 노판老板 (주인, 우두머리), 노백성老百姓(백성, 평민) 등이 있다.

그 밖에 상황에 따라 노자老子가 자기 자신 혹은 아버지를 가리키는 말이 되 기도 하고, 노료老了가 늙었다가 아닌 돌아가셨다[1]로 해석되기도 한다.

이상에서 살펴본 문자와 언어만으로는 한국과 중국의 서로 다른 역사 체험 과 문화적 차이를 보여주는 데 한계가 있다. 중국인들이 인식하는 노의 개념에 좀더 친숙하게 다가가는 방법으로 문자로 기록된 역사가 아닌 오랜 세월 민초 들에 의해 기억된 역사의 구체적인 양상, 즉 민속을 통해 그 차이를 살펴볼 필 요가 있다. 다만 이런 사례들은 지역적이고 부분적이라는 점을 염두에 둬야 한 다. 그럼에도 중국인들의 관념과 생활을 이해하는 데 어느 정도 도움이 될 것 이다.

노년의 풍경

정수리가 불룩하고 반인반수인
수명을 관장하는 신들

중국의 옛말에 "오복 중에 장수가 으뜸이다"[2]라는 말이 있다. 진시황이 장생불사의 선약을 구하기 위해 도처에 사람을 파견했으며, 한 무제가 불로장생을 위해 하늘에 제사를 지내고 도교의 방사方士들을 대접했다는 것은 널리 알려진 사실이다. 이처럼 중국인들은 인간이면 모두 염원해 마지않는 수명장수를 관장하는 신이 있다고 믿었으니, 그가 바로 수성壽星이다. 중국의 민간에서 수성은 또한 남신男神과 여신女神으로 나뉜다. 뿐만 아니라 인간으로 태어나 수성이 된 팽조彭祖와 마고麻姑 같은 인물 역시 수성에 포함되기도 한다. 이들의 대표 신격은 어떻게 유래되었고 그 특징은 무엇일까. 그리고 중국인들의 수성 숭배 양상은 어떻게 나타났을까.

수성―남극노인

|

수성, 즉 노인성老人星이라는 표현은 사마천의 『사기史記』에 처음 등장한다. "노인성 근처에 큰 별이 있어 남극노인이라 한다. 노인이 보이면 나라가 무사하고 보이지 않으면 군사가 일어난다. 늘 추분 때에 관측된다.[3]

수성은 본래 지구 남반구 남위 50도쯤에 위치한 별 '카노푸스Canopus'를 말한다. 남반구에서는 잘 보이지만 북반구에 속하는 우리나라와 중국에서는 관측이 쉽지 않아 신성한 별로 인식되었다.[4] 나라에서는 수성이 출현하면 천하가 순조롭고 평안하여 복을 누린다고 여겼기 때문에 수성사壽星祠를 세우고 제사를 지내기도 했는데,[5] 불로장생을 꿈꾸던 진시황이 진나라를 통일한 이후 장안長安 부근의 두杜 현에 수성사를 건립한 것으로 유명하다. 민간에서는 노인의 형상으로 등장하여 아무리 술을 마셔도 취하지 않는 모습을 보이기도 한다. 인간의 수명장수를 관장하는 그의 직능에 걸맞게 인자한 백발노인의 형상으로 그려지곤 한다. 크지 않은 키에 백발이 성성하고 등은 굽어 있으며, 선량한 눈매를 하고는 입가에 미소를 띠고 있다. 한 손에는 지팡이를 짚고, 다른 한 손에는 선도仙桃를 들었다. 특이한 것은 정수리 부분이 불룩하게 솟아 있다는 점이다.

수성은 또한 남극노인성南極老人星, 남극선옹南極仙翁 등 수많은 별칭을 갖고 있으며, 간단히 노인성이라고 불린다.

중국에서는 선진先秦 시기부터 사람들이 수성을 향해 수명장수와 건강과 행복을 빌었음을 역사 기록을 통해 알 수 있는데, 생일을 쇠는 풍습이 출현한 이후 수명장수를 축원하는 내용과 수성 숭배가 결합되면서 축수祝壽 예절과 풍속의 일부분이 되었다. 가장 먼저 수성제사를 생일예속으로 납입納入시킨 이가 바로 당 현종玄宗이다. 그는 조정에 자신의 생일과 봄가을 시제時祭에 수성에게 제

「수노인도壽老人圖」, 전 김홍도, 비단에 채색, 130.7×57.6cm, 1776, 국립중앙박물관.

사지내도록 요구하고 있다. 이렇듯 임금이 장수를 위해서 수성을 극진하게 모시는 것을 보고, 백성도 생일을 지낼 때 수성의 그림이나 도안이 있는 선물을 즐겨 보내기 시작했다.

오늘날 우리가 접하는 수성의 모습은 정수리 부분이 비정상적으로 돌출된 대머리에 흰 눈썹을 하고 지팡이를 짚고 있는 노인의 형상이다. 중국 연화年畫 속의 수성 그림과 공예품 속의 수성 소조塑雕 모두 그러하다. 역사적으로 볼 때 이러한 수성의 모습은 명나라 이후에 출현한 것이다. 산시山西 성 영락궁永樂宮 의 천신千神 벽화(원나라의 그림, 현재 베이징 구궁박물원 소재) 속 수성은 이미 이 마가 돌출된 노인의 형상으로 바뀌어 있다. 그런데 수성노인의 이마는 왜 그렇게 불쑥 튀어나온 것일까? 이와 관련된 민간의 전설을 소개하면 다음과 같다.

수성의 모친이 수성을 9년 동안 밴 채로 여전히 분만을 할 수가 없자 뱃속의 아이에게 물었다. "애야, 왜 아직도 내 뱃속에서 나올 생각을 안 하는 거니?" 그러자 뱃속의 아이가 이렇게 대답을 하는 게 아닌가. "만약에 집 문 앞에 세워진 돌사자의 두 눈에서 피가 흐르면 그때 바로 나갈 것입니다." 이웃의 백정이 이 말을 듣고 돼지 피를 돌사자의 두 눈에 발랐다. 모친이 그것을 보고 돌사자의 두 눈에서 진짜로 피가 흐르는 줄만 알고, 뱃속의 아이에게 이를 알렸다. "문간의 돌사자의 두 눈에서 피가 흘렀으니 어서 빨리 나오너라." 수성이 이 말을 듣고 급하게 어머니의 뱃속에서 나왔다. 그런데 아직 날짜가 채워지지 않아서 수성이 나온 이후에 머리가 길쭉하게 변형되었다.

이는 물론 중국의 민간에서 우스개로 전해지는 이야기일 뿐이지만 신을 인

노년의 풍경

간적으로 희화화한 표현이 흥미롭다. 수성의 이마가 불룩하게 튀어나온 것은 도교의 장수 관념이 표현된 것이라는 게 정설이다. 도교에서 내공을 수련하는 도사는 사람의 뇌 부분이 9개 구역으로 나뉘는데 이를 구궁九宮[6]이라고 한다. 구궁의 구체적인 위치는 『동진태상도군원단상경東晉太上道君元丹上經』에 자세히 설명되어 있다. 그중에 단전궁丹田宮이 구궁의 중앙에 위치하고 있는데 단전궁의 신군神君을 이환군泥丸君이라고 부르며, 그것이 인간의 뇌를 주재한다는 것이다. 도교에서는 이환군이 바로 사람의 수명과 밀접한 관련이 있다고 여기며 남극노인의 그것이 뭇 사람과 다른 특별한 신성神聖을 지녔다는 것이다. 그리하여 정수리와 이마가 불룩하게 솟은 수성노인은 일찍이 중국 전통 수복壽福 문화의 상징적인 형상을 지니게 되었다.

수성의 또 다른 특징으로는 술을 좋아하는 애주가라는 것이다. 북송北宋 때 도사 복장을 하고 있으나 머리가 길고 키는 그다지 크지 않은 수성이 나타났는데, 술을 대단히 잘 마시는 주태백酒太白이어서 시장을 돌아다닐 때 술집이 보이는 족족 들어가서 마시곤 했다. 황제가 이 소문을 듣고 노인을 청하여 술을 대접하니 앞에서 일곱 말이나 되는 술을 흡사 가문 대지에 물을 대듯이 마시고는 걸어나간 뒤 그대로 행방이 묘연해졌다. 그때서야 모두들 그가 수성의 화신이었음을 깨닫게 되었다고 한다. 당시 황제의 천하가 태평성대였기 때문에 수성이 인간 세상에 모습을 나타낸 것이라고 전한다.

중국 민간에서는 노인의 축수연祝壽宴에서 생신을 맞은 당사자를 높여 부르는 말로 '수성壽星' '수성료壽星佬' '수옹壽翁' 등이 있다. 벽에는 수성을 그린 수성도壽星圖를 걸고, 상 위에는 수성 모습을 한 도자기瓷壽星 인형이 놓이며, 방 안에는 수성 관련 깃발인 수성장壽星幛이 걸리고, 문에도 "복림수성문제福臨壽星門弟, 춘추년매입가春駐年邁入家"라는 수련壽聯이 붙는다.

「신선도」(복록·녹봉·수壽 삼성도三星圖), 소신蕭晨, 비단에 채색, 147.0×96.0cm, 청 1688, 화정박물관.

수성과 관련된 풍습은 우리나라에 도교가 전해지면서 함께 들어와 일정 기간 유행하면서 회화에서 일부 흔적을 남겼으나7 민간에 정착하지 못하고 잊혔다. 우리나라에서는 수성의 모습을 구체적으로 묘사하고 있는 중국과 달리 문자만으로 이뤄진 수복문자도壽福文字圖가 수성도보다 더 보편화되었다.

왕모랑랑[8]

|

왕모랑랑王母娘娘은 중국 여신의 대모 격인 서왕모西王母를 말한다. 『산해경山海經』을 비롯한 고문헌에서 그녀는 반인반수의 형상을 한 온역瘟疫의 신으로 묘사되다가 점차 아름다운 여인으로 변하며 그 능력 또한 확대되었다. 특히 중국의 민간 설화에서 그녀는 불사의 약과 장수의 과일을 지니고 있어 인간의 수명장수를 관장하는 여성 수신으로 자리잡으며 숭배의 대상이 되었다.

중국의 아득한 서쪽 곤륜산에 살고 있는 그녀에게는 반도蟠桃라는 복숭아나무가 있었다. 전설에 따르면 3000년에 한 번 꽃이 피고, 3000년에 한 번 열매를 맺으며, 3000년에 한 번 익는데, 이것을 먹으면 불로장생할 수 있다고 전해진다. 그래서 매년 서왕모의 생일에는 요지瑤池에서 반도성회蟠桃盛會가 열리는데 각지의 내로라하는 신들로 문전성시를 이뤘다.

왕모랑랑의 반도원에는 3600그루의 반도 나무가 있는데, 앞쪽에 심은 1200그루는 과실의 크기가 작고, 3000년에 한 번 익는데, 사람이 먹으면 득도하여 신선이 된다. 중간에 심은 1200그루는 6000년에 한 번 익는데, 사람이 먹으면 하늘나라까지 날아오르며 불로장생한다. 맨 뒤쪽의 1200그루는 자주 빛깔의 작은 씨가 있는데 9000년에 한 번 익으며, 사람이 먹으면 천지天地와 수

「백수백복도百壽百福圖」(4폭 병풍), 비단에 채색, 102.0×29.0cm, 19세기 후반, 계명대박물관.

「요지연도」, 20세기 전반, 국립고궁박물관.

「반도도(蟠桃圖)」, 비단에 채색, 193.8×128.2cm, 19세기, 국립중앙박물관.

명을 나란히 하고 일월日月과 동갑이 된다.

왕모랑랑이 지닌 신적 권위와 함께 그녀가 지닌 불사약과 장수 복숭아 덕분에 여자 수성으로 인식되기는 하지만 그보다는 총체적인 여신의 수장首長으로서 훨씬 더 다채롭고 전능한 면모를 발휘하고 있다.

음식에 장생의
염원을 담다

국수를 먹으면 장수한다

중국에서 생일 때 먹는 가장 보편적인 음식은 장수면長壽麵이라 불리는 국수다. 이러한 습속은 당나라 때 시작되었다고 한다. 송대 주익朱翌의 『의각료잡기猗 覺寮雜記』 상권에 당나라 사람은 생일 때 탕병湯餠을 먹는다는 기록이 있는데, 탕병이 바로 국수를 일컫는다. 탕병은 고대에 신생아의 탄생을 축하하는 연회湯餠 會에 모인 손님을 접대하는 의례 음식 중 하나였는데 후대에 점차 생일 음식으로 자리잡게 되었다. 국수는 노인의 축수뿐만 아니라 아이의 출생 후 한 달이 되는 만월滿月에도 장수를 상징하는 길상吉祥 음식으로 차려지고 있다.

중국 사람들은 생일 때 왜 장수면이라 불리는 국수를 먹게 되었을까? 그 이유에 대해 민간에서는 한 무제와 관련된 이야기가 하나 전한다.

한 무제가 대신들과 환담을 나눌 때 인간 수명의 길고 짧음에 대해 이야기하게 되었다. 무제가 말하기를 "상서相書에 이르기를 사람의 인중이 길면 수명이 길다고 합니다. 인중이 1촌이 되면 100살까지 살 수 있다는구려." 동방삭이 이 말을 듣고 낄낄대며 웃기 시작하자 좌우의 대신들이 황제에게 무례하다고 야단쳤다. 동방삭이 해명하기를 "저는 전하를 비웃은 것이 아니오라 팽조를 보고 웃은 것이옵니다. 인중이 1촌 길이가 되면 100살까지 산다고 하는데, 팽조로 말하자면 800살까지 살았으니 그의 인중이 8촌은 될 것이므로 그 얼굴이 얼마가 길다는 말입니까?"

이 말을 듣고 다들 한바탕 크게 웃었다고 한다.

이 전설이 중국 전역에 널리 퍼지면서 사람들은 진짜로 인중이 길고 면상面孔이 길면 수명이 길다고 여기게 되었다는 것이다. 얼굴을 뜻하는 면상이 국수의 면과 발음이 같아 민간에서는 국수가 장수를 기원하는 음식이 되어 생일에 차려 먹게 되었다는 것이다. 그러나 이는 우스개로 전하는 이야기일 뿐, 국수의 가늘고 긴 면발이 긴 수명을 연상시키기 때문이라는 것이 일반적인 생각이다.

국수뿐만 아니라 삶은 계란이나 계란 프라이를 얹어서 함께 먹기도 하는데, 병아리가 되는 달걀은 생명을 의미하기 때문이다. 일부 지역에서는 장수면을 먹을 때 껍질을 벗긴 계란을 얼굴에 몇 번 굴리는데, 그 이유는 이 동작이 곧 좋은 기운이 굴러들어오라는 중국어 '곤운滾運, gǔnyùn'과 발음이 같기 때문이다.

부유한 가정에서는 친척 노인들의 생일에도 한 광주리의 장수면을 보낸다. 국수의 길이는 대개 3척 이상이 되게 하며 보통은 짝수를 만든다. 장수면 한 사리를 탑처럼 높디높게 쌓아서 그 꼭대기에 '목숨 수壽'를 꽂고 바깥에는 빨간 색과 녹색 종이꽃으로 장식하는데, 생일 맞은 사람에게 복성福星이 높게 비쳐

수명이 연장됨을 비유하는 것이다.

노인이 한 그릇의 장수면을 드신 뒤 더 드시고 싶어하면 가족들은 노인에게 국수를 더 드리는데, 이러한 행동을 '첨수添壽'라고 부른다. 수명을 더한다는 의미다.

복숭아, 신선들의 과일
|

복숭아의 원산지는 중국이다. 고고학 유적에서 발견된 복숭아씨가 지금으로부터 7000년 전의 것으로 밝혀졌다. 색깔이 곱고 과육이 달콤한 이 과일은 고대인들의 마음에 신성하게 여겨졌다. 서왕모 전설에 나오는 반도성회蟠桃盛會의 영향으로 복숭아를 먹으면 장수한다는 의미가 생겨났다. 그중 한 설화를 보면 다음과 같다.

평소 복숭아를 좋아한 무제는 뒤뜰에 복숭아나무를 많이 심어 봄에는 꽃을 즐기고 여름에는 열매를 먹었다. 그런데 어느 해 여름에는 복숭아가 하나도 열리지 않았다. 무제가 이를 근심하고 있을 때 갑자기 파랑새靑鳥 한 마리가 날아와 무제 앞에 앉았다. 무제가 괴이하게 여겨 대신 동방삭에게 물으니 그는 이 파랑새는 맑은 샘물이 아니면 마시지 않고 잣柏子이 아니면 먹지 않는 것이 서왕모의 사자使者라는 것이었다. 이 새가 날아왔으니 서왕모가 올 것이라고 했다.

한 무제는 이 말을 듣고는 놀랍기도 하고 기쁘기도 했다. 이에 신하들에게 잣을 가져오라 하여 파랑새를 대접하면서 왕모랑랑이 오시기를 학수고대

「동방삭도」, 전 이경윤, 종이에 먹, 41.0×26.5cm, 조선 중기, 국립중앙박물관.

했다.

과연 동방삭의 말대로 얼마 후에 서왕모가 잘 익은 복숭아 7개를 가지고 와서 자신이 2개를 먹고 무제에게도 맛을 보라고 권했다. 무제는 그 복숭아를 맛있게 먹고는 천상天上 과일의 황홀한 맛에 반하여 씨를 남겨 뒤뜰에 심으려 했다. 그러나 서왕모는 하늘의 복숭아라 땅에 심어봐야 소용이 없다며, 3000년에 한 번 열매가 열린다고 말했다.

그렇게 이야기를 나누다가 대전 남쪽 창문 너머로 누군가가 몰래 들여다보는 것을 눈치 챈 서왕모는 한 무제에게 창밖에 있는 저 사람이 세 번이나 그녀의 복숭아를 훔쳐 먹었다고 말했다. 밖에서 듣고 있던 동방삭이 깜짝 놀라 무릎 꿇고 머리를 조아리며 사죄했다.

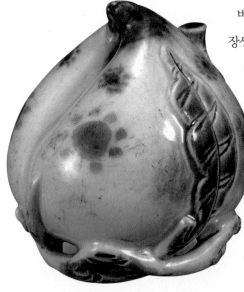

복숭아 모양 연적, 10.5×10.3cm, 조선시대,
국립중앙박물관.

비록 신화와 이야기 속 내용이지만 불로장생을 추구하는 사람들은 계속해서 복숭아를 먹고자 하는 마음이 깊어졌으며, 이에 민간에서는 축수 때 복숭아를 사용했다. 그러나 제철에만 맛볼 수 있는 특성 때문에 봄철이 아닐 때는 복숭아를 준비할 수 없자 대체품을 직접 만들어내는 중국인 특유의 문화 체계가 발동된다. 북방지역에서 흔한 밀가루를 반죽해 복숭아 모양으로 만들어 쪄서 과일을 대신한 빵을 만들어낸 것이다. 이 빵의 이름

팔선무늬 병, 높이 46.5cm, 청나라, 국립중앙박물관.

도 수도壽桃다. 오늘날 비록 서양에서 들어온 생일 케이크에 밀리고 있긴 해도 수도는 중국의 전통적인 축수 행사에 널리 사용되고 있다. 딸이 친정 부모의 축수를 드릴 때 8개의 수도를 보내는데, 이는 8명의 신선이 생일 축하를 해주는 '팔선경수八仙慶壽'를 의미한다. 어떤 지역에서는 9개를 보내기도 하는데, 이는 '장구長久'함을 상징한다.

기력 보충에는 역시 고기가 최고

안후이安徽 성 허페이合肥에서 크게 지내는 66세의 생신인 '육육대수六六大壽'에 는 출가한 딸이 사위와 함께 장인·장모에게 축하를 드린다. 우선 돼지고기를 나이 숫자와 똑같이 66조각으로 잘게 자르는데, 그 모양이 콩을 반으로 갈라 놓은 콩 한쪽 모양이다. 이를 '두반육豆瓣肉'이라 부르며, 간장 양념을 하여 익힌 고기를 쌀밥 위에 덮어 젓가락 한 쌍과 함께 광주리에 담고, 붉은 보자기를 덮 어 선물로 가지고 간다. 고기 조각이 많을수록 노인의 장수를 축복하는 의미 가 더해진다. 노인은 요란한 폭죽 소리와 함께 맛있는 고기 요리로 한 끼를 든 든하게 채운다.

고기를 자주 먹기 어려웠던 시절, 평소에는 어린아이와 젊은이들에게 고기 를 양보하던 노인들에게 기력 보충을 할 좋은 기회였을 것이다. 고기는 풍부한 영양으로 장수에도 도움이 되었음은 두말할 나위 없다. 이러한 풍습에 근거해 민간에서 '예순여섯 살에 딸네 집에서 고기를 먹는다六十六, 女兒家裏吃碗肉'는 속 담이 생겨났다. 베이징 지역에도 "서른셋에 큰 전환점이 되고, 예순여섯에 죽지 않으면 고기가 눈앞에 떨어진다"는 옛말이 전한다.

노인의 장수를
기원하는 민속

여생의 양식을 보충해주는 '보량' 풍습

'보량補糧'은 글자 그대로 양식을 보충한다는 의미로 바마巴馬 지역 야오족瑤族 노인의 건강과 장수를 축원하는 민속이다. 이러한 풍습이 언제 시작되었는지 그 기원을 확실히 알 수는 없지만, 바마 지역의 독특한 장수문화라 할 수 있다. 그 절차는 다음과 같다.

우선 길일을 택하는데, 도교의 스님인 도사가 노인의 생일생시에 맞춰 음양오행의 상생상극 원리에 따라 '보량' 날짜를 정한다. 가령 노인의 생일이 금金일에 속하면 토土일에 '보량'을 한다. 왜냐하면 '토가 금을 생土生金'하기 때문이다.

길일을 택한 후에 효주孝主, 즉 노인의 자녀가 종친 및 출가한 여식에게 알려 '보량' 의식에 참여할 수 있도록 한다. 출가한 여식과 손녀도 노인에게 수의와 수복壽服, 신발 등의 선물을 드리고, 사위와 손녀사위도 노인에게 비단에 '수비

남산壽比南山' '수향하령壽享遐齡' 등의 축수 용어가 쓰인 깃발들을 바친다.

광시 좡족 자치구廣西壯族自治區 바마巴馬 현 자좐甲篆 향 핑안平安에서는 보량하는 당일에 효주는 방 가운데에 제상을 설치하는데, 쌀을 담은 그릇 세 개를 놓아 향로로 쓴다. 각각 청하는 조상신들의 신위 및 '보량' 노인의 주문을 받든다. 제상의 네 귀퉁이에 끝을 자르지 않은 푸른 대나무 장대를 묶어두는데, 각각의 대나무 장대에는 곡식과 베필을 걸어둔다. 제상 옆에는 한 광주리의 쌀을 준비해 놓아둔다. 효주가 잡은 제물의 머리를 삶아 익힌 다음 통째로 올린다. 도사가 의식이 시작되었음을 선포한 후, 효주는 제상을 향해 무릎을 꿇고 앉는다. 도사는 옆에서 북과 징을 치면서 기도문을 읊는다.

도사가 기도문을 읊을 때 효주는 조상의 신위를 향해 세 차례 나누어 술과 차를 올린다. 초헌初獻, 중헌中獻, 종헌終獻이 끝난 뒤 보량을 받는 노인은 침실로 들어가 침대에 앉아 붉은색 주머니를 품에 안아 들고 있다. 효주는 손에 검은색 천을 잡고 있는데, 한쪽 끝은 제상 옆에 둔 쌀 광주리 안에 넣어두고, 다른 한쪽 끝은 노인의 품에 둔다.

도사가 노인에게 보량을 시작하라고 선포하면 참여한 자녀들은 차례로 줄을 서서 한 사람씩 제상 옆에 무릎을 꿇고 앉아 두 손으로 도사가 쌀 바구니에서 담아주는 쌀 한 그릇을 받아 들고 각자 준비한 돈(금액에는 제한이 없음)을 쌀그릇에 넣는다. 그러고는 검은 천을 따라 노인 앞까지 걸어가 공손하게 쌀과 돈을 노인의 손에 들고 있는 붉은색 보자기 속에 담으면서 노인의 건강과 장수를 축복하는 말을 건넨 뒤 침실을 나온다. 모든 가족이 이와 같은 순서에 따라 노인의 보자기에 양식을 보충해드린 다음에는 도사가 잘 익은 고기 몇 점과 쌀밥을 가지고 노인의 침대 맡에서 한 차례 주문을 한 뒤 효주로 하여금 노인에게 음식을 먹여드리도록 한다. 이후 도사가 미리 준비해둔 붉은색 띠를 노인의 허

노년의 풍경

리에 매고 제상의 푸른 대나무를 노인의 침대 머리 혹은 모기장 위에 놓는다. 봉등封燈 의식을 하고 폭죽을 터뜨리면 의식이 끝난다. 의식에 참여한 모든 사람이 함께 모여 앉아 식사하며 노인의 강녕과 장수를 축복한다.

자손들이 이렇게 노인에게 돈과 양식을 보충해드리는 의식을 거행함으로써 '여생을 항상 넉넉하게 보내시라'는 상징적인 의미를 담고 있을 뿐만 아니라 실질적으로도 노인이 필요한 만큼 사용하도록 물품을 마련해드리며, 이때 받은 돈과 곡식은 타인에게 나눠주어서는 안 된다.

푸른 대나무 가지는 끝을 자르지 않는데, 이는 노인의 생명이 끝나지 않음을 의미한다. 대나무 가지처럼 하늘을 찌를 듯이 계속해서 뻗어 올라가라는 뜻이고, 위에 매단 곡식은 1년 사계절 내내 식량이 떨어지지 않고 넉넉하게, 즐겁고 편안하게, 무사태평하고 건강하게 장수를 누리라는 의미다.

이와 유사한 사례로 또 다른 광시 지역의 쫭족은 노인이 60세 생일을 맞을 때면 자손들이 모여 축하하는 동시에 장수항아리를 마련한다. 그 뒤 해마다 이 날이 되면 자손들은 장수항아리에 쌀을 넣어 항아리가 가득 차도록 한다. 이 쌀을 수미壽米라 부르는데, 이 쌀에는 건강 회복과 장수의 기능이 있다고 하여 평소에는 식용하지 않다가 노인이 병에 걸렸을 때에만 끓여 대접한다.

보량 풍습은 쫭족의 원시 종교가 생활 속에 반영된 것으로 쫭족이 노인을 공경하는 도덕관념이 비교적 잘 표현되어 있다. 노인에게 보량하는 것은 물질적인 풍요로움뿐만 아니라 가족들이 지속적으로 관심을 기울인다는 것을 의례 행위를 통해 보여줌으로써 정신적으로도 불안의 원인이 되는 부족함을 적극적으로 채워주려는 방법이다.

옛사랑을 만나 회포를 푸는 날, 둥족의 '노인절'
|
둥족侗族은 노래와 춤을 즐기는 민족으로 유명한데, 이들의 노인절 풍습은 '옛 노래 서술古歌敍述'에서 그 연원을 찾을 수 있으며 그 내용은 다음과 같다.

건륭 황제가 강남에, 둥족 고향에 와서 소향小鄕을 건너는데, 마침 둥족 마을의 '상사절相思節'이라 마을마다 손님 대접으로 바쁘구나. 황제가 그 떠들썩함에 끼어 백성과 함께 저녁을 먹는데, 남녀노소가 모두 흥겹게 노래 부르고 술 마시며 북적거린다. 손님과 주인장이 주거니 받거니, 건륭 황제가 이러한 명절은 마땅히 널리 퍼뜨려야 한다고 말했다. 그가 노인 자리에 오자 몇몇 노인이 그와 담소를 나누었다. 노인도 지난날의 사랑이 있어 마음을 열고 지난날의 아쉬움을 이야기하지만, 자식들 앞에서 말 꺼내기가 곤란하다고, 사람이 늙으면 두려움이 많아지기 때문이라, 황제가 그 이야기를 듣고 한바탕 웃으며, 노인들에게도 추구하는 즐거움이 있는 것은 당연한 일이라, 현장의 사람들에게 말하기를, 2월 말에 농번기에 접어들기 전 이 산언덕을 정토로 삼아, 노인들에게 가슴속 맺힌 한을 풀도록 하라 명했다. 둥족 마을에 전해 내려오니 노인절을 지내는 것이 자리잡았다. 노인들에게 산 위로 가서 젊은 시절은 좋은 한때를 회상할 수 있도록 했다.

이때부터 노인들이 산 위에서 데이트를 하며 명절을 보내는 습속이 생겨나 오늘날에 이르렀다고 한다. 매년 음력 2월이 되면 구이저우貴州 성 충장從江 현 고증소향황촌의 크고 작은 둥족 마을과 귀동진룽도촌 현지의 몇몇 마을에서는 관례에 따라 마을 단위로 남녀 노인들을 뽑아 자발적으로 '노인산老人山'으로 가서 데이트를 하며 1년에 한 차례 신명나는 노인절을 지낸다. 예를 들면 갑촌의 노인 남성이 을촌의 노인 여성과 함께 노인산에 가서 노인절을 지낸다면 첫날 약속을 잡고, 둘째 날 출발한다. 출발하기 전에 갑촌의 노인 남성은 자신의 배우자를 배려해 집에서 자녀와 가축들을 잘 돌본다. 자녀들과 배우자는 그들을 독려하며 집안 걱정 말고 즐겁게 놀다 올 수 있도록 한다.

다음 날 그녀들은 자신의 남편을 멋지게 치장해주는데, 젊은이의 모습(동족 말로는 '라한라한')으로 바꿔놓는다. 온 마을의 남녀가 마을 입구까지 나가 이들을 배웅한다. 갑촌의 선두에 선 선봉 노인은 세 살짜리 어린아이의 모습으로 치장해 개구멍바지開襠褲를 입고, 방울 달린 어린아이 모자를 쓰고 앞장선다. 노인들은 생황을 불면서 춤을 추고 을촌을 향해 걸어간다. 이날 을촌의 노인 여성들은 자기 마을의 입구까지 나와 그들을 맞이한다. 그녀들의 배우자는 집에서 돼지와 양을 잡아 자기 배우자의 옛 정인을 융숭하게 대접해야 한다.

갑촌의 노인들이 마을 입구에 도착하면, 을촌의 노인 부녀자들은 일손을 멈추고 모두 달려 나와 노래로 그들을 맞이한다. 모두 함께 세 살배기 어린아이로 치장한 선봉 노인을 향해 한목소리로 이렇게 노래를 한다.

동생아, 어찌 길을 알고 우리를 찾아왔느냐?[9]

어린아이 치장을 한 노인 남성은 이때 아무런 소리도 내지 않고 고개를 흔들어 모자의 방울소리만 내며 우스꽝스러운 몸짓으로 주변의 노부老婦들을 박장대소하게 만든다. 그런 뒤에 남성 노인이 함께 다음과 같은 답가를 부른다.

잊을 수 없었네, 먹지도 못하고, 입지도 못하고, 왕년의 우리 사랑을 잊을

수 없었네. 오늘 특별히 다시 만나게 되어 다시 한번 청하니 나와 함께 산
위로 가서 다시 한번 청춘으로 돌아가보세.[10]

이에 답하며 여성 노인들이 합창을 한다.

아침에도 기다리고, 저녁에도 기다렸네. 다시금 그대들과 함께 사랑 노래
를 부를 수 있기를.[11]

그리하여 노인들은 모두 각자의 옛 정인을 찾아서 쌍쌍이 짝을 지어 생황을
불며 노인산으로 올라간다. 산 위에 도착하면 모두 자리를 펴고 앉아 다 함께
'영원히 늙음에 굴복하지 않는다'는 내용의 노래를 부른다.

백발에 아름다운 얼굴이 퇴색함을 한탄하지 말지어다. 만면에 주름이 가
득한 것을 비웃지 말지어다. 우리 몸은 늙었으나 마음은 늙지 않았네. 저
녁놀처럼 빛을 발하네. 세월이 홍수 같다고 한탄하지 말지어다. 늙어서 아
무것도 할 수 없다고 비웃지 말지어다. 고정관념을 깨고 낙관적으로 보면
봄은 항상 존재하니. 석양도 아침 햇살에 뒤지지 않으니.[12]

합창이 끝나면 각자 흩어져 제각기 짝과 함께 시원한 응달로, 나뭇잎을 깔
아 푹신하게 만든 자리에 손을 잡고 앉는다. 서로의 이야기에 귀 기울이며, 떨
어져 지낸 몇십 년의 희로애락을 풀어낸다. 어떤 이는 눈물을 떨어뜨리기도 하
고, 어떤 이는 함박웃음을 짓는다. 마치 산 전체가 노인들의 과거 기억의 바다
에 잠겨 파도가 일렁이는 듯 느껴진다.

누군가의 낭랑한 노래 한 가닥이 정적을 깨뜨리면, 이어서 비파 소리와 우퇴금牛腿琴 소리, 노랫소리가 노인산 구석구석을 가득 채운다. 노인들의 동심이 폭발하면, 노래 부르고 놀면서 스스로 백발에 이빨 빠진 예순, 일흔의 노인이라는 것도 잊고 이팔청춘마냥 즐거워하며 시간을 보낸다.

해질 무렵이면 노인들은 쌍쌍이 손을 잡고 을촌으로 내려간다. 이때 을촌의 남성 노인들은 풍성한 만찬을 준비해놓고 배우자와 그들의 옛 정인을 기다린다. 다 함께 식사를 마치고 나면 두 마을의 남녀노소 모두 마을 중앙의 고루鼓樓에 들어가 날이 밝을 때까지 주거니 받거니 하며 노래를 부른다. 날이 밝으면 을촌의 노인들이 갑촌의 노인을 배웅하는 것으로 한 해의 명절이 끝난다. 이듬해 2월이 되면, 을촌의 남성 노인도 갑촌으로 가서 갑촌의 여성 노인들과 약속을 정해 산에서 노인절을 쇠는 등 번갈아가며 왕래하게 된다.

둥족의 노인절은 젊은이와 자녀들이 참여하지 않는 오롯이 노인들만의 명절이다. 이러한 풍습은 노인들의 마음까지 헤아려 정서적인 행복을 주려는 노인을 존중하는 전통의 미덕을 잘 보여줄 뿐만 아니라 남녀 평등의식도 함께 드러내 매우 독특하다. 특히 명절을 쇠는 과정이 자연스런 생활의 맥락 속에서 둥족 고유의 노래와 더불어 전승되고 보전되는 까닭에 그 자체로도 높은 가치를 지닌다.

최근 중국 농촌지역의 환경이 급격히 변화하고 젊은이들의 취향도 바뀌면서 극히 일부 마을에서만 이런 풍습을 볼 수 있다. 또한 예전에는 노인절을 보내고 온 배우자에게 어떠한 도덕적인 비난도 하지 않았던 둥족의 활발한 분위기가 여타 지역과 법제도의 영향 때문인지 지금은 배우자를 잃은 사람들에 한해서만 소극적으로 진행되는 경향을 보여 가치관이 변하고 있음을 알 수 있다. 게다가 근래에는 이러한 독특한 소재를 무대화한 '둥족 노인절侗族老人節'[13] 공연

도 출현해 단순히 재미있는 구경거리로만 만들어버리지는 않을까 염려되기도
한다.

집집마다 관을 짜 두고
수의를 마련해놓다

관棺

안후이 성 퉁청桐城 지역에서는 50세 생일이 지나면 관을 준비한다. 아주 가난하거나 일찍 세상을 떠난 이들을 제외하면, 이곳 사람들은 죽을 때 관이 준비되어 있지 않은 것을 무척 꺼린다. 그래서 집집마다 일찌감치 관을 준비해두고 있다. 이렇게 하는 것이 노인의 수명을 연장할 수 있다고 여겨 '첨수添壽'라고도 한다.

관이 부식되지 않도록 매년 칠을 다시 하기도 하며, 심지어 관을 방 안의 눈에 가장 잘 띄는 곳에 두고서 자녀들의 효심이 지극한 것과 잘사는 집이라는 것을 과시하기도 한다. 노인끼리는 관에 사용된 목재의 좋고 나쁨과 가격 등을 이야깃거리로 삼아 소일하기도 한다.

장례 의식에서 사용하는 관을 중국어로 관재棺材라고 하는데 수재壽材, 수기

壽器라고 쓴다. 또 백세방百歲方, '노친네 것老家伙的'이라고 부르기도 한다. 관재의 각 글자는 발음이 관官과 재財와 같다. 중국 대부분 지역에서 전통적으로 회갑이 지난 노인들에게 집집마다 관을 준비해두는 이유는 자손이 승관발재昇官發財(승승장구하고 돈을 잘 번다고)하고, 노인의 사후 걱정거리를 덜어줌으로써 안정감을 갖게 해주기 때문이다. 또한 벽사辟邪의 의미를 지닌다. 다시 말해 관을 준비하면 일체의 재화災禍와 사기邪氣가 모두 비껴간다는 것이다. 이 역시 노인에게 마음의 안정을 주어 큰 위로가 된다고 한다.

그런데 이러한 전통이 사라질 위기에 처해 있다. 중국 정부에서는 관을 비롯한 장례용품의 사치를 근절하기 위한 장례개혁정책을 실시하고 있다. 2014년 6월 1일부터는 '빈장개혁殯葬改革'이라는 명목으로 국가에서 전면 금지령을 내렸다. 이미 제작하여 집에 보관해둔 관까지도 약간의 보상금을 지급하고 폐기 처분하고 있는 까닭에 현지의 노인들과 적잖은 마찰을 일으키고 있다. 일부 지역의 사례를 예로 들면, 수년 전 암을 극복하기 위해 수술도 견뎌냈던 시골 마을의 한 노인은 "일찍 죽든 늦게 죽든 언젠가는 모두 죽게 마련이다. 그럴 바에는 며칠 더 일찍 죽더라도 관 속에 편히 잠들 수 있는 게 낫지 않겠는가?"라는 말을 남기고 음복자살했다. 결국 그는 소원대로 6년 전에 3000위안을 들여 마련한 관 속에 누워 산에 묻혔다. 과연 그와 같은 중국의 노인들에게 관이 무엇을 의미하는지를 다시금 생각하게 만드는 사례다.

수혜|壽鞋[14]

|

산둥 성 짜오좡棗莊 시 훙산위紅山峪 촌에서는 생전에 길일을 택해 수의를 준

비하면 노인이 장수한다는 믿음이 있어 옷과 신발, 모자와 같은 장례용품을 미리 준비해둔 경우가 적지 않다.

남성용 수의는 아무것도 수놓지 않고 여성용만 전통 문양을 수놓는다. 상주들이 입는 상복처럼 흰색일 것이라고 예상했던 것과 달리 수의는 짙은 푸른색을 바탕으로 하고 있는데, 모자와 신발도 모두 같은 감색이다. 이는 망자가 파란 하늘나라로 올라가 신선이 되기를 바라는 마음에서다. 갈색은 수의에 사용할 수 있지만 검은색은 사용을 금하는데, 그 이유는 이 지역 사람들이 검정이 지옥을 뜻하는 색이라고 여기기 때문이다. 다른 지역에서는 흰색이나 검은색을 사용하기도 한다. 화려한 문양이 수놓인 이 장례용 신발은 장례용품이라기보다는 아가씨들이 신을 법한 '아름다운 꽃신繡花鞋'을 방불케 한다.

푸른 하늘 위에는 먹구름과 흰 구름이 떠 있고 별과 달, 태양이 모두 함께 보인다. 그 아래 금동金童과 옥녀玉女가 다리 위에 서 있는데, 이는 이승과 저승을 이어주는 다리 내하교奈何橋로 망자는 이 다리를 통해 저승세계로 건너간다. 동자가 들고 있는 등불은 어두운 저승길을 밝혀주는 장명등長明燈이고, 옥녀가 들고 있는 '우산 산傘'은 중국어로 이별을 의미하는 글자 '흩어질 산散'과 같다.

금동 옥녀 앞에 개와 고양이가 한 마리씩 있다. 개는 꽃 한 송이를 물고 가장 앞서 간다. 다리 뒤쪽의 하늘을 나는 선앙仙鴦 한 마리와 그 아래쪽에는 소 한 마리가 있다. 가축 가운데 소는 주로 여성의 장례용품에 쓰이는데, 현지에서는 부친상에는 딸이 종이로 만든 말 모형을, 모친상에는 소 모형을 무덤 앞에서 불태우는 풍습이 있다. 말은 보통 타고 가기 위한 것이지만 소는 색다른 용도로 해석된다. 전하는 이야기로 이곳의 부녀자들은 이승을 떠날 때 생전에 일상에서 빨래와 설거지 등으로 사용했던 오수汚水를 다 마셔야 한다고 한다. 그래서 소에게 망자 대신 더러운 물을 마시게 한다는 것이다. 이는 생활용수가 지극히 부족한 이 지역에서 부녀자들의 물 낭비를 경계하기 위해 생겨난 풍습이라고 볼 수 있다.

다리 아래 물 위에 연꽃이 피어 있는데, 민간에서 연꽃蓮은 진흙 속에서 피지만 오염되지 않는 고결한 정조를 비유한다. 또한 길상 및 행운과 번영, 그리고 신성불사神聖不死와 장수를 의미한다. 연꽃은 행복을 상징하는 길상문일 뿐만 아니라 현지에서는 연결되다連·가련하다憐·그리워하다戀와 같은 발음으로 이승과 저승을 서로 이어주는 매개체가 되며, 저승으로 떠나가는 사람과 이승에 남아 떠나보내는 사람이 서로 가련해하며 그리워한다는 의미가 있다. 그래서 다른 지역의 장례 신발과 모자에서도 기본적으로 연꽃 문양을 볼 수 있다. 연꽃 위에는 꿀벌 한 마리가 있으며 물속에서는 물고기가 유유히 헤엄을 치고 있다.

신발을 뒤집어보면 바닥이 하얀 바탕이다. 실제로 이 신발을 신고 땅을 밟을 일이 없어 탈 걱정은 안 해도 되니 흰색이라도 무방할 듯하고 수놓은 문양이 뚜렷해 보인다. 하늘 위에는 흰 구름이, 땅 위에는 연꽃이 있고, 그 사이로 '하늘사다리天梯'가 연결되어 있다. 이는 망자의 영혼이 땅에서 사다리를 타고 하늘에 올라 신이 됨을 의미한다.

전통 문양에는 그 민족 고유의 미의식과 정서가 잘 반영되어 있다. 얼핏 보기에 동일한 문양도 쓰임새에 따라 각기 상징하는 바가 다르므로 이를 제대로 이해하기 위해서는 물품의 제작 동기와 목적뿐만 아니라 사람들의 일상생활까지 두루 살펴봐야 한다. 이 지역 여인들의 손끝에서 한 땀 한 땀 수를 놓아 완성된 여성용 장례 신발은 마치 한 폭의 선경仙境을 묘사한 듯하다. 복잡한 도안에 담긴 다양한 의미를 통해 중국인들의 사후세계에 대한 관념과 노인을 배려하는 마음을 읽을 수 있다. 노인이 장차 맞을 죽음이라는 미지의 세계를 인간

세상과 다를 바 없는 곳으로 친숙하게 묘사함으로써 막연한 공포와 두려움을
누그러뜨려준다.

영원히 끝나지 않는
생명을 위하여

    문자가 발명되기 이전, 고대에는 문화 지식이 노년층으로부터 구전되어 내려왔다. 특히 농업 위주의 생산 방식으로 운영되던 사회에서는 지식과 기술을 축적한 나이 든 사람이 존중받는 것이 당연했다. 또한 정치외교상의 복잡한 국면에도 풍부한 경험을 쌓은 이들을 제왕의 스승이나 고문으로 모셨으며, 노인들은 제자를 길러내고 백성을 교도敎導하는 등의 역할을 맡았다. 따라서 노인을 공경하는 것이 국가를 다스리는 데 중요한 의의를 지녔으므로 고대의 통치자들은 경로를 의례 제도에 포함시켰다. 이러한 제도는 주나라 전기와 중기에 발전하여 정점을 이루었고 후대에도 지속되어 하나의 전통으로 자리잡았다.

    우리나라 사람들은 충효사상을 중심으로 하는 유교를 받아들여 어쩌면 종주국인 중국보다도 의례 규범을 훨씬 더 중요하게 여기며 생활종교 혹은 생활예절로 보편화시켰다. 이에 반해 현대의 중국인들이 유교라는 용어를 쓰는 일은 드물며 유가사상이라는 말을 사용하면서 정치적인 이념에 가깝게 여긴다.

그 이유는 물론 문화대혁명 시기 봉건사상의 대표로 공자의 사상을 격렬히 비판하는 등의 단절된 역사 과정을 거쳤기 때문이기도 하지만, 그보다 현세구복現世求福적인 중국인들의 특성을 적극적으로 수용한 도교가 민간에서 생활종교로 정착했기 때문이라고 봐야 할 것이다.

인간에게 늙음이란 죽음으로 향해 가는 필연적인 운명이지만, 동양인의 관념에서 한 생명의 삶의 여정은 죽음으로 인해 완전히 끝나는 것이 아니라 자손을 통해 재생되고 환생된다. 그렇기 때문에 불로장생을 추구하는 것은 단순히 늙음을 부정하는 행위가 아니며, 노인을 공경하는 행위 역시 늙음을 미화하는 것이 아니다. 앞서 살펴본 노인을 둘러싼 중국의 몇 가지 민속 사례는 그 지역 사람들이 인간 자신을 비롯한 자연과 주변 사물들의 관계에 대한 생각을 투영한 결과물로, 그들의 정신세계를 잘 보여주고 있다.

한국인들이 추상적이고 관념적인 것들을 쉽게 받아들이는 것과 달리, 중국인들은 구체적이고 실제적인 것만 믿는 경향이 강하다. 때문에 장수를 상징하는 신격도, 음식도, 사후세계의 모습까지도 모두 형상화해 눈으로 볼 수 있는 그림으로, 입으로 먹을 수 있는 국수와 복숭아로, 발에 신는 신발로 만들어냈다. 노인을 공경하는 방법에서는 물질적인 것뿐만 아니라 정신적인 부족함까지 채울 수 있도록 고려하고 있음을 잘 보여준다. 또한 죽음을 부정하고 회피하는 것이 아니라 장례용품을 준비하는 과정을 통해 죽음에 대해 열린 마음을 갖게 만들뿐더러 자손들의 번영과 연결됨을 강조함으로써 영원히 끝나지 않는 생명이라는 것을 확인시켜주고 있다.

얼핏 보기에 비과학적이고 비논리적인 것 같은 민속도 사실은 민중에 의해 오랜 세월 시행착오를 거친 '기억된 역사'의 흔적으로, 그 속에는 인간의 생존과 발전, 영원한 행복에의 기원이 반영되어 있다. 근대화와 산업화가 진행되면서 노인의 지식과 경험보다는 생산을 담당하는 노동 인력으로서의 효용가치만 주목하게 됨으로써 노인에 대한 부정적인 면만 강조되고 긍정적인 가치가 홀시되는 것 같다. 중국 민속에 담긴 다양한 전통이 오늘의 우리에게 균형 잡힌 생각과 행동의 시각을 제공해주었기를 바란다.

제6장

일본,
액년을 경계하고
나이듦을 축하하다

조규헌

상명대 일어교육과 교수

천수를 누리는 삶과 그렇지 못한 삶:
사자의 영혼

　나라마다 문화가 투영된 독특한 언어문화가 있다. 일본어 가운데 "부처님(호토케사마)이 된다佛樣になる"라는 말이 있다. 여기서 '부처님'이란 돌아가신 조상을 일컫는다. 일본에서는 왜 돌아가신 조상이 '부처님'이 되는가. 이는 장례식과 제례를 불교식으로 하기 때문이다. 즉 일본의 '장례식 불교葬式佛敎'에서는 돌아가신 분이 승려로 출가한다고 여기기 때문에 죽은 자는 자기 집안이 속해 있던 사찰로부터 '○○○居士' '○○○大姉'와 같은 계명戒名을 받아 위패 등에 기재된다. 일본은 에도시대 이후부터 단가檀家제도라고 해서 마을의 모든 사람이 마을의 절에 소속되어야만 했다. 원래 기독교 탄압을 위한 목적에서 비롯된 제도인데, 이 단가제도가 정착한 이후 일본인의 장례문화를 불교가 독점적으로 담당하게 된 것이다. 그래서 일본의 묘지는 전통적으로 절에 있고, 지금도 많은 일본인이 성묘를 위해 절에 간다.

　우리가 조상의 묘를 산소山所로 일컫듯이 일본인은 조상의 묘를 보통 '오하카'

라고 부른다. 일본의 '오하카'는 대부분 '○○가家의 묘墓'라고 새겨진 사각의 묘석과 묘석 아래에 있는 납골 공간으로 구성된다. ○○가의 묘에서 알 수 있듯이 여기에 모셔진 사자死者는 자기 자손에 의해 장례와 매해 공양을 받는 존재다. 즉 일본에서 '부처님'이 된 '영혼'은 대부분 천수天壽를 누리고 자손을 남겼으며 병원 등에서 조용히 죽음을 맞이한 사람이 될 것이다. 이렇듯 일본에서는 이른바 '보통'의 죽음을 맞이한 사람이 '부처님'이 된다.

그렇다고 모두가 '부처'가 될 수 있는 것은 아니다. 현대사회에서 예기치 못한 사고나 재해로 인해 천수를 누리지 못하는 사람이 대거 발생하는 일이 종종 있기 때문이다. 2011년 3월 11일 일본 도호쿠東北 지역을 뒤흔든 동일본 대지진이 발생했다. 일본 경찰청은 이 대지진과 쓰나미로 인한 사망자가 1만1417명, 실종자가 1만6273명이라고 공식 집계했다. 지진을 수습하는 데 있어 일본 정부가 무게중심을 실종자 수색에서 피해 복구로 옮겨가면서 사망자 처리가 새로운 문제로 부각된 바 있다. 현대 일본 사회의 장례문화는 화장을 기본으로 한다. 하지만 지진과 쓰나미는 단번에 실종자를 포함해 2만 명 이상의 사망자를 냈다. 이러한 비일상적인 대량의 죽음으로 인해 화장이 일반적인 일본에서조차 대규모의 무덤을 통해 시체를 매장하기 시작했으며, 그중 일부 희생자 가족은 친지의 시신을 직접 화장하기 위해 차로 실어와 운반했다는 소식도 들려왔다. 일본에서 지진과 쓰나미로 인한 사망자에 관한 장례 문제는 우리가 일반적으로 조상 제사 등으로 떠올리는 단순한 장례문화의 범위를 넘어선다. 장례와 제사 방식이 다른 지진 사망자들은 그러므로 사후에도 일반적인 사자와는 다른 '영혼'으로 남겨진다.

또한 종종 비행기 추락사고와 같은 이유로 원치 않는 죽음을 맞은 사람도 있다. 예컨대 사망자 수가 520명에 달해 일본의 단일 항공기 사건으로는 최대

2011년 발생한 일본 도호쿠 대지진.

규모로 일컬어지는 1985년의 '일본항공 점보기 추락사고'를 들 수 있다. 생존자는 고작 4명뿐이었다. 이 일본 항공 JAL123편 추락사고는 1985년 8월 12일 도쿄(하네다) 발 오사카(이타미)행 보잉747 점보기가 도쿄에서 100킬로미터 떨어진 군마 현 다노多野 군 우에노무라의 오스다카 산 남쪽에 추락한 사고다. 사고 후 추락 현장에 흩어져 있던 희생자들의 시체는 자위대원들에 의해 수거되어 유족들에게 돌아갔다. 하지만 엄청난 추락사고인 만큼 신분을 판명할 수 없는 시체도 상당수여서, 이것은 123개의 유골항아리로 나뉘어 사고 장소인 우에노무라에서 처리하는 것으로 되었다. 다음 해인 1986년 우에노무라에는 123개의 유골항아리를 모신 납골당과 '위령의 원慰靈の園'이라는 위령비가 건립되었다. 사고 당일인 8월 12일 기일에는 지금도 성대하게 위령제가 행해지고 있으며, 이날이 되면 TV 뉴스 등에서 위령제를 소개하므로 일본 전역에 희생자의 억울한 죽음을 함께 위로하는 사람도 많을 것이다. 비행기 추락사고로 인해 신분을 판명할 수 없을 정도로 외형이 손상된 채 사망한 희생자들은 자신과 전혀 연고도 없는 우에노무라에서 유가족, 지역 주민, 국민에게 공양을 받는 '위령'이 된 것이다. 그리고 그들의 영혼은 위령비와 위령제를 통해 비행기 추락사고의 위험성을 알리는 '기억'의 대상이기도 하다. 동일본 대지진 사망자들도 마찬가지로 위령비가 세워져 지진의 피해와 교훈을 상기시키는 존재로 '기억'되고 있다. 이렇듯 현대사회에서 사고나 자연재해에 의한 대규모의 죽음은 '위령'으로서 '기억'되는 것이 특징이라고 할 수 있다.

이러한 위령도 시대에 따라 상당히 다르게 인식되었다. 일본인의 명절 가운데 8월 15일경(대략 8월 13~16일)의 오본お盆이 있다. 이날은 반드시 성묘하는 등 조상 제사의 성격이 명확한 날이다. 요즈음은 거의 듣기 힘들어졌지만 이날 조상과 함께 모시는 영적 존재가 있는데 이를 무연불無緣佛 혹은 아귀餓鬼라 한다.

이들은 제사를 모셔주는 사람이 없는 사자의 영혼으로 미혼인 채 죽은 경우가 많기 때문에 결국 '부처님=조상님'이 되지 않은 영혼들이다. 아마도 이들 영혼에 대한 특별한 관념과 제사가 있었던 것은 의학이 발달하지 못한 민속적 세계에서 병마에 의해 일찍 생을 마감한 사람이 적지 않았기 때문일 것이다.[1]

이렇듯 죽는 방식과 시대에 따라 사자의 영혼 역시 '부처=조령祖靈' '위령' '무연불'과 같이 다양하게 존재한다. 그렇다면 일본에서 이러한 '부처'가 되기 위한 최소한의 조건은 자손을 남기고 가능한 한 장수하는 것이다. 이 지극히 소박한 복을 얻기 위해서는 인생의 긴 여정 속에서 예기치 못한 죽음을 당할 위기를 극복할 수 있어야 한다. 과학기술이 발달하지 못한 민속적 세계에서 병에 걸리거나 전염되지 않고 건강을 유지하는 것이 무엇보다 중요한 일이었다. 따라서 과거 일본인은 장수하기 위해 민간 신앙에 근간을 둔 다양한 의례를 통해 병과 같은 재앙을 예방하고 제거하고자 했다. 이는 액운을 없애는 의식의 주인공이 되지 않고자 노력하는 것이기도 하다. 이 글에서는 일본인의 인생 의례를 통해 일본 사회문화의 특수성과 함께 천수를 다하는 삶의 의미를 되새겨보고자 한다.

제액을 만날 것을 경계하고
노령을 축하하다

죽음과 엉망진창의 나이

일본에서는 일생 중에 액년厄年(야쿠도시)이라는 것을 상당히 중시하는 경향이 있다. 우리의 삼재三災와 비슷한 것으로, 살아가는 동안 액년을 맞은 나이에는 재액을 만나기 쉬우므로 특별히 몸을 사리지 않으면 안 된다는 것이다. 일반적으로 남성은 25세, 42세, 61세를, 여성은 19세, 33세, 37세를 액년 연령으로 보는 곳이 많다.

특히 남자 42세와 여자의 33세는 대액大厄이나 본액本厄이라 해서 흉사나 재난 등을 만날 가능성이 대단히 높기 때문에 충분히 경계해야 한다고 본다. 이 42세와 33세가 대액이 된 배경은 일본어의 어조로 설명되기도 한다. 즉 42는 일본어로 '시니'인데 이것은 '死に'(시니, 죽음으로)를 연상시키고, 33은 '산산'인데 이것은 '散々'(산잔, 엉망진창)과 발음이 유사하기 때문이라는 것이다. 이 대액을

전후로 전액前厄과 후액後厄이 있어 3년을 특별히 조심하는데, 과거에는 이 연령대에 집을 신축한다거나 결혼과 같은 행사를 삼가기도 했다. 지금도 이 액년은 상당히 중시되는데 여기에는 현대적인 해석이 더해져, 남성은 사회적으로 책임이 무거워지는 시기로 이 때문에 정신적·육체적으로 피로가 쌓이고, 여성은 육아 등 주부로서 상당히 바빠지는 시기이기도 하므로 뜻밖의 사고나 부상, 병 등을 조심하자는 것을 환기시키는 취지로 활용되는 듯하다.

액년과 어린이 연령 기념일

액년은 지역에 따라 그 연령이 조금 다르다. 위에서 언급한 나이뿐만 아니라 3세, 5세, 7세, 13세, 61세, 77세, 88세 등을 액년으로 보는 지역도 있다.[2] 그리고 이러한 액년에 치르는 연령 의례는 원래 재액災厄을 예방하거나 제거하기 위한 액막이 의례이지만, 한편 그 연령이 되었음을 축하하는 연축年祝 행사로서 행해질 때도 많다. 예컨대 일본의 전형적인 어린이 연령 축하 행사인 시치고산七五三이 그러하다. 시치고산은 매해 11월 15일에 3세, 5세, 7세를 맞이한 아이에게 새 옷晴れ着을 입히고 우지가미 신사氏神神社[3] 등에 데리고 가 참배해 그 나이를 축하하며 앞으로의 건강한 성장을 기원하는 관습이다. 이 시치고산은 원래 간토關東 및 동일본 중심의 습속이어서 간사이關西 및 서일본 각지에서는 널리 퍼져 있지 않다. 한편 간사이의 교토 등에서는 시치고산을 대신해 13세에 행하는 주산마이리十三參り가 어린이의 주요 연령 기념일이어서 이날 신사 참배 등을 비롯해 성대한 행사가 치러진다.

액년과 노령 축하 의례

일본에서는 특별히 노령이 되었음을 축하하는 연령을 도시이와이年祝い라고 부른다. 우선 세는 나이 61세의 환갑還曆이 있다. 다음으로 70세의 고희古稀, 77세의 희수喜壽, 80세의 산수傘壽, 81세의 반수半壽가 있으며, 상당히 중시되어 온 88세의 미수米壽와 90세의 졸수卒壽 및 99세의 백수白壽 등이 있다. 흥미로운 점은 61세, 77세, 88세를 축하하여 잔치하는 곳이 있는 반면, 이 나이를 액년으로 보는 곳도 있다는 점이다. 이렇게 보면 3세, 5세, 7세 시치고산의 어린이 연령 기념일도 61세, 77세, 88세의 노령 기념일과 같은 인생 의례의 의미가 단순한 축하의 의미만이 아니라 근본적으로 액년과 일맥상통하는 성격을 내포할 가능성이 크다는 것을 시사한다.

이러한 액년과 연령 축하 행사의 관련성은 역사 자료에서도 확인할 수 있다. 우선 도시이와이 같은 노령 축하 전통은 고대부터 있었다. 740년에 쇼무 천황聖武天皇이 40세 축하를 한 기록이 있으며(『동대사요록東大寺要錄』), 926년에 우다 법황宇多法皇이 60세를 축하한 것(『일본기략日本紀略』), 1112년에 시라카와 법황白河法皇의 60세를 축하한 것(『백련초白練抄』), 1186년에 고시라카와 법황後白河法皇 등의 기록을 통해서 알 수 있듯 예부터 40세와 60세의 축하연이 귀족 사이에서 성행했다는 것을 추정할 수 있다. 에도시대⁴에 각지의 풍습에 대해 조사를 실시한 야시로 히로가타屋代弘賢의 『제국풍속문장諸國風俗文狀』(『문화文化』 14, 1817)에는 "老人いはひ事"라는 질문 항목이 있다. 여기에는 "40세부터 10년마다 축하하는 것이 보통인데 61세, 88세 등 축하하는 날이 여럿 있습니까"라고 적혀 있다. 이에 대하여 "42세를 축하하며 아버지 때부터 50세, 60세 등 10년마다 축하했다"(『육오국백하령풍속문장답陸奧國白河領風俗問狀答』), "40세부터 10년마다 축하하는 것이 드물지 않게 있었다. 80세, 90세, 42세, 61세, 88세 등도 축하한다"(「약협국소병령풍속문장답若狹國小兵領風俗問狀答」)라는 기록이 전한다.[5]

이상의 내용에서 두 가지 점에 주목하고자 한다. 우선 『제국풍속문장』에서 보이는 질문으로 노령 축하 의례가 '40세'부터 '10년'마다 있다고 한 점이다. 고대 천황과 귀족의 축하연도 40세와 60세라는 점에서 과거에는 40대부터 노령으로 보는 인식이 있었음을 알 수 있다. 실제로 40세를 초로初老라 하여 노령에 진입한 것으로 보는 지역이 적지 않았다. 현재와 같은 100세 시대, 80대 평균수명은 우리나라에서나 일본에서나 지극히 최근의 일이다. 또 하나는 현재 전형적인 액년 나이인 42세를, 전형적인 노령 축하 나이인 61세, 88세와 동일한 노령 축하 연령으로 보고 있다는 것이다. 앞에서 61세, 77세, 88세를 액년의 나이로 보는 지역이 있다고 했는데, 이러한 점에서 민속적 세계에서는 액년과 노령 축하 연령이 거의 동일한 성격을 내포한다고 볼 수 있다. 따라서 노령 축하 의례의 의미도 본질적으로 이러한 액년의 의미에서부터 생각해볼 필요가 있다.

재앙의 근원이
복으로 역전되다

떡과 동전의 액막이

|

일본어 가운데 하라이祓い 또는 야쿠하라이厄拂い라는 것이 있는데, 이것은
부정不淨을 없애는 정화의식이라는 의미로 우리말로는 액막이 정도로 해석할
수 있다. 그런데 '하라이'는 말 그대로 부정이라는 일본어인 게가레穢れ 관념을
전제로 한다. 따라서 일본인의 생활에서 신사나 절뿐만 아니라 민간 신앙을 바
탕으로 한 하라이 의례가 다양하게 보이는데, 이는 바로 부정의 근원인 게가레
를 제거하기 위함이다. 그리고 이 액년의 사람들에게 '게가레'는 다름 아닌 재
액, 병, 범죄, 사고 등 일상생활을 위협하여 죽음에 이르게 만드는 것의 총체적
이미지라고 할 수 있다. 천수를 방해하는 부정적인 요인을 삶 속에서 맞닥뜨리
지 않기 위해 미연에 예방하고 제거해야만 하는 것이다. 액년에는 게가레를 제
거하는 하라이 의식을 통해 앞으로의 건강과 행복을 기원하게 된다.

가나가와 현 요코스카 시 나가이에서는 액년을 맞이한 사람이 12월 31일에 좁쌀을 넣은 떡을 마을에 있는 신사에 바친 뒤 떡을 길가에 버렸다. 후쿠오카 현 지쿠시노筑紫野 시 야마에의 각 집에서는 액년을 맞이한 남자가 떡과 술, 안주를 함께 새벽 전에 길모퉁이에 바치면 액운을 흘려보내게 된다는 풍습이 있었는데 이곳을 지나가던 사람이 그 버려진 떡을 갖고 가는 것은 서로에게 좋은 일이었다고 전해져왔다.[6]

흥미로운 점은 이러한 액막이에 있어 떡을 신에게 바치는 것만이 아니라, 떡을 던져버리거나 그 떡을 다른 사람이 가져감으로써 액운이 떨어져나간다는 관념이다. 즉 떡이 단순히 신에 대한 공물로서만 존재하는 것이 아니다. 액운의 근원인 게가레를 싣는 빙의물의 역할도 해 이것에 액운을 실어 던져버림으로써 액을 막는 것이다. 그렇다면 왜 타인의 게가레가 깃든 떡을 줍는 것도 액막이가 된다고 하는 것일까. 일본 민속에는 말의 대변을 밟으면 발이 빨라진다, 소의 대변을 밟으면 힘이 세진다는 이야기가 있다. 즉 기본적으로 부정적인 일이 어떠한 의례나 행동을 통해 다른 맥락에서는 도리어 복으로 작용한다는 믿음이다. 재앙의 근원인 '게가레'가 '복'으로 역전된다는 민속적 메커니즘이 있다.

일본에서는 장례식에 참가한 조문객에게 소금을 나눠주는데, 우리도 과거에 이러한 풍습이 있었지만 이는 소금을 뿌려 귀신이나 부정을 떨쳐내고 귀가하라는 의미다. 이렇듯 사자死者 의례는 기본적으로 죽음과 관계되므로 다른 어떤 것보다도 게가레를 유발하기 쉬운 부정적인 관념을 내포했다. 전통적 사자 의례인 장송 의례野辺送り에 동전 던지기(뿌리기)가 있었다. 이것은 이미 1950년대 이전에 사라진 풍습인데 장송 의례의 꽃바구니에 10엔 동전 등을 가득 넣은 뒤 장례 행렬 도중에 바구니를 흔들면서 동전이 여기저기 떨어지게 한다. 사이타마 현 각지에서는 이것을 동전 던지기投げ銭, 동전 뿌리기撒き銭라고 했다.

본래 장송 의례는 전통사회에서 죽음을 추모하는 것만이 아니라 재액을 유발하는 게가레 관념과도 관련되므로 동전 던지기는 액막이의 일환이라고 볼 수 있다. 또 뿌려진 동전을 아이들이 줍도록 했다. 그리고 이 동전을 옷에 붙이면 운이 좋아진다고도 했다.[7] 이처럼 장송 의례에서 뿌려진 동전은 앞서 본 떡과 마찬가지로 해석할 수 있다. 즉 액년의 떡과 장송 의례의 동전은 게가레(부정)와 관계되며 이 부정을 실어 던지기 위한 야쿠하라이(액막이)의 매개체인 것이다. 이렇게 던지고 버려지는 의식을 통과한 동전은 그것을 받는 사람에게 더 이상 '게가레'가 아닌 '복'으로 전화轉化되었다.

'동전 뿌리기'와 '장수전'이 가져오는 복

이러한 동전 야쿠하라이 민속의 연장선상에서 장수전長壽錢이라는 풍습이 있다. 앞의 장송 의례에서 '동전 던지기'가 전전戰前에 행해진 것이라면 이것은 전후戰後인 1950년대 이후에 생겨난 것이다. 군마 현, 사이타마 현 등에서 주로 90세 이상의 장수한 사람이 죽으면 장례식장에서 '장수전'이라는 이름으로 동전을 조문객에게 나눠준다. 보통 장의사가 준비하며, 이 '장수전' 봉투에는 5엔, 50엔, 500엔 등이 5엔 단위로 들어 있는데 이것은 5엔이 일본어로 고엔ご縁, 즉 인연이라는 단어와 발음이 같기 때문이다.[8] 즉 장수한 사람과의 인연으로 좋은 운수가 전해지기를 바라는 의미다. 일부 지역에서는 만 103세로 돌아가신 할머니의 경우도 '장수전' 봉투를 나누어준다. 장례식 당일뿐만 아니라 49제 법요에서도 나눠준다. 고인이 병에 걸리지 않고 천수를 누린 대단히 운이 좋은 사람이므로 이 장수전이 마치 부적과 같이 느껴지기 때문일 것이다.[9]

이렇게 보면 '동전 뿌리기'와 '장수전'은 모두 동전 및 장례 문화와 관련이 있다. '동전 뿌리기'는 뿌리기라는 행위로 액운을 떨쳐내고 그 액운이 제거된 동전을 가지면 병에 걸리지 않는다는 '액막이'를 하게 된다. '장수전'은 장수한 사람의 동전을 받아 지니고 있으면 그처럼 될 수 있다. 즉 둘 모두 동전을 매개로 '액막이'든 '장수'든 소박한 '복'을 받게 되는 것이다.

노년의 풍경

마흔둘의 대액과
초로의 연령

숫자와 죽음의 이미지

이미 언급했듯이 남자 42세는 대액 또는 본액이라고 했다. 그리고 과거에는 이 42세를 초로初老라 하여 노령에 진입하는 나이로 본 지역도 있었다. 그렇다면 남성 42세라는 것은 어떠한 연유에서 대액이면서 초로로 인식되었던 것일까. 특히 42세가 대액으로 인식되어온 배경에는 우리도 마찬가지이지만 4라는 숫자가 죽을 사死를 연상시킨다는 점과 42(시니)가 '死に'라는 훈독과 연결된다는 것이 있다. 따라서 일본에서는 특히 죽음과 직접 관계되는 병원 등에서는 4층, 4호실, 44호실뿐만 아니라 '죽음으로'인 시니(42)와 연결되는 번호인 42번, 4층 2호실, 4002호실과 같은 번호는 잘 쓰지 않는다.

이러한 일종의 숫자 금기와 관련하여 1713년의 문헌인 『화한삼재도회和漢三才圖會』에도 보일 정도로 오랫동안 전해져온 말과 풍습이 있다. '42세의 2살 아이'

라는 말이 그것이다. 42에 2를 더하면 44四四(시시)가 되기 때문에 '시死에 시死가 더해진다'고 해서 42살에 2살 아이는 좋지 않다는 것이다. 그래서 41세나 42세에 아이가 태어나는 경우에는 태어난 영아를 삼태기 속에 넣어 일단 버리는 시늉을 한다. 그리고 잠시 뒤 주워주기로 약속한 사람이 아이를 주워온다. 이렇게 하면 주워온 사람과 버린 아이 사이에 임의의 부자관계가 생겨 평생 관계를 유지하도록 했다. 이렇게 함으로써 아이가 죽음이라는 불행을 겪지 않도록 했던 것이다.

축제의 주역

|

  일본의 대표적인 세시풍속의 하나로 세쓰분節分이 있다. 세쓰분은 원래 절기가 바뀌는 분기점으로 입춘, 입하, 입추, 입동 전날에 모두 적용되는 말이지만, 음력에서는 봄이 1년의 시작[10]이기 때문에 입춘 전날을 좀더 특별히 여기게 되었다. 그래서 현재는 입춘 전날(2월 3일경)만이 세쓰분을 의미하는 날로 정착되었다. 이날 마메마키豆まき라고 하여 "귀신은 밖으로, 복은 안으로鬼は外, 福は内"라고 소리 높여 외치면서 집 안팎에 콩을 뿌리는 것을 쉽게 볼 수 있다. 세쓰분은 상당히 중요한 세시풍속이어서 전국 각지에서 집뿐만 아니라 여러 장소에서 콩을 뿌리며 액막이 행사를 성대하게 치르는 모습을 볼 수 있다. 예컨대 세쓰분에 액막이 행사를 하는 발상지로 유명한 요시다 신사에서는 세쓰분 전날인 2월 2일의 역신제疫神祭를 시작으로 2월 3일 대제大祭, 2월 4일 세쓰분 후일제後日祭까지 3일간 행사가 지속된다. 또한 해마다 매스컴에 꼭 소개되는 나리타산, 신쇼 사新勝寺의 세쓰분 행사 있다. 신쇼 사에서는 그해 NHK 대하드라마 출연자와

스모 챔피언인 요코즈나가 참석해 콩을 뿌리는 것으로 유명하다.

이렇듯 세쓰분은 '마메마키'라는 콩 뿌리기 풍습이 매우 중요한데 시가 현 구사쓰 시에 위치한 다치키 신사立木神社의 세쓰분 행사에서는 42세의 남자가 콩 뿌리기라는 중책을 맡는다. 『아사히신문』 2010년 2월 8일자에 이에 대한 기사가 있어 다소 길지만 소개하고자 한다.

다치키 신사 주변을 걷는다 (세쓰분 대액의 등장 무대 / 계승되는 지역의 중요한 역할)

구舊도카이도에 자리잡고 있는 평온한 신사는 세쓰분인 3일이 되면 확 변한다. 경내를 가득 메운 수천 명의 열기에 타오르듯 모닥불이 타오른다.

오후 3시가 지난 시각. 신사 배전拜殿 주위에 예복을 입은 남자들이 모습을 나타냈다. 올해 42세로 액년을 맞은 남자들이다. 손에는 떡과 동전, 한 되 수북이 담은 콩을 들고 있다.

"잡귀는 물러가고 복신은 들어오라." 신관의 소리에 맞춰 남자들은 들떠서 떡을 던진다. 대액이 낀 해에만 할 수 있는 인생에 한 번뿐인 무대다. 떡을 뿌려 복을 나눈다. "어릴 때부터 쭉 복을 받는 쪽이었다. 불가사의한 기분이다." 오후 8시 30분, 떡 7000개, 동전 4000개, 콩 2000개 뿌리기를 끝낸 남자들이 흥분한 듯이 입을 모았다.

남자들은 지난해 여름부터 화려한 무대를 준비하기 시작했다. "내년은 자네들 차례다. 잘 부탁한다." 중요한 임무를 끝낸 남자들이 내년에 액년이 되어 행사를 맡게 될 남자에게 말을 전한다. 지난해에는 자전거 가게 집 아들에게서 술집 아들에게로 축제 준비에 관한 비법이 담긴 책이 인계되었다.

마침내 1969년에 태어난 동급생 '닭띠·개띠 모임' 대표 기시모토 요시히사
씨(40)는 "이렇게 계승되고 있다는 것을 알고는 다음 대에 이어가야겠다고
생각했다"고 이야기한다. 배전 아래에서 아버지의 늠름한 모습을 지켜본
장녀 아치카(9), 차녀 미호시(6)는 "오늘 아버지 모습이 평소보다 멋있었다"
고 말한다. 이 축제는 머지않아 아이들에게로 계승되어갈 것이다…….

(『아사히신문』 2010년 2월 8일)

위의 기사에서 알 수 있듯이 이 다치키 신사의 세쓰분 행사節分祭는 마을의
성대한 축제다. 그리고 그해 42세가 된 남자들만이 "잡귀는 물러가고 복신은
들어오라"는 외침과 함께 떡, 동전, 콩을 마을 주민들에게 뿌리는 역할을 하게
된다. 이러한 것을 하는 이유는 대액의 연령이기에 그동안 살아오면서 축적된
부정인 게가레를 제거해야 하기 때문이다. 따라서 이러한 떡, 동전, 콩 뿌리기
의식을 통해 액막이를 하는 것이다. 그리고 그들이 던지는 떡, 동전, 콩은 마을
사람들에게 '복'이 된다. 앞서 본 게가레가 '복'으로 바뀌는 관념이 다치기 신사
세쓰분 행사에서도 확인된다.

일본에서 가장 유명한 불 축제의 하나로 나가노 현 시모타카이下高井 군 노
자와 온천의 불 축제인 도소진마쓰리道祖神祭り[11]가 있다. 돈도야키로 불리는 불
축제로 행해지는 이 도소진마쓰리는 정월 대보름 기간인 1월 13일부터 15일까
지 3일간 치른다. 연말부터 정초까지 집안 곳곳을 장식한 기물 등을 모아 태
우는데 이렇게 하면 새로운 한 해가 무병식재無病息災한다고 믿었다. 정월 대보
름에 이와 유사한 불 축제는 일본 곳곳에서 쉽게 볼 수 있지만, 노자와 온천
의 도소진마쓰리는 많은 관광객을 불러들일 만큼 타의 추종을 불허하는 성대

도소진마쓰리 행사의 한 장면.

한 축제다.

그런데 여기서도 42세, 25세의 액년 남자가 중심적인 역할을 한다. 매년 마을의 밤나무 다섯 그루를 잘라서 축제의 제단을 만든다. 그리고 축제 전반부와 후반부에 격렬한 불꽃 공방전攻防戰을 벌이는데 액년을 맞은 사람들이 제단을 지키는 역할을 한다. 축제에 사용하는 불은 민숙民宿 노자와라는 온천 료칸旅館이 담당하고 있으므로 각 액년의 연령 대표와 그 동료들이 불씨를 받으러 간다. 이곳에서는 우선 도소진에게 경건한 제사를 지낸다. 그러고는 서로 술잔을 주고받고 노래를 부르는 등 한 시간가량을 즐긴 다음 부싯돌로 불을 일으켜 횃불로 옮긴다. 제단이 있는 회장에 옮겨진 불을 종자불로 해서 마을 사람들 모두 횃불을 만든다. 그리고 두 시간 정도 불의 공방전이 펼쳐진다. 액년의 남자들과 마을 청년들 사이에 두 시간에 걸친 격렬한 싸움이 끝나면 제단에 본격적으로 불이 붙는다. 불이 밑에서부터 상부로 타오르며 첫 등롱初燈籠도 타면 이윽고 불 축제는 정점을 맞는다.

보통 일본에서는 액년에 신사나 사찰에 참배하여 액막이를 한다. 하지만 상당히 많은 지역에서 액년에 해당되는 사람들이 마을 축제에서 중책에 선발되는 영광을 누리기도 한다. 여기서 예를 든 것 외에도 마쓰리祭り 신사에서 가장 중요한 미코시神輿라는 가마를 짊어지는 역할을 하기도 한다. 즉 신에게 적극적으로 접근하고 봉헌함으로써 신의 힘을 통해 액년의 위기를 잘 넘기겠다는 의례적 의미로 이해할 수 있다.

그런데 주목해야 할 점은 의례가 아닌 마을 축제로 행해진다는 점이다. 즉 앞서 본 세쓰분, 도소진마쓰리에서 42세 액년자들은 축제의 주역을 맡음으로서 오히려 경사스러운 존재가 된다. 즉 마을 축제라는 공적 행사에서 중책을 맡는 연령이 되는 것이다. 평균수명이 짧았던 전통사회에서 40대는 중년이라기보다는 노령에 진입하는 세대였다. 그리고 노령에 들어선 기준으로 대액인 42세가 초로로 칭해졌던 것은 아니었을까. 대액에 성대한 축제를 통해 액막이를 하지만, 그들은 이를 통해 마을의 모든 사람에게 축하받는 존재가 된다. 대액의 액막이와 초로 축하의 양의성이 축제의 주역이라는 역할로 나타나는 것이다.

마지막 액년으로 은거하는
61세 환갑

간레키, 마지막 액년

|

일본에서는 세는 나이로 61세 환갑을 간레키還曆라고 부른다. 최근에는 한국이나 일본 모두 평균수명이 길어진 덕분에 아직 젊다고 여겨 환갑잔치를 건너뛰곤 한다. 그러면서도 한편으로 환갑을 노령의 일반적인 기준으로 여기는 것도 사실이다.

앞서 언급한 에도시대 노령 축하 연령을 다시 한번 확인하면 42세를 대액이자 초로라 하고, 61세를 환갑, 77세를 희수, 88세를 미수의 순으로 노령과 장수를 축하하는 것이 일반적이다.[12] 한편 남성은 25세, 42세, 61세가 액년이라는 점에서 보면 61세 환갑은 마지막 액년이기도 하다. 즉 진정한 노령에 진입하는 기준이기도 하며 평균수명이 지금보다 훨씬 더 짧았던 과거에 환갑은 대단히 축하해야 할 경사였다. 따라서 민속적 의미에서 보면 61세 환갑 축하도 단순히 60대라는 노령에 진입했음을 축하하는 것이 아니라, 인생 최후의 액년을 맞이하여 액막이를 함으로써 앞으로의 건강한 삶을 기원하는 '액막이'와 사회적으로 노년으로 인정받는 '연령 축하'라는 양의적 성격을 내포한다고 볼 수 있다.

은거하는 시기로서의 환갑

|

촌락 중심의 전통사회에서는 액년이나 연령 축하 나이에 해당되는 사람들이 여러 형태로 마을의 중책을 맡게 된다. 예컨대 마을에서 그해 13, 25세가 된 사람이 축제에서 반드시 미코시를 짊어지는 역할을 맡음으로써 각 연령집단에 소속된다거나, 42세가 되어야 비로소 마을의 제사·제례를 독점적으로 집행하는 우지코氏子[13] 안의 제사 집단인 미야자宮座에 가입함으로써 지역공동체에서 사회적 지위가 높아지기도 한다.

환갑 은거라는 말에서 알 수 있듯이 환갑 즈음하여 은거하는 풍습이 적지 않았다. 이를 '마을 은거'라고도 했는데, 61세 환갑에는 이른바 '제도로서의 노령'을 맞게 된다.[14] 간사이 지방에서는 집안의 대표자가 60세가 되면 마을 운영에 관한 권리와 의무를 대를 이어 아들에게 물려주고 세대교체를 했다. 예컨대 후쿠이 현의 한 마을은 반농반어半農半漁를 하는 작은 촌락이다. 이곳에서는 아버지가 60세가 되면 마을 운영의 실무에서 은퇴하여 아들에게 물려주는 것이 규범이었다. 은퇴 후에는 운영에 관한 임원으로서의 참여가 인정되지 않으며, 오코講라 불리는 사당의 행사 등에 참여하고 은퇴한 사람은 세속적인 운영과는 별도로 절이나 신사를 관리하는 신앙활동을 담당하게 된다. 이러한 방식으로 촌락공동체의 중책에서 벗어나 노령의 지위에 무난하게 안착하도록 했던 것이다. 여성들도 넨부쓰고念佛講 등과 같은 은거 후의 독자적인 집단을 구성했다.

은거할 때 아버지는 보통 장남에게 가장으로서의 권한, 즉 재산의 운용, 논밭의 관리, 가족 구성원 전체의 관리 등에 관한 책임과 권리를 넘겨준다. 이른바 민속적 세계에서 정년을 맞이한 것이 된다. 또한 주부로서의 역할을 담당해온 여성은 집에서 '주걱 건네주기ヘラワタシ, シャクシワタシ'라는 의례가 있었다고 전해진다. 주걱은 살림하는 주부 역할과 권한을 상징했으므로 이 '주걱 건네주기'는 주부의 권한을 시어머니에서 며느리에게 넘겨주는 것을 의미하는 의례다.[15] 이 통과의례로 여성은 주부의 역할에서 해방된다는 것이다. 은거한 후 실권은 넘겨주지만 지역사회와 가족에게 조언해주는 조언자로서 새로운 가치와 역할이 부여된다.

천수를 다한 존재로서의
88세 미수

쌀의 생명력과 미륵신앙의 부

일본에서 88세는 미수라 해서 전통적으로 중시해온 장수 축하 연령이다. 88세와 쌀 미米가 결부된 이유는 미米가 八十八이 형태적으로 조합된 문자이기 때문이라고 한다. 88세 장수는 쌀의 생명력과 관련된 축하 풍습을 많이 낳았다. 에도시대 문헌 『제국풍속문장』에도 이날 여러 지역에서 88세는 떡을 찧어서 둥글게 뭉치고 그 위에 수壽라는 글자를 붉게 써서 친한 사람에게 보낸다는 기록이 남아 있다고 전한다.[16]

또한 88세 축하는 불교의 미륵신앙과 관계있다. 불교 경전에는 미륵의 세상을 인간의 수명이 8만 살이거나 금은보화가 가득한 유토피아의 세계라고 했다. 불교 교리상 미륵불 신앙이 각별한 종파는 진언종眞言宗, 법상종法相宗, 정토진종淨土眞宗이지만 민간 신앙 속의 미륵은 이러한 종파 자체를 뛰어넘어 존재한다. 88세는 지금도 장수한 나이이지만 전통사회에서는 기적에 가까운 일이었다. 이러한 신적인 경지의 연령을 88세라 했고, 이것을 민간 신앙적 차원의 미륵신앙으로 의미를 부여한 것이다. 예컨대 이시가와 현 각지에서는 농담으로 '너 같은 녀석은 미륵 세상이 와도 빚을 갚지 않을 거야'라고 하거나 '너 같은 녀석은 미륵 세상이라도 오면 모를까 돈을 빌려줄 수 없다'고 농담을 하기도 한다. 또한 '이렇게 좋은 일은 미륵세계에도 없을 거야'라고 했다.[17]

민속적 세계관에서 보면 사람이 88세까지 사는 것은 신의 경지에 이른 것이다. 즉 88세 미수를 맞이함으로써 살아 있더라도 사후세계에 들어간 존재로 본 것이다. 그 88세 이후의 사후세계가 풍요로운 유토피아라는 것이다. 미수가 미륵신앙 및 풍요로움과 결부될 수 있는 것도 바로 八十八이라는 숫자가 쌀의 풍요로움 및 생명력의 이미지라는 점과 무관하지 않을 것이다.

천수를 다하기 위한 과정으로서의 민속 의례
|

미수를 맞이한 당사자를 '88세가 되어 갓난아기로 되돌아갔다'고 한다. 그래서 축하연 전날 밤에 생전장生前葬을 하기도 한다. 일본어로 갓난아기를 아카찬赤ちゃん이라고 하는데 갓 태어나 빨갛다는 의미에서 생겨난 말이다. 즉 88세를 살았다는 것은 주변 사람들도 천수를 다했다고 여겼기 때문에 이러한 말과 풍습이 있었을 것이다.[18]

그래서인지 미수 축하연에는 붉은색이 자주 사용된다. 예컨대 88세가 된 사람에게 붉은 두건을 씌우고 신사 참배를 하게 한다. 또 가고시마 현 아오미오 섬에서는 축하잔치에 온 손님들에게 붉고 작은 삼각형 모양의 종이봉투에

88세를 맞이한 노인의 머리카락과 쌀알 세 톨을 넣어 답례품으로 주기도 했다.[19] 이것을 요네마모리米守라고 한다. 이는 앞서 본 장수전 사례와 흡사하다. 장수한 사람의 영적인 힘을 후손들에게 나눠주는 모습이 보인다. 또한 미수를 맞이한 사람의 주력呪力으로 잡귀를 퇴치하는 액막이 사례가 많이 보인다. 나라 현에는 미수 축하로 수판手判이라는 것을 친척과 이웃들에게 나눠주는 풍습이 있었다. 수판은 88세가 주인공의 손 형태를 화선지에 찍은 것이다. 이것을 현관에 붙여두면 그 사람처럼 액운을 가져오는 잡귀를 퇴치할 수 있어 결과적으로 그처럼 장수를 누리게 될 거라는 믿음이다.

천수를 누리는
삶의 의미

　인생에서 가장 큰 불행은 예기치 못한 죽음을 당하는 것이다. 한편 현대사회에서 '병'에 대한 사람들의 태도는 전통사회와는 크게 달라진 듯하다. 즉 의학이 발달하기 전 민간 신앙에 의존했던 시기에 비하면 지금은 병에 의한 예기치 못한 죽음을 그다지 의식하지 않게 되었다. 여기에는 우선 결핵처럼 청년기를 덮치는 병이 거의 사라진 것과 의료기술 및 산업의 진보 등을 그 이유로 꼽을 수 있다.

　지금까지 일본인의 인생 의례를 살펴봤는데 천수를 다하기 위해서는 액년과 노령 및 장수 축하 의례를 거쳐야만 했다. 민속자료를 보면 현재 전형적인 대액의 나이로 알려진 42세를 61세, 88세와 같은 노령 축하 연령으로 보는 지역이 적지 않다. 이는 중장년의 액년과 노령의 연령 축하 행사를 완전히 상반된 이미지로 이해하곤 하는 오늘날의 우리에게 그 일반적인 상식을 되짚어보게 한다. 즉 액년에 '액막이'를 통해 병에 걸리지 않기를 기원하는 것과, 노령 및 장수 연령을 '축하'하는 것은 결국 건강하게 나이 들어가는 것을 기원하고 축하하는 의미를 지닌다는 점에서 일맥상통한다. 특히 일본 각지에서는 42세 대액을 맞이한 남자의 액막이 행사가 성대하게 치러진다. 이 액막이 행사는 축제 형태일 때가 많고 대액을 맞은 42세 남자는 그 축제의 주인공이 된다. 이들은 대액에 성대한 축제를 통해 액막이를 한다지만, 그들은 이 축제의 주역으로서 마을의 모든 사람에게 축하받는 존재가 되기도 한다.

　민속적 세계에서 '액막이'란 잡귀를 퇴치해 '건강'을 기원하는 것이다. 천수를 다한 사람은 연령대마다 이 '액막이'를 지속해온 것이다. 그리고 한편으로 큰 탈 없이 각 연령에 이르게 된 사람은 무엇보다 축하받아 마땅하다. 우리는 '복福'이라고 하면 은연중 경제적 부를 떠올린다. 하지만 부는 이차적인 것으로, 병에 걸리지 않고 천수를 다하는 삶이야말로 소박하지만 근원적인 복이라고 할 수 있을 것이다.

노년의 풍경

제7장

늙음이 내뱉는 장탄식,
노경에 접어든 자의 심득心得

박경환

한국국학진흥원 수석연구위원

늙음, 심신의 쇠잔이 아닌
진인을 향한 여정

　동양의 옛사람들은 그들을 둘러싼 세계를 위아래 그리고 사방으로 이뤄진 공간六合 속에서 흘러가는 시간을 타고서 만물이 나고 자라며 사라지는 것으로 이해했다. 이를 전한시대의 학자 유안劉安(기원전 179~기원전 122)은 『회남자淮南子』에서 "위와 아래 그리고 동서남북의 사방을 합쳐서 우宇라고 하고, 그 속에서 지나간 과거로부터 지금에 이르도록 흘러가는 것을 주宙라고 한다"는 말로 정리해냈다. 시공간의 복합체가 우주이고 세계라는 말인데, 근대 들어서 성립된 '우주'라는 용어는 바로 그러한 고대인들의 공간과 시간 이해를 서양의 'Universe'에 대응해 만들어낸 것이다. 그리고 이러한 시간과 공간의 우주와 그 속에서 살아가는 사람이라는 세계의 구조에 대한 인식이 정식화된 것이 천天·지地·인人의 삼재三才 사상이다.

　자식이 부모의 기질과 성격을 물려받듯 천지를 어버이로 태어난 사람은 천지의 본성을 그대로 받은 존재다. 이를 『중용中庸』에서는 "하늘이 부여한 것이

　　　　　　　　　　　　　　　　　　　　　노년의 풍경

사람의 본성이다天命之謂性"라는 말로 표현하고 있고, 북송대의 유학자 장재張載 (1020~1077)는 이러한 생각을 「서명西銘」에서 "하늘은 아버지이고 땅은 어머니다. 나는 여기서 미미한 존재로서 만물과 뒤섞여 살아간다. 그러므로 천지를 가득 채운 기氣, 그것을 나의 몸으로 삼고 천지의 가장 빼어난 것, 그것을 나의 본성으로 삼는다. 모든 백성은 나의 형제이고 만물은 나와 더불어 살아가는 존재다"라며 좀더 진전된 방식으로 피력하고 있다. 이것이 동양의 전통적인 천인합일天人合—의 사유다.

공간 속에 시간이 관철되어 추위와 더위寒暑가 번갈아 오감에 따라 봄·여름·가을·겨울 사시四時의 순환 교체가 이뤄진다. 사람은 그 속에서 천지의 만물을 낳고 기르는化育 작용에 의해 태어나서 자라고 늙고 죽어간다. 또한 천지간의 생명을 먹여 살리는 식물(농작물)도 계절의 변화에 따라 발아하고 생장하며 개화하고 결실을 맺는 생명의 순환을 계속한다. 이에 대해 공자는 "하늘이 무슨 말을 하던가? 그럼에도 사시가 운행하며 만물이 생겨난다. 하늘이 무슨 말을 하던가?"라고 했다.

사람을 포함한 만물은 천지가 낳은 존재이기에 천지의 본질을 그대로 본성으로 삼아 태어나 살다가 죽어서는 다시 그 근원인 하늘로 돌아간다. 이를 노자는 "허虛의 극치에 이르고 고요함을 독실하게 지키면, 문물이 함께 지어진다. 나는 이로써 되풀이됨을 본다. 무릇 여러 사물이 각양각색의 모습을 나타내지만 각각 그 뿌리로 돌아간다. 뿌리로 돌아감을 고요하다고 하고, 고요함을 명命을 회복했다고 한다"고 설명했다. 봄이 되면 초목이 무성해지지만 그 무성한 잎도 가을이 깊어지면 모두 떨어져 뿌리로 돌아가듯이, 모든 존재가 자신의 근원으로 되돌아감을 본 것이다. 그것을 노장에서는 '복명復命' '반복反復'이라고 했다.

이 점은 유학에서도 동일하다. 맹자는 타고난 선한 본성을 잘 보존하고操存 기를 모아 배양하여集養 확대하고 충실히 함으로써擴而充之 자아 완성의 경지에 이르러 마침내 근본인 하늘과 하나가 된다고 했다. 또 이를 자기 마음의 능력을 온전히 발휘해盡心 본성을 이해하고知性 하늘을 이해하는知天 것으로도 이야기했다. 『주역』에서 "이치를 궁구해 자신의 본성을 온전히 실현함으로써 하늘의 명을 이해하는 데 이른다窮理盡性以至於命"고 한 것도 이를 일컫는다.

동양의 전통에서는 이처럼 하늘과 하나가 되는 자아의 완성 단계에 이르는 수양을 생애에 걸쳐 추구해야 할 사람의 길로 제시하고 있다. 그런 점에서 본다면, 늙어감은 결코 심신의 쇠잔에 따른 쓸모없음에 이르는 과정이 아니다. 나이를 더한다는 것은 덕이 깊어지고宿德 성숙해가는老成 과정이다. 또한 나이 듦의 최종적인 단계에서 만나는 죽음이란 것도 실은 깊어지고 성숙되어감을 통한 복명復命이 정신적·물질적 두 측면에서 모두 완결된 사태일 뿐이며, 따라서 죽음은 결코 두려움과 기피의 대상이 아니다. 이에 장재는 「서명」의 결론에서 "살아서는 천지에 순응하고, 죽어서는 편안하게 돌아간다"고 했던 것이다.

이러한 세계관을 공유한 동양의 고대 사유에서 유가든 도가든 공히 사람을 천지의 덕을 본성으로 가지고 태어난 존재로서 삶의 과정에 나타나는 장애를 넘어서서 그러한 본성을 온전히 실현함으로써 천지의 덕과 온전히 부합해 천지로 되돌아가는 것이 사람이 걸어야 할 길이라고 본다.

천지의 덕을 온전히 행한 완성된 인격을 유가에서는 성인聖人 혹은 군자君子라 부르고 도가에서는 지인至人·신인神人·진인眞人 등으로 부른다. 그런 점에서 볼 때, 고대 동양의 사유에서 나이 들어간다는 것은 바로 자아의 완성인 군자와 진인을 향해 한 걸음씩 다가가는 여정이라고 할 수 있다.

젊음을 지나쳐온
늙음의 장탄식

비록 나이 들어가는 것이 자아의 완성에 이르는 길이라 하더라도, 젊음을 지나 어쩔 수 없는 심신의 쇠약에 이르는 생물학적 늙음 자체를 달가워할 이는 없다. 중국의 대시인 이백李白(701~762)은 「추포가秋浦歌」에서 늙은 자신의 모습을 다음과 같이 형용했다.

흰 머리카락이 3000길이나 되는 건　　　　　　　　白髮三千丈

시름이 많아서 그렇게 긴 건가　　　　　　　　　　緣愁似箇長

거울 속 내 모습 알아보지 못하겠네　　　　　　　不知明鏡裏

어디서 가을 서리를 얹어놓았는지　　　　　　　　何處得秋霜

젊음을 지나쳐오지 않았다면 모를까, 청춘의 화려함이 있었기에 늙음은 더욱 한탄스러운 사태다. 조선시대의 문호 허균의 스승이었던 시인 이달李達

(1539~1618)의 「대화탄로對花歎老」에서는 사계의 청춘인 봄날의 꽃을 마주한 화자가 그와 대비되는 자신의 늙음을 한탄하고 있다.

따스한 동풍 또한 공평하지 않아	東風亦是無公道
온갖 나무 꽃 피우면서 사람만 늙게 하네	萬樹花開人獨老
억지로 꽃가지 꺾어 흰머리에 꽂아보지만	強折花枝插白頭
흰머리에 꽂은 서로가 어울리지 않는구나	白頭不與花相好

　고려 말의 대학자이자 시조시인이었던 역동易東 우탁禹倬(1263~1342)은 「탄로가歎老歌」에서 "한 손에 가시 쥐고 또 한 손에 막대 들고" 늙음과 백발을 막고 내치려 했지만 "백발이 제 먼저 알고 지름길로 오더라"면서 자연적인 늙음을 억지로 막아보려는 바람과 노력도 소용없이 "청춘이 날 속이고 백발이 다 된" 모습을 한탄하며, 이어서 "이따금 꽃밭을 지날 때면 죄지은 듯하여라"라면서 청춘을 바라보는 늙은이의 심경을 읊었다.

　실학자 성호 이익의 「세안행歲晏行」 또한 지나간 청춘과 지금의 늙음을 적절히 대비한 것이다.

당시에는 오직 나이가 불어남을 좋아하여	當時惟喜齒新添
다른 사람들이 늙음을 탄식하는 것 우스웠네	頗笑他人坐歎老
솟아오른 둥근 해와 달은 멈춘 적이 없으니	跳丸日月無停景
머리 희고 눈 어두운 게 잠깐 만에 왔구나	頭白眼暗須臾到
이십팔절을 모두 다 보냈다고 하는데	送盡二十有八節
이 말이 좋은 소식 아님을 안 지 오래	久知此言非好報

「은일도隱逸圖」, 윤두서, 종이에 먹, 42.1×26.3cm, 조선 후기, 고려대박물관.

눈 아래 아이들은 떠들썩하며 즐거워하니	眼底小兒衆喧樂
어리석어 사리를 모르는 게 자못 괴이해라	頗怪癡蒙不曉事
삼십 년 후에는 너희가 바로 나일 테지	三十年後爾是我
삼십 년 전에는 내가 바로 너희였다	三十年前我是爾
나는 본래 한 몸이건만 근심과 기쁨 변했어라	我本一身憂喜遷
더구나 너희는 딴 몸이니 느낌 다른 게 당연하지	況爾分形合相別
나는 고인에 비해 이룩한 일이 없지만	吾於古人無所建
세월을 따라 사라져가는 건 꼭 같아라	與時乘化一同轍
인생은 그야말로 말 타고 달리는 격이니	人生大似乘馬馳
지난날은 아득히 멀어지고 오늘이 오는구나	昨日迢遞今日達
앞선 사람은 어디로 갔는가	前途行人去何之
뒤에 가는 사람 서로 이어져 온다	後途行人相繼至

목격하는 현실의 늙음이 이러하기에 수많은 옛사람이 남긴 노년의 편지와 글들에는 늙음에서 기인한 신체의 쇠약과 병마에 시달리는 자신의 안타까운 모습을 하소연하는 내용이 넘쳐난다.

한편 늙음은 필경 죽음에 이른다. 존재의 온전한 소멸인 죽음은, 청춘의 소멸이되 여전히 존재의 지속인 늙음보다 한층 더 심각하며 누구에게나 두려움으로 다가오는 것이다. 그럼에도 늙음의 과정에서 자기 본성을 실현하면서 하늘의 이치를 이해하는 이에게는 삶과 죽음이 별개가 아니다. 죽음을 의연히 받아들이는 힘은 그러한 삶의 이력에서 나온다. 조선 중기의 문신 상촌象村 신흠申欽(1566~1628)은 「생사음生死吟」에서 이렇게 읊었다.

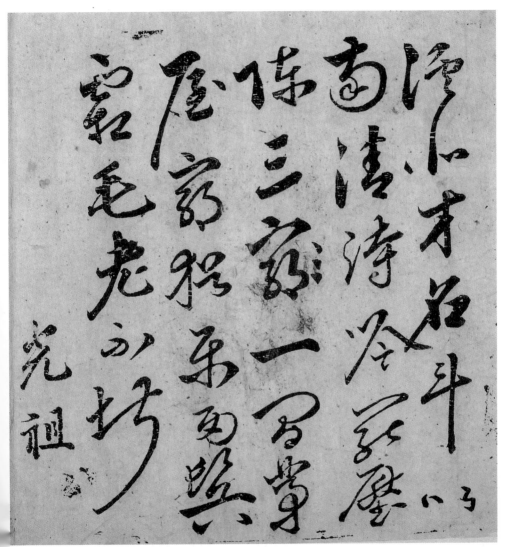

칠언절구, 『선배시첩』, 조광조, 20.6×19.0cm, 경남대박물관 데라우치 문고. 옛사람들이 남긴 글에서는 노년을 하소연하는 내용이 많은데, 이 시 역시 그러하다. "계북溪北의 재주는 나라에서 이름나, 맑은 시를 읊고 나면 접었더 펴기를 세번, 한 간 초가에 가난해도 오히려 즐겁지만, 하얀 양 귀밑머리 늙어서 감당하지 못하네."

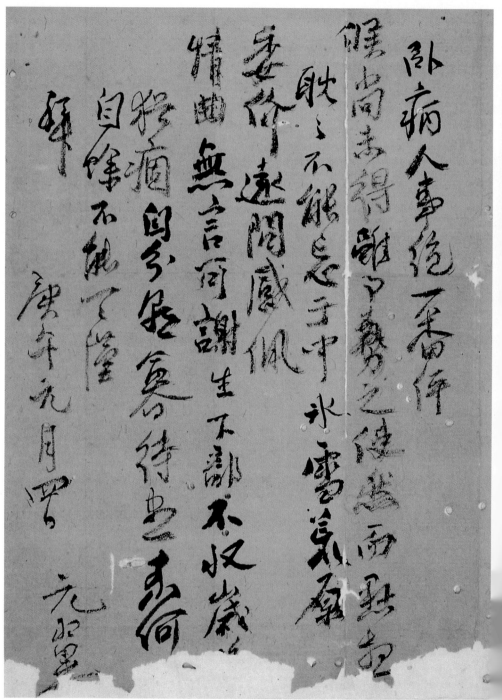

卧病人事疏 不審比
暖尚未得 ���戸幾之候 而默
耿耿不能忘于中 水雪氣候
委體遂閞感佩
情曲 無言可謝 生不瑞 不收歲
狂癎 目今氣愈 待孝乔
自慄 不能下陸
軒 庚午元月 ?
元翼

서간, 『간찰첩』, 이원익, 종이에 먹, 31.0×21.2cm, 1630, 경남대박물관 데라우치 문고. 죽기 4년 전 쓴 한 편지에서 "몸
져누워 세상과 담을 쌓은지라 문안 편지도 한번 못 했습니다. (…) 저는 하체의 불편이 해가 갈수록 더욱 깊어, 아침 저
녁으로 죽기만을 기다리고 있습니다"라는 구절이 보인다.

사람이 사람을 살릴 수 없는데	不能使人生
어찌 사람을 죽일 수 있으랴	焉能使人死
죽고 사는 건 오직 내게 있으니	死生唯在我
남이 죽이고 살릴 바 아니네	定非人所使
(…)	
평탄커나 험난커나 의당 변치 않고	夷險宜不渝
군자는 나의 본질을 편히 지킨다오	君子安吾質
생사음을 길이 노래하노니	長歌生死吟
통달한 선비는 생사를 한가지로 본다네	達士知所一

조선 숙종 때의 문신이자 학자인 미수眉叟 허목許穆(1595~1682)이 관직을 그만두고 조용히 지내다 죽음을 맞이하기를 임금에게 청하는 글 「기언記言」에는 유학에서 이해하는 전형적인 생사관이 드러나 있다.

도道에서 나뉜 것을 명命이라 하고, 하나에 형성된 것을 성性이라 하며, 조화가 다하고 운수가 다하는 것을 사死라고 합니다. 명이란 성의 시작이고 죽음이란 삶을 마치는 것입니다. 사생死生은 실로 큰 것이지만, 살아서는 순응하고 죽어서는 편안한 것이 사생의 큰 법칙이니, 군자는 여기에 힘써야 합니다.

공자는 노나라로 돌아와서 『춘추春秋』를 편찬할 적에 기린을 잡은 데서 이미 절필했고, 돌아가시려 할 때 지팡이를 끌면서 노래했고, 증삼曾參은 죽을 때에 "바름을 얻고서 죽겠다"고 했습니다. 소옹邵雍은 한가히 지내다가 죽었는데, 그 정신이 더욱 밝아 "내가 이제 죽고자 하노니, 죽고 사는 것

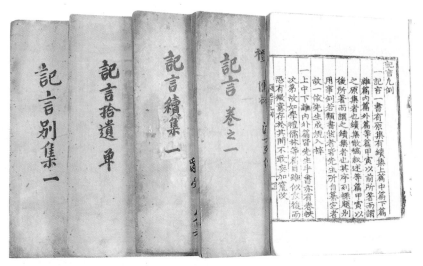

『기언記言』, 허목, 30.0×21.0cm, 1689, 성호기념관.

은 또한 일상적인 일이다"라고 했습니다. 그리고 우리 동방에서는 정렴이
라는 사람이 죽을 날짜를 미리 알아 3년 동안 침묵을 지키다 죽었습니다.
이들은 모두 사생의 변화를 알아 즐거이 죽음을 맞이한 자들입니다.

 이러한 태도는 비단 유학에서만 나타나는 것이 아니다. 도가의 장자 역시 죽
음을 삶과 단절된 것으로 보지 않았다. 친한 친구인 혜시惠施가 부인의 상을 당
한 장자를 조문하러 와서 보니, 장자가 돗자리에 앉아 물동이를 두드리며 노래
를 부르고 있었다. 혜시가 장자에게 평생을 같이 산 아내의 죽음을 당해 어떻
게 그럴 수 있느냐고 따지자, 장자는 "아내가 죽었을 때 내가 왜 슬프지 않았겠
는가? 그러나 다시 생각해보니 아내에게는 애당초 생명도 형체도 기氣도 없었
다. 유有와 무無 사이에서 기가 생겨났고, 기가 변형되어 형체가 되었으며, 형체

노년의 풍경

가 다시 생명으로 모양을 바꾸었다. 이제 삶이 변하여 죽음이 되었으니 이는 춘하추동의 사계절이 순환하는 것과 다를 바 없다. 아내는 지금 우주 안에 잠들어 있다. 내가 슬퍼하고 운다는 것은 자연의 이치를 모른다는 것과 같다. 그래서 나는 슬퍼하기를 멈췄다"고 했다.

또한 자신이 죽음에 이르러 제자들이 그의 장례식을 성대히 치르려고 의논하는 것을 들은 장자는 "나는 천지로 관棺을 삼고 일월日月로 연벽連璧을, 성신星辰으로 구슬을 삼으며 만물이 조문객이니 모든 것이 다 구비되었다. 무엇이 더 필요한가?"라고 말하면서 그 의논을 즉시 중단하게 했다.

이처럼 유가와 도가를 막론하고 동양의 옛사람들은 청춘이 지나가며 맞이하는 생물학적인 늙음으로 인한 심신의 쇠잔을 안타까워하면서도, 그것을 시간의 흐름에 의한 자연스런 변화로 받아들이면서 그 여정을 도덕적 인격의 완성과 덕의 완성을 향한 과정으로 삼는 발상의 전환과 실천을 요구한다. 그러한 전환과 실천의 결과, 늙음은 낡음이나 스러짐이 아니라 도리어 젊음의 완성이 된다.

유가, 나이 들어 군자의
바다에 이르다

『맹자』의 한 장면. 제자인 서자徐子가 늘 품어왔던 의문을 맹자에게 던진다. "공자께서는 자주 물을 찬미해 '물이여! 물이여!'라고 하셨는데, 물에서 어떤 점을 높이 산 것입니까?" 이에 대해 맹자는 "근원을 가진 샘물이 솟구쳐 흘러나와 밤낮으로 쉬지 않으며 움푹 팬 웅덩이들을 다 채운 후에 앞으로 나아가 사해四海에 이른다. 근원이 있는 것은 이와 같으니, 이 점을 높이 산 것이다"('이루 하')라고 했다. 공자가 물을 칭송한 것은 크고 작은 웅덩이를 만나 그것들을 다 채우고 나서 넘쳐흘러 부단히 앞으로 나아가 마침내 큰 바다에 이르는 간단없는 나아감 때문이었다는 것이다.

실제로 젊음에서 노년의 끝자락에 이르는 공자의 전 생애는 그러한 바다에 이르는 물의 여정을 따랐다. 공자가 자신의 삶을 되돌아보며 말했듯이 15세의 늦은 나이에 처음으로 자신의 완성을 위한 배움에 뜻을 둔 이래 30세의 '이립而立'과 40세의 '불혹不惑'을 거쳤으며, 50세의 '지천명知天命', 60세의 '이순耳順'이라는 마지막 관문을 넘어 70세에 종착점인 '종심소욕불유구從心所欲不踰矩'에 이르는 기나긴 과정은 삶의 도처에서 만난 난관의 구덩이들을 채우고 앞으로 나아간 부단한 자기완성을 향한 여정 그 자체였다. 이것이 공자가 보여준 늙어감의 길이었다.

사마천이 『사기』에서 "야합해서 공자를 낳았다野合而生"며 '불경하기 짝이 없게' 서술한 것처럼 비루한 출생과 불우한 유년에서 출발해 노년에 이르러 마침내 성인聖人의 경지에 이름으로써 훗날 '영원한 큰 스승'으로 받들어지는 그 비약의 비밀은 다름 아닌 늙음에 이르도록 놓지 않았던 자기 향상의 노력에 있었다.

생물학적으로 늙음이란 "시간의 흐름과 관계가 깊고 성숙기 이후 뚜렷해져서 마침내는 확고부동하게 죽음에 이른 '불리한' 변화의 점진적인 과정"이다. 공자도 늙음에 이르러 쇠약해진 심신으로 인해 인생의 멘토인 주공周公을 꿈에서 더 이상 만나지 못함을 한탄했다.

이처럼 늙음이란, 마음은 예전 같을지 몰라도 몸의 실행력은 어쩔 수 없이 쇠약해지는 것이다. 그것을 유학에서는 '혈기血氣'의 쇠퇴로 설명한다. 사람에게 있어서 혈기는 형체를 이루는 바탕이 되는 것으로, 혈기를 기준으로 보면 늙어간다는 것은 바로 아직 확고하지 않은 단계(청년)에서 굳센 단계(중년)를 거쳐 쇠퇴한 단계(노년)로 나아가는 것이다.

잘 늙는다는 것은 이러한 혈기의 발로를 잘 살피고 경계해 이치로써 그것을 이겨 혈기에 의해 자아가 부림을 당하지 않게 하는 것이다. 즉, 혈기에 부림을 당하면 청년기에는 색色에 빠지고, 중년에는 싸움에 빠지며 노년에는 득得(탐욕적으로 취하는 것)에 빠지기 쉬우므로 도덕적 의지 혹은 자기 조절의 관건인 지기志氣를 잘 길러 혈기에 의해 휘둘리지 않게 해야 한다고 했다.[1] 그것이 가능한 것은 몸 자체는 늙음에 따라 혈기의 쇠퇴로 인해 쇠해지기 마련이지만 도를 추

「공자가 노자에게 예를 묻다問禮老聃圖」, 김진여, 비단에 엷은색, 31.0×61.7cm, 1700, 국립중앙박물관.

구하려는 마음만은 늙음에 구애되지 않을 수 있기 때문이다.[2]

그것을 공자는 자신의 인생을 통해서 스스로 보여주었다. 공자는 자신을 "배움을 좋아하여 알고자 하는 마음이 생기면 밥 먹는 것도 잊고, 즐거움으로 걱정을 잊으며, 늙음이 닥쳐오고 있다는 것조차 잊는 사람"[3]이라고 했다. 『예기禮記』에서는 그러한 공자의 모습을 그 자신의 말을 빌려 "몸이 늙어가는 것도 잊고, 앞으로 햇수가 얼마 남지 않았다는 것도 모른 채 날마다 열심히 노력하다가 죽음에 이른 뒤에야 그만둔다"고 했다.

공자가 좋아해서 늙어 죽음에 이르기까지 놓지 않았던 배움이란 유학에서 자아의 완성을 뜻하는 군자를 목표로 삼는 수양에 있어 핵심적인 방법이다. 『논어』를 펼치면 처음 마주치는 유명한 구절이 있다. "배우고 때때로 익히면 또한 기쁘지 아니한가?" 『논어』는 책 제목이 말해주듯이 공자의 사후 제자들에 의해 편찬된 스승의 어록 모음집이다. 따라서 지극히 우러러보고 존경했던 스

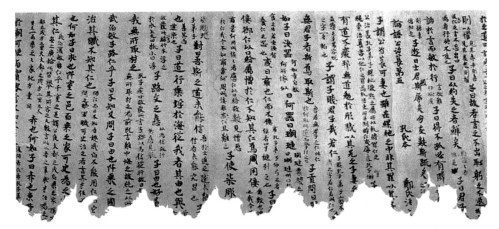

당나라 때의 필사본인 『논어』로 정현의 주가 달려 있다.

승의 말씀 어느 하나 소중하지 않은 것이 없었을 테고, 이를 책으로 엮는 데 있어 편차를 어떻게 할 것인지 적잖은 고민을 했을 것이다. 그처럼 신중하고도 사려 깊게 고려한 결과 첫머리에 등장하는 것이 바로 '학습'의 기쁨에 관한 것이라는 점은 시사하는 바가 크다. 불우한 유년의 가정환경에서 열다섯 살의 늦은 나이에 학문에 뜻을 두었던 공자가 "욕망하는 바를 따르더라도 사람의 도리에서 벗어남이 없는" 성인의 경지에 이른, 그 삶의 성공 비결이 바로 부단한 배움과 실천이었음을 말하고자 한 것이리라.

물론 그러한 과정이 결코 순탄하지만은 않았을 것이다. 그럼에도 칠십에 이르는 자아의 완성을 향한 여정에서 밖으로부터 자신에게 닥쳐오는 일체의 역경들은 도리어 자신의 본성을 실현하는 토대가 될 수 있었다. 북송의 성리학자 장재가 "부귀와 복택은 나의 삶을 윤택하게 하는 것이고, 빈천과 근심 걱정은 나를 완성시키는 계기다"[4]라고 한 바는 그러한 생각을 계승한 것이다.

잘 늙어간다는 것은 이처럼 외재적 역경과 순역順逆의 상황에 대해 일희일비하지 않고 의연히 자신의 목표를 향해 걸어가는 것이다. 공자가 늙음에 들어서는 마흔의 나이에 이른 불혹의 상태는 바로 그런 의연한 태도를 지적한 것이라 할 수 있다. 그리고 그러한 늙음으로 준비된 상태에서 맞는 삶과 죽음은 둘이 아니기에 "살아서는 일에 순응하고 죽어서는 편안히 여길 수 있게"(장재, 『서명西銘』) 되는 것이다.

이와 관련해 앞서 소개한 성호 이익의 시 「세안행」의 결론도 마찬가지다.

> 살아서는 하늘에 순응하고 죽어서는 편안하리 　　存余順事沒余寧
> 시름에 잠겨서 근심한들 무슨 소용 있으랴 　　憫憫愁怨果何濟
> 모름지기 서책 속에다 힘을 써야 할지니 　　且須勉力黃卷內
> 괴로움 속에서 즐거움 찾을 것을 스스로 맹세한다 　　苦中生甜是自誓

나이 들어 늙고 마침내 죽음에 이르는 것은 사람이라면 누구도 피할 수 없는 자연의 섭리이므로 사는 동안 하늘의 뜻에 순응하고 죽음으로써 편안하게 지낼 것을 다짐한다. 그리고 나이듦과 죽음을 근심함이 아무런 소용이 없으므로 앞서서 나이 들어 죽음에 이르렀던 성현들의 글 속에서 자신의 길을 가는 지혜를 찾고 그것으로 즐거움을 삼겠다는 것이다.

퇴계 이황은 56세 되던 해에 남언경南彦經(1527~1594)에게서 한 통의 편지를 받고는 답신을 한다. 남언경이 보낸 편지는 남아 있지 않지만 퇴계의 편지로 미루어 볼 때 남언경은 배움의 길 가운데서 근심과 걱정으로 건강을 잃어 배움의 방법을 물었던 것 같은데, 그에 대한 답신은 이러하다.

그대 마음의 병은 세상의 이치를 깊이 알지도 못하면서 헛되이 알아내고야 말겠다는 태도로 무리하게 공부하고 또 마음을 다스려야 할 방법을 몰라 함부로 서둘러 큰 성과를 얻으려 해 자신도 모르는 사이에 몸과 마음을 극도로 혹사했기 때문에 이른 것입니다. (…)

모든 일상생활에서 번잡하게 사람들과 어울리지 말고, 기호와 욕망을 절제하고, 마음을 비워 편안하며 유쾌하게 하루하루를 보내고, 아름다운 그림이나 글씨와 화초를 감상하거나 산수의 경치와 물고기와 새들의 모습처럼 마음을 기쁘게 할 수 있는 것들을 자주 접해서 마음을 항상 평온하고 따뜻한 상태에 있도록 해야 합니다. (…)

책을 읽어도 마음을 괴롭힐 정도로 읽지 말 것이며, 절대로 많이 읽으려 하지 말아야 합니다. 단지 마음 내키는 데에 따라 그 뜻을 음미하며 즐기고, 이치를 궁구함에는 모름지기 일상의 평이하고 명백한 곳에 나아가 간파하여 숙달하게 해야 합니다.(『자성록』)

여기서 퇴계는 학문을 통해 출세하고 세인의 이목을 끌고 싶어하는 세속적 욕망에서 벗어나 진리를 탐구하는 생활 자체를 즐거움으로 아는 지혜를 이야기하고 있다. 이것은 바로 젊은 날에 행했던 조급한 공부에서 벗어나 노경老境에 접어들어 비로소 심득心得한 생활과 하나 된 즐거움의 공부 방법을 제시한 것이기도 하다. 유학이 제시하는 이상적인 늙어감의 모델은 퇴계 자신이 묘사한 66세 노년의 행복한 일상에 그대로 나타나 있다.

나는 늘 오랜 병에 시달려서 비록 산에서 살더라도 뜻을 다하여 독서하지는 못한다. 그윽한 시름에 잠겼다가 조식하는 겨를에 때로 신체가 가뿐하고 마음이 상쾌하여 우주를 굽어보고 우러러본다. 감개가 일어나면 책을 덮고 지팡이를 짚고 밖으로 나가 암서헌에서 정우당을 완상하며 단에 올라 절우사를 살피고 채마밭을 돌면서 약초를 심고 숲을 찾아 훈초를 따기도 한다.

더러는 바위에 앉아 샘물을 희롱하고 대에 올라 구름을 바라보고 더러는 물가에서 고기를 구경하며 배에서 갈매기와 친하면서 뜻 가는 대로 이리저리 자유롭게 노닌다. 그러다 눈 닿는 곳마다 흥을 내고 경치를 만나는 곳마다 풍취를 이루어 흥이 지극해지면 돌아온다. 그러면 방 안이 고요하고 벽에 가득히 책이 쌓여 있다.

책상을 마주하고 조용히 앉아 삼가 마음을 잡고 이치를 탐구하여 때로 마음에 얻은 바가 있으면 문득 흐뭇해서 밥 먹기도 잊어버리고 생각하다 통하지 못하면 벗의 도움을 청하기도 한다. 그래도 얻지 못하면 마음으로

경상經床, 70.0×32.0×39.0cm, 조선 후기, 유교문화박물관.

통하려 애쓰고 말로 표현하려 애쓰지만 억지로 통하려 하지는 않는다. 한 쪽에 밀어두었다가 이따금 다시 그 문제를 끄집어내어 마음을 비우고 사색하여 스스로 풀리기를 기다리니, 오늘도 이렇게 하고 내일도 이렇게 한다.(「도산잡영병기陶山雜詠幷記」)

이색의 「노경老境」이란 시에서도 늘그막에 삶을 관조하며 천명을 즐기는 자족의 노년이 잘 나타나 있다.

처마 밑의 해가 한낮이 되어갈 제	簷下日將午
백발 늙은이 햇볕 쬐고 있노라니	負暄翁白頭
애들이 시끄럽게 떠드는 등쌀에	苦遭童稚聒
문득 군부에 대한 근심을 잊었네	頓忘君父憂
유유히도 세대는 늘 바뀌어가고	悠悠世代改
하염없이 세월은 흘러만 가는데	苒苒光景流
스스로 다행함은 천명을 즐김이니	自幸樂天命
이로써 족한데 또 무얼 구하리오	足矣何所求

물론 유학자들도 배움의 지속을 통한 내면적 덕성의 함양이라는 수양 외에 건강하게 오래 살기 위한 양생을 부정하진 않았다. 예컨대 정자程子는 사람이 양생해서 수명을 연장시키는 것을 국가가 하늘에 영원한 명을 빌어 복을 받는 것에 비유했으며, 주자朱子는 「조식잠調息箴」에서 "도의 순일함을 견지하며 도의 조화로움에 처한다면 1200년의 장수를 누릴 수 있다守一處和千二百歲"는 말을 하기도 했다.

이와 관련해 택당澤堂 이식李植(1584~1647)은 임금을 대신해 쓴 '책문策問'에서 "신선이 죽지 않는다는 설은 워낙 허탄虛誕해서 배울 성격의 것이 아니지만, 양생을 통해 수명을 연장하는 방법을 배워 인간 세상에서 오래 사는 것에 대해서는 비록 군자라 할지라도 한번 욕심을 내볼 만한 일이라고 할 것이다. 그럼에도 불구하고 도를 지키고 이치를 살피는 선현들이 이러한 설에 대해서 가르침을 베풀지 않았던 것은 무슨 까닭인지"를 물으면서 "방외方外의 술법에 휩쓸리지 않는 가운데 양생과 본성을 간직하는 도를 제대로 극진히 하려면, 어떤 방법을 적용해야 이룰 수 있을 것인지"에 답하라는 문제를 출제했다.

유가적 수양을 통한 도덕적 자아의 완성과 내단의 수련 및 양생을 통한 장수는 배척관계에 있는 것이 아니다. 다만 전자는 후천적인 노력으로 추구해서 얻을 수 있는 것인 반면 후자는 반드시 그러한 결과를 얻을 수 있는 것이 아니므로, 군자의 길을 추구하는 노력은 전자에 집중되어야 한다는 것이 유학의 생각이다. 이러한 문제의식의 기원은 일찍이 맹자에게서 찾을 수 있다.

입이 좋은 맛을 추구하고 눈이 좋은 색을 추구하고 귀가 좋은 소리를 추구하고 코가 좋은 냄새를 추구하고 사지가 안일함을 추구하는 것은 본성性에 속하지만, 그것을 실현하는 것은 명命에 달려 있으므로 군자는 그것을 본성이라고 부르지 않는다.

부자간에 인仁이 있고, 군신 간에 의義가 있고 손님과 주인 간에 예禮가 있고 지혜가 현자에게 갖추어지고 성인이 천도와 하나가 되는 것은 모두 명에 속하지만 그것을 실현하는 것은 본성에 달려 있으므로 군자는 그것을 명이라고 부르지 않는다.(『맹자』「진심 하」)

노년의 풍경

孟子名軻字子車

孟子

『역대도상歷代圖像』에 실린 「맹자」, 종이에 채색, 19,5×29,7cm, 개인.

맹자는 이목구비나 사지가 지닌 욕망을 사람이 타고난 본성이라고 하는 전통적인 입장에 대해, 그러한 것을 실현하느냐 못 하느냐는 것은 내 자신의 주체적인 노력이 아니라 외부의 명에 달려 있는 것이므로 그것을 성性이라고 불러서는 안 된다고 한다. 반면 인간관계에서의 인의예지仁義禮智나 지혜나 성인됨과 같은 것은 비록 그 가능성이 하늘에서 부여된 것이라는 점에서는 명이라고 볼 수 있지만, 오히려 그것이 내 내면에 갖춰져 있고 또 그것을 온전히 실현해내는 것은 전적으로 주체의 노력 여하에 달려 있다.

즉 내가 노력하면 반드시 실현할 수 있지만 포기하거나 노력을 게을리하면 실현할 수 없다는 것이다. 따라서 그것들은 명이 아니라 사람이 지닌 성이라고 해야 한다. 주체가 지니고 있는 것인가 아니면 밖에 있는 것인가 그리고 주체의 노력에 의해 얻을 수 있는가 그렇지 않은가에 따라 성과 명을 구분하고, 사람이 추구해야 할 것은 그가 내면에 지니고 있고 따라서 노력하면 반드시 얻을 수 있는 성이라고 설명하고 있는 것이다. 그런 점에서 유학에서는 장수를 위한 욕망으로 양생에 치우쳐, 마땅히 추구해야 하며 그 추구에 따른 결과를 얻을 수 있는 내면적 덕성의 함양을 돌아보지 않는 것을 경계한다.

이와 관련해 율곡 이이는 선조에게 군주 리더십의 교본이라 할 수 있는 『성학집요聖學輯要』를 지어 올리면서 사람은 누구나 인의仁義의 마음을 나면서 지니고 있으므로 성인의 가능성을 보유한 존재임을 전제하고, 다만 욕망의 부추김에 빠지거나 내면의 감정의 발현이 중절을 잃지 않게 하면 하늘과 하나인 성인의 경지에 이를 수 있음을 말한다.

양심을 해치는 것은 귀·눈·입·코와 사지의 욕망이고, 진기를 해치는 것도 이 욕망으로 인한 것입니다. 대개 귀와 눈이 성색聲色을 좋아하는 것이

노년의 풍경

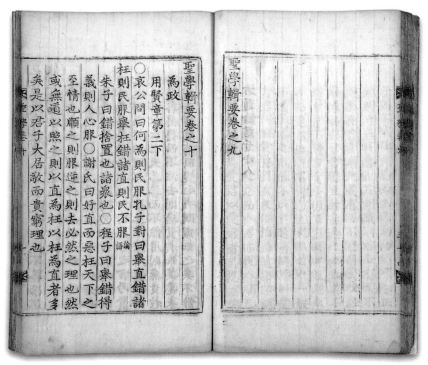

『성학집요』, 이이, 33.5×22.0cm, 1575, 충남대도서관.

진실로 마음에 해로운 것이로되, 음란한 소리와 아름다운 색은 뼈를 부수는 도끼와 톱이요, 입으로 즐기고 좋아하는 것이 진실로 마음에 해로운 것이로되, 입에 딱 맞는 맛은 반드시 오장을 상하게 합니다. 한가하고 안일한 것은 근육과 맥脈을 늘어지게 하여 드디어 행동과 휴식이 올바른 도리에서 어긋나게 합니다.

기뻐함喜과 성냄怒이 그 중용의 도리를 잃어버리면 마음은 날로 방자해지고 기는 날로 방탕하게 되어, 마침내는 일기一氣의 관통이 끊어지고 백해百骸의 유대가 풀어지게 되는 것이니, 장차 어떻게 천명대로 바로 서서 세상에 오래 살아갈 수 있겠습니까? 그런즉 마음을 기르는 것과 기를 기르는 것은 실로 한가지 일입니다. 양심良心이 날로 생장하면서 상하거나 해되는 것이 없어서 마침내 그 가리고 있던 것을 모조리 없애버리면 호연지기가 성대하게 흐르고 통하여, 장차 천지와 한 몸이 됩니다. 죽고 사는 것과 길고 짧은 것은 비록 정해진 분수가 있다 하더라도, 나에게 있는 도리는 다 할 수가 있으니, 어찌 스스로 마음에 만족스럽지 않겠습니까?

한편 허균은 113세가 되어도 얼굴이 50대와 같은 동안이었던 강릉 사람 임세적任世績을 만나보고 그 비결은 별다른 것이 아니라 일상 관계 속에서 사람의 도리를 다하며 순리에 따르는 자연스러운 생활에 있다는 것을 듣고 나서, 장수를 위한 양생수련에 빠진 이들의 문제점을 다음과 같이 비판한다.

세상에서 금단金丹을 수련하여 장수하고자 하는 사람은 누구나 건곤정기乾坤鼎器, 감리부부坎離夫婦, 용호연홍龍虎鉛汞, 진화퇴부進火退符를 들먹이고, 입으로 『참동계參同契』 「오진편悟眞篇」을 외우면서 스스로 참된 신선을 이룰 수 있다고 말하면서도 얻기에 조급하고 이익을 탐내어 분노하는 마음이 가슴속에 소용돌이치다가 끝내 아무것도 이루지 못한다.(『성소복부고惺所覆瓿藁』)

조선시대의 계곡谿谷 장유張維(1587~1638)도 신발申撥(1523~1615)의 93세 수연壽宴을 축하하는 글에서 이 문제를 언급하고 있다.

세상 사람들은 건강에 좋다고만 하면 정신없이 쫓아다니면서 오래 살려고

노년의 풍경

발버둥을 치는데 이렇게 하는 것치고 그 어느 것인들 인욕人欲 아닌 것이 있겠는가. 인욕을 행하면서 요행수로 천복天福을 얻으려 하다니 어떻게 그런 일이 가능하기나 하겠는가.

지금 노선생은 신령스러운 정신과 특이한 체격을 선천적으로 부여받은 뒤에 모든 것을 운명에 내맡긴 채 순리대로 생활함으로써 장수의 선물을 받게 되었다. 대체로 노선생은 건강을 증진하는 방법이 있다 해도 급급해하지 않았는데, 더구나 몸을 상하게 하는 데 대해서야 어떠했다 하겠는가.(『계곡집谿谷集』)

또한 이덕무는 "양생養生과 치생治生은 군자가 겸행해야 할 것이다. 그러나 양생이 탐생貪生하는 지경에 이르지 말아야 하고, 치생에도 또한 사생捨生(의義를 위해서 생명을 바치는 것)을 생각해야 한다"(『청장관전서靑莊館全書』)라고 했다. 이것이 일상에서 인의를 공부하고 그 실천을 통해 자아의 완성을 추구하는 유학의 양생이며, 나이를 먹는다는 것은 그러한 실천을 통한 덕성의 체화가 일진월보日進月步하는 것이다. 시장諡狀에 나타난바 동춘당 송준길(1606~1672)이 추구한 호학好學의 노년이 그러했다.

일찍이 말하기를, "학문을 하는 공부는 길을 가는 것과 같아서, 길이 아무리 멀어도 쉼 없이 가면 종점에 도달하지만 중지하고 가지 않으면 아무리 가까운 곳이라 해도 어찌 이를 수 있겠는가"라고 했다. 학문을 좋아하는 정성이 늙을수록 더욱 독실하여 비록 사무를 처리하고 빈객을 응대하는 사이에도 마음과 눈이 책에 있지 않은 적이 없었다. 70세 이후에도 등불 밑에서 혹은 밤중까지 혹은 새벽까지 책을 읽으면서 이를 즐거움으로 삼아 근심을 잊었고, 죽은 뒤에야 그만두었으니 공의 호학은 천성이라 하겠다.(『동춘당집同春堂集』)

성호 이익 역시 "나는 평생에 글 보기를 좋아했다. 나이가 들수록 더욱 재미있다는 것을 깨닫고 스스로 이전에 글을 읽은 것은 모두 아무 맛도 모르고 헛세월만 보냈다고 생각했다. 지금으로부터 다시 5년이나 10년의 세월이 지난다면 보고 깨닫는 바가 어떻게 될지는 알 수 없다"고 했으니, 늙도록 배움을 놓지 않음으로써 자신의 향상을 보는 기쁨을 누렸음을 알 수 있다.

평생의 배움을 통해 나이 들어 성취를 이루고 그러한 성취를 후학의 양성으로 되돌려 조선 유학의 큰 물길을 연 퇴계의 삶은 그러한 유학적 노년의 전형이다.

선생이 처음에는 자신의 재주와 덕을 깊이 감추어, 비록 학문에 정밀했지만 말에나 문자에 나타내지 않았으므로, 그 친구까지도 그가 도학의 선비인 줄을 몰랐다. 그러다가 나이가 들수록 덕이 더욱 높아져서 덕을 기른 지 이미 오래되자 그 정화는 저절로 빛나고 실상은 절로 가릴 수가 없게 되었다. 그때부터 학자들이 많이 모여들어 그를 스승으로 높여 섬겼다. 바른 학문을 밝게 드러내고 후학들을 이끌어 공·맹·정·주의 도가 불꽃처럼 우리 동방을 밝히게 한 사람으로 오직 선생 한 사람이 있을 뿐이다.(『퇴계집』「행략行略」)

讀書多年植松
皆作老龍鱗

松二居

「초당독서도草堂讀書圖」, 이명기,
종이에 엷은색, 103.8×48.5cm,
18세기 말~19세기 초, 삼성미술관
리움. 성호 이익은 늙도록 배움을
놓지 않음으로써 자신의 향상을 보
는 기쁨을 누렸다.

도가, 억지로 도모하지 않아
참된 사람이 되다

    한편 노장의 도가에서 말하는 자아의 완성을 향한 잘 늙어감의 요체는 욕망欲에 의한 생명의 제약을 제거해나가는 '비움'이다. 욕망 작용은 생명 존속에 필수적이기에 욕망이 없으면 삶도 있을 수 없다. 문제는 자아중심적 욕망의 지나친 발로가 우리 마음과 몸의 평형 상태를 무너뜨려 존재의 소멸을 재촉한다는 점이다. 그래서 노자는 "억지로 삶을 도모하는 것益生을 상서롭지 못한 것이라 하고 마음이 기氣를 부리는 것을 강함이라고 한다. 모든 것은 강성해지면 곧 노쇠해지니, 이를 도道답지 않다고 한다. 도답지 않으면 일찍 소멸한다"(『노자』 55장)고 했다.

    '삶을 도모하는 것益生'이란 자아중심적 욕망 충족의 행위이고, '마음이 기를 부린다心使氣'는 것은 그러한 욕망 작용의 또 다른 양상을 가리키는 것이다. 삶을 도모하려는 자아중심적 욕망 충족의 행위는 우리 몸의 조화로운 평형 상태를 무너뜨려 유연성弱을 상실한 경직 상태에 빠뜨린다. 이는 어린아이赤子 상태

「도교삼존상」(노군상), 높이 34,8cm, 568, 도교예술대학대학미술관. 주존에 새겨진 인물이 노자다.

에서 가장 온전히 보존된 생명의 조화 상태精之至, 和之至를 상실케 하는 원인이다. 노장에서 바라본 늙어감의 가장 큰 문제는 욕망 작용으로 인한 조화로운 자아의 상실이다.

이 점은 공자가 "사람이 늙음에 이르면 혈기가 이미 쇠해지니, 경계할 것은 얻으려는 것이다"5라고 했던 생각과 맥을 같이한다. 그래서 노자는 "있는 그대로의 바탕을 드러내고 통나무의 질박함을 끌어안아 자기중심적인 마음의 활동을 줄이고 욕망의 발동을 적게 하라見素抱樸, 少私寡欲"(『노자』 19장)고 충고한다.

그러므로 노장에서는 자아의 완성을 향한 잘 늙어가는 비결로 무위無爲와 허정虛靜의 수양을 제시하고 있다. 무위와 허정은 욕망을 동력삼아 이뤄지는 생명의 질곡과 훼손을 그치고 되돌려 조화롭고 건강한 생명을 회복하는 방법이다. 노자는 이와 관련해 "배움을 행하면 날마다 보태고, 도를 행하면 날마다 덜어낸다. 덜어내고 또 덜어내게 되면 무위에 이른다. 무위하지만 이루어지지 않음이 없다"(『노자』 48장)고 한다. '덜어냄'이란 바로 욕망을 줄임으로써 욕망에 의한 매임에서 벗어나는 것이다.

장자는 욕망의 덜어냄을 통해 자아의 완성에 이른 이를 '참된 사람眞人'이라 부르고, 그 참된 사람의 구체적인 모습을 '재전이덕불형才全而德不形'으로 표현했다. 『장자』 「덕충부德充符」에서는 '재전'과 '덕불형'을 다음과 같이 설명하고 있다.

(무엇을 '재전才全'이라고 하는가?) 죽음과 삶, 빈궁함과 부귀영달, 현명함과 어리석음, 비난과 명예, 굶주림과 목마름, 추위와 더위, 이런 것들은 사태의 변화이며 명命의 운행이다. (…) 이런 것들로 마음의 조화 상태를 어지럽혀서는 안 되고, 이런 것들에 대한 생각이 마음속에 끼어들게 해서도 안 된다. 마음을 조화와 안락의 상태에 있게 하면 외물과 막힘없이 교류하여

두루 소통되는 즐거움을 잃지 않게 되고, 그런 상태가 밤낮으로 지속되면 외물과 함께 생동하는 조화의 상태를 이룬다. 이것이 만물과 접촉하며 마음에서 자연의 변화와 함께하는 기운이 생동하는 상태다. 이것을 '재전'이라고 한다.

(무엇을 '덕불형德不形'이라고 하는가?) 평형은 물의 고요함이 지극한 상태다. 그것이 본보기가 될 수 있는 것은 안으로 고요함을 간직하고 밖으로 요동하지 않기 때문이다. 덕德이란 그런 조화和의 상태를 이루어 간직하는 것이다. 그러므로 덕이 '불형'한 사람은 사물物과 괴리되지 않는다.

'재전'과 '덕불형'은 노장이 추구하는 최종적인 자아 완성의 경지다. 그것은 천지로부터 물려받은 재질을 하나의 고착된 방향으로 국한시키지 않고 항상 온전한 정체성整體性의 상태로 유지하는 것이며, 선천적으로 부여받은 자연적 본성을 항상 조화의 상태에 있게 하는 것이다. 그러한 경지에 이른 사람이 바로 장자가 제시한 이상적 인격인 진인眞人이다.

장자가 말한 진인은 노자가 이상적인 인간상으로 제시한 어린아이嬰兒의 다른 표현이다. 굳이 구분하자면 어린아이가 천지의 덕을 본성으로 삼은 최초의 상태를 이야기한 것이라면, 진인은 삶의 여정을 통해 수양을 거쳐 이른 성취의 상태이자 타고난 본래의 본성으로 되돌아간復命 상태를 일컫은 것이다. "영아로 되돌아간다"(『노자』 28장)라는 노자의 표현에서 보듯이 '어린아이'는 복귀의 목표점이고 '진인'은 그렇게 복귀된 결과다.

결국 노장에서 바람직한 늙어감이란 욕망의 제약을 중심으로 한 반성과 절제를 통해 "각자 그 근본으로 되돌아가는"(『노자』 16장) 것이다. 그것은 살아서 자신의 생명을 보전해 죽음으로써 온전히 생명이 나온 근본으로 환원하는 것이다. 장자가 아내의 죽음을 대하고서 항아리를 두드리며 노래 부르는 모습을 힐난하는 혜자에게 "이제 또 변화하여 죽었으니, 이것은 춘하추동의 사계四季가 운행함과 한가지라네. 그녀는 이제 천지라는 큰 방에서 편안히 잠자고 있는데 내가 소리 내어 따라 운다면 스스로 천명에 달통하지 못함을 인정하는 것일세. 그래서 그만두었네"(『장자』「지락至樂」)라고 한 것은 이러한 생각의 일단을 보여주는 일화다.

장자는 생명을 온전히 보전하고 늙어가 온전히 그 생명을 자연으로 되돌리는 방법으로 '외부의 사물로써 자신을 해치지 않아야不以物害己' 한다고 강조했다. 여기서 외부의 사물이란 돈과 명예나 권력 등 본래적인 자아 이외의 것으로, 욕망 추구의 대상이 되어 다시 그 욕망이 온전한 생명을 해치는 것을 말한다. 그래서 『장자』「양왕讓王」에서는 다음과 같이 말한다.

생명을 귀하게 여기는 사람은 비록 부귀라 하더라도 그것을 누리려고 몸을 해치지 않으며 비록 빈천이라 하더라도 이익 때문에 몸을 번거롭게 하지 않는다.

사람이 돈과 권력을 지니면 교만하고 사치하며 안일하게 생활하다가 몸을 해칠 수 있고, 가난하고 천한 상황에서 벗어나기 위해 이익을 추구하다가 도리어 자신을 얽매고 해치게 됨을 경계한 것이다. 그런데 외물을 추구하는 것은 결국 주체다. 그래서 장자는 외물에 대한 경계에서 한 걸음 더 나아가 내면적 수양의 관건인 '정감을 없애는 것無情'을 제시한다.

노년의 풍경

내가 말한 이른바 정감을 없앤다는 것은, 좋아하고 싫어하는 것과 같은 정감으로 안으로 그 몸을 상하게 하지 않고 언제나 스스로 그러함에 맡기고 익생益生을 도모하지 않는 것을 말한다.(『장자』「덕충부德充符」)

익생이란 생명 유지에 필요한 기본적인 것에서 더 나아간 과도한 욕구의 충족 행위를 말한다. 장자가 "희로애락을 가슴에 들이지 말라"(「전자방田子方」)라고 한 것도 같은 맥락으로, 사람들이 좋아하고 싫어하는 것과 같은 정감으로 자신의 생명을 해치는 것을 반대한 것이다. 결국 "외물로 자신을 해치지 말라"는 것은 부귀, 공명과 같은 외부의 사물과 희로애락과 같은 내면의 정감 작용에 의해 타고난 생명을 위축시키고 해치는 일을 반대한 것이다.

이러한 생각은 조선시대 선비들의 양생법에도 동일하게 나타나는데, 홍만선洪萬選(1643~1715)은 『산림경제』「섭생」 항목에서 내면의 감정을 다스리는 것을 다음과 같이 강조했다.

무릇 마음에 좋아함이 있더라도 너무 깊이 좋아하지 말고 마음에 미워함이 있더라도 너무 깊이 미워하지 말며, 기쁨이 이르더라도 마음이 방탕해지지 않고 노여움이 지나간 뒤에는 감정에 머물러 두지 않으면, 이 모두가 정신을 기르고 수명을 연장할 수 있게 한다.

장자에 따르면 이처럼 '외물로 자신을 해치지 않도록' 하기 위해서는 자연으로부터 부여받은 덕을 회복해야 한다.

만약 저 도道와 덕德을 타고서 노닐면 그렇지 않다. 칭찬도 잊고 비난도 잊

『산림경제초山林經濟抄』, 24.6×21.7cm, 국립중앙박물관. 홍만선의 『산림경제』에서 필요한 부분을 가려 뽑은 필사본으로, 그중 섭생攝生에 관한 부분은 대부분 도교 양생법에 속하는 것이며 매우 구체적이다.

으며, 움직이기도 하고 머물기도 하며, 때의 변화에 따라 함께 변화하되 고집스럽게 하려고 하지 않는다. 한 번 오르락 한 번 내리락하여 조화로써 표준을 삼아 만물의 근원에서 노닐며 물物을 물 되게 하고 물에 의하여 물 되지 않는다면, 어찌 얽매일 것이 있겠는가?(「덕충부」)

송나라의 명재상 문언박文彦博(1006~1097)은 여든의 나이에 이르기까지 관직을 수행하다가 벼슬에서 물러날 때 장수할 수 있었던 섭생의 비결을 묻는 신종神宗의 물음에 대해, "다른 방법은 없습니다. 기분을 쾌적하게 하여 외물外物로써 화기和氣를 손상시키지 않고 감히 지나친 일을 하지 않아 중도中道에 이르면 그만 멈출 뿐입니다"(『석림연어石林燕語』)라고 했으며, 임영林英이란 사람은 나이 일

노년의 풍경

흔이 되어 기운과 용모가 젊은 시절과 비교해도 전혀 쇠하지 않았는데, 그 비결은 묻는 질문에 "다만 평생에 번뇌할 줄을 몰라서 내일 먹을 밥이 없어도 근심하지 않으며 일이 닥쳐오면 속 시원히 처리해버리고 가슴속에 남겨두지 않을 뿐이다"(『손공담포孫公談圃』)라고 했다. 모두 외물을 대상으로 한 과도한 욕망의 추구를 피하고 내면의 평정을 유지하는 것을 장수의 비결로 제시한 것이다.

도가에서 말하는 늙어감의 핵심은 후천적인 욕망이나 선입견 등 본래의 마음을 가로막는 것의 '비움'이다. 그것은 결코 어느 한 순간의 비움이 아니라 오랜 기간의 단련과 수양을 통해 이르는 지극한 경지다. 이러한 경지에 이르러 질서 있고 조화로운 자기 생명 본연의 리듬과 박자를 찾는다면, 더 이상 망동하지도 피동적이지도 않게 되어 주동적이고 능동적인 삶을 영위할 수 있다. 욕망이 차지하던 자리를 비워 마음의 새로운 공간을 개척함으로써 생명의 에너지를 쌓아가는 수양 과정을 통해 자연의 흐름과 함께하는 영혼의 승화를 이룰 수 있다. 그것은 곧 늙어감이라는 일정한 시간적 흐름의 계기를 필요로 한다. 따라서 도가에서의 늙어감 역시 육체의 쇠퇴와 약화라는 생물학적 한계를 넘어서는 정신의 자족과 소요 및 평정이라는 성취를 가능케 하는 과정이라고 할 수 있다.

옛사람을 따라
넋과 혼을 풀무질하다

한국은 고령화 사회로 접어든 지 오래다. 유엔의 규정에 따르면 전체 인구 중 65세 이상의 고령 인구가 7퍼센트를 넘어서면 고령화 사회, 14퍼센트를 넘어서면 고령사회, 20퍼센트를 넘어서면 초고령 사회로 분류된다. 한국은 2000년에 7.2퍼센트로 고령화 사회로 진입했으며, 2010년에 11.3퍼센트가 되었고, 2018년에 14.3퍼센트로 고령사회가 될 것이며, 2016년에는 23퍼센트를 넘어선 초고령 사회로 진입할 것으로 예상된다. 이러한 상황에서 한국인의 평균수명은 꾸준히 연장되어 2012년 기준으로 10년 전보다 4.4세 늘어난 81.4세로 나타났다.

이러한 추세에 따라 현재 한국 사회는 공적으로는 노인복지, 노후 설계, 노인 일자리 등 노년의 삶의 질을 높이기 위한 다양한 정책을 모색·시행하고 있으며, 개인적으로는 행복한 노년을 위한 관심이 높아지고 있다. 그러나 노년의 삶의 질에 관한 이러한 관심과 노력에도 불구하고 현실은 참담하다. 한국 사회에서 노년층은 젊은 시절 내내의 인고와 분투, 희생에도 불구하고 스스로 불행하다고 여기며 청장년 세대를 중심으로 한 사회적 존경의 마음도 갈수록 옅어지고 있다. 특히 경제적으로는 청장년층의 계층 이기주의에 따른 노년층의 사회적 부담에 대한 곱지 않은 시선이 존재하고, 많은 부분 정파적·정치사회적 입장에 따른 것이긴 하지만 비난과 조롱의 대상이 되는 것 또한 현실이다.

한국은 세계가 주목하는 경제적 성취에도 불구하고 OECD 국가 중에서 행복지수 최하위, 자살률 1위의 정신적 결핍과 빈곤에 처해 사회 전반에 불행감이 만연해 있는데, 그 중심에 노년층이 자리잡고 있다. 매년 5000명의 노인 자살이 그 단적인 예다. 젊음이 노력해서 얻은 상이 아니듯, 늙음 역시 잘못으로 인해 받은 벌이 결코 아님에도 한국의 노인들은 마치 벌을 받고 있는 듯 위축되며 불행해하고 있다.

늙어가는 과정은 청년기의 사회에서 자리잡기 위한 삶을 건 분투의 시기, 가정과 사회의 축으로 과중한 기대와 역할 요구에 부응하기 위해 자신을 희생하는 인고의 시기를 건너 청장년기의 부귀와 빈천에 고뇌하고 외적인 스트레스 시기와 결별하며 담담하게 자기 삶을 관조하고 즐기는 자유의 단계로 접어드는 것이다. 그럼에도 마땅히 행복해야 할 그리고 행복할 자격이 있는 한국 노인들의 불행은 어디서 기인하며, 해결의 열쇠는 어디서 찾아야 하는가?

물론 정부의 정책과 제도적 차원의 대책도 필요할 것이다. 건강하고 행복한 노후를 위한 보건사업의 시행, 건강교육 및 상담을 포함한 예방 대책의 수립도 필요하다. 이를 위해 의료보험제도의 개선을 통해 상대적으로 수입이 낮은 노년층이 부담 없이 의료보험의 혜택을 받아 질병에서 벗어날 수 있게 하고, 경로연금의 확대를 통해 누구든 젊은 시절 번 돈의 일부를 적립해 노년에 이르러 혜택을 받도록 하는 제도를 확립해야 할 것이다. 그리고 노인들을 위한 문화적 서비스의 개발과 확대, 사회 전반의 노년에 대한 존중과 배려의 기풍을 불러일으키는 정책적 캠페인도 필요하다.

이러한 경제와 문화를 중심으로 한 공적 대책과 더불어 노년의 행복에 필요한 가장 중요한 요소 중 하나는 노년층의 자존적 자아 인식과 적극적 노년 영위의 의지 및 실천이다. 그런데 그런 것은 사회적 조건과 배경의 문제를 잠시 논외로 한다면, 결국 멀게는 노년의 도래에 대하여 젊은 시기에 정신적, 경제적 준비와 더불어 노년에 접어든 이후의 삶의 자세와 밀접한 관련이 있다.

그래서 공자가 삶으로 보여주었고 그러한 공자의 삶을 따라 배우려 했던 2500년 동아시아의 유학적 지식인들의 삶이 그러했듯이 부단한 배움과 실천을 통해 지혜와 덕을 높여가는 늙어감의 과정에 대한 자각이 절실하다. 도가의 메시지도 결국 나이가 들어가면서 부단히 욕망의 추구를 줄여나갈 것을 이야기하는데, 이 역시 지금 우리 삶의 일상 현장에서 구체적인 사사물물과 교섭하는 자신의 노력을 떠나서는 이룰 수 없다.

이 점은 동양의 오래된 종교인 불교에서도 강조하는 바다. 『법구경法句經』에서는 "배우기를 힘쓰지 않은 채 세월 가는 대로 그저 나이만 먹어간다면 그는 늙은 소와 같다. 그의 몸은 늙어 주름살이 깊지만 그의 지혜는 전혀 빛을 발하지 않는다"고 했다.

한때 웰빙 혹은 참살이라는 말이 크게 회자한 적이 있다. 지금은 노년층의 증가가 사회적 이슈가 됨에 따라 잘 늙어감well-aging이 사회적 화두로 등장하고 있다. 존경받고 자존감으로 자족하는 자유와 행복의 넉넉한 노년은 저절로 오는 것이 아니다. 유학의 오래된 시집 『시경』에서는 "나이와 언행은 함께 간다"는 말로써 나이듦의 미덕과 실천 방향을 이야기하고 있다. 나이에 따라 저절로 사회로부터 존경받고 모범이 되는 언행이 따르는 것은 아닐 터이다.

늙어감이란 육체적 신진대사 속도가 점차적으로 저하된 데 따른 결과다. 공자가 "흘러가는 것이 이와 같구나"라고 찬탄과 한탄을 함께 했듯, 시간의 흐름을 누구도 거슬러 돌아갈 수는 없다. 그럼에도 정신의 신진대사는 시간의 제약으로부터 상대적으로 자유로울 수 있다. 나이 든 몸에 사그라지지 않는 지혜로운 비판의식을 지니고 부단히 정신의 신진대사를 늦추지 않으려는 노력을 통해 세상을 바로 보되 덕을 더욱 높여가서 자신과 남에게 너그러운 상태에 이르는 것, 그것이 노년의 참살이다.

그렇게 되려면 나이 들수록 부단히 자신의 넋과 혼을 연마하고 풀무질하며, 자신의 경험을 모든 것이라 믿지 않고 새로운 것을 받아들이며 낡은 것은 내보내는 공부를 통해 그러한 경지에 이를 수 있다. 수백 년 나이의 고목이 봄이 되면 여전히 새순을 내어 여름을 기다려 꽃을 피운다. 그것이 가능한 것은 받아들이고 내보내는 생명의 신진대사가 있기 때문이다.

사람은 나이가 들어감에 따라 육체의 신진대사가 느려지고, 그 결과 백발이 찾아오며 육체적 감각과 운동능력은 퇴화된다. 그 옛날 어른들이 한탄한 것은 어쩔 수 없는 그러한 한계다. 그러나 정신의 신진대사는 자신의 자각과 실천에 따라 나이의 한계에서 상대적으로 자유로울 수 있다. 유가에서 "새롭고 또 새롭기를 추구하라"고 한 것이나 도가에서 "비우고 또 배우라"는 것은 모두 정신의 신진대사를 활성화하는 늙어감을 말하는 것이다.

그러한 삶을 먼저 살아 노력에 상응하는 성취를 이뤄낸 공자나 노자 그리고 그 후예들의 자취가 바로 앞에 있다. 육체적 늙음에 대한 한탄은 짧게 하고, 정신의 날로 젊어짐과 그를 통한 인생의 성취를 위해 그들을 따라 늙어가는 길을 찾아야 한다.

身心頻向寺中開也

入中原世界恢三代

以来凡幾國清明時

事只看來

靜時閱古書

「과옹십취도瓜翁十趣圖」 중 '조용할 때 고서를 읽다', 강세황, 종이에 엷은색, 63.5×85.0cm, 1758, 개인.

제8장

좋은 죽음을 향하여 인仁을 임무로 삼고 천하의 골짜기가 되다

임헌규

강남대 철학과 교수

참살이와 죽음을 통한
좋은 삶

오늘날 인구에 가장 많이 회자되고 있는 단어 중 하나가 웰빙well-being(잘 있음, 참살이)이다. '육체적·정신적 삶의 유기적 조화를 통해 건강한 몸과 마음을 유지함으로써 행복한 삶을 추구하는 생활양식'을 의미하는 웰빙은 누구나 원하는 삶이다. 그런데 문제는 무엇이 진정 행복한 삶이며, 어떻게 육체적·정신적 삶의 조화를 유지해 건강한 심신관계를 이뤄나갈 것인가이다. 인간 삶의 목적이라고 여겨왔던 행복이란 무엇이며, 몸과 마음의 조화는 어떻게 이룰 수 있는가?

우선 '웰빙'의 본래 의미가 무엇인가를 살펴보는 것에서 출발해보자. 웰빙이란 순우리말로 잘 있음, 잘됨, 잘함 등으로 풀이할 수 있다. 이는 무엇이 바로 그것답게 되어 있으면서 다른 존재자와 조화를 이루고 있음을 의미한다. 즉 그것의 본디 성질(개별성)을 온전히 다하는 상태로 풀이할 수 있다. 그런데 모든 존재자는 타자와 관계를 맺는다는 점에서 본래 성질을 다한다는 것은 곧 타자와 조화로운 상태에 있다는 뜻이기도 하다.[1] 이것을 유교적으로 말하면, 만물은 천명의 본성을 타고났으며, 그 본성에 따르는 것이 도덕적 혹은 윤리적으로 옳고義 선善한 삶이다. 나아가 감응感應 혹은 정명正名의 원리에 따라 천하 만물은 저마다 지니고 태어난 본성을 모두가 온전히 실현할 때에 비로소 우주적 대조화의 아름다움美이 실현된다는 것이다.[2]

나아가 서양에서도 플라톤은 소크라테스의 입을 빌려 "우리는 그저 사는 것을 가장 소중하게 여길 것이 아니라, 잘 사는 것을 가장 소중하게 여겨야 하며 (…) '잘'이란 '아름답게'라든가 '옳게'라든가와 같다"[3]고 말하고 있다. 여기서 우리는 고전적인 의미에서 '좋음eu→well'은 윤리적 '옳음', 나아가 미학적 '아름다움'과 동일한 의미를 지닌다는 것을 알 수 있다. 즉 존재론적인 진眞, 윤리적인 선善과 옳음義, 관조적인 미美가 삼위일체로 동일한 의미를 형성하며, 존재론적으로 참으로 있음이 윤리적으로 선하고 올바른 삶이고, 나아가 미학적으로 아름다운 삶이 되며, 이것이 바로 인생의 목적인 행복eudemonia이라고 할 수 있다. 바로 이 점에서 웰빙은 '잘 있음' '제대로 있음' '본래적인 삶 자체' '참으로 있음眞' '참으로 아름답게 드러남美'이라고 할 수 있다.

그런데 의식적인 존재로서 인간이란 완전한 존재인 신神 혹은 천天과 인간보다 열등한 동물들 사이의 중간자로서 다른 인간과 더불어 살아가는 가능성의 존재다. 그러한 인간은 시공간적인 한계로 말미암아 여러 가능성 가운데 특정한 것을 선택하여 행위하지 않을 수 없다. 즉 자신의 존재 방식을 세계 속에서 염려하면서 살아가지 않을 수 없는 것이다. 인간은 무언가를 의식하고 염려하는 마음의 존재이기 때문에 존재하는 그 무엇에 대해 묻고 배우고 의심하면서, 궁극적으로 인간 자신의 존재 방식을 모색할 수 있다. 그런데 이렇게 학문을 하면서 자신의 처신을 더듬어 찾는 것은 인간만의 고유한 점으로, 이는 인간이

불완전한 존재인 동시에 더 높은 단계로 비약할 가능성의 존재임을 함축한다. 따라서 실로 '의식의 존재'이자 '존재의 의식'인 인간은 불완전하여 회의·비판하지만, 무언가를 배우고 익히면서 깨달아 더 높이 뛰어오를 가능성을 지닌, 말하자면 수직과 수평 사이에 위치한 중간적 존재라고 할 수 있다.

그런데 의식적인 존재로서의 인간이 학문을 통해 그 무엇을 알고, 자신의 고유한 존재 방식을 모색한다는 것은 곧 "인간이란 죽음을 의식하고 죽음에 이르는 존재다"라고 말할 수 있는 근거가 된다. 물론 '생자필멸生者必滅'이란 말이 있듯이, 식물과 동물을 비롯해 생명을 가진 모든 존재는 그 언젠가 생명을 잃고 다른 존재로 전화될 가능성이 있다. 그런데 유독 인간을 일컬어 '죽음에 이르는 존재'라고 말하는 것은 인간만이 자신의 죽음을 체계적으로 의식하면서 그 존재 방식을 모색하기 때문이다. 그래서 현대 실존주의 철학자 하이데거는 인간(현존재)을 '죽음에 이르는 존재'로 규정하고 있다.

끝난다는 것은 반드시 자기완성을 의미하지 않는다. 더욱 절실한 물음은 도대체 어떤 의미에서 죽음이 현존재의 종말로 파악되는가 하는 것이다. (…) 소멸한다는 의미에서 끝남은 존재자의 존재 양식에 상응해서 여러 가지로 변양될 수 있다. '비가 끝났다'는 것은 비가 그쳤다는 것을 가리키고, '빵이 끝났다'는 말은 다 소비해서 쓸 것이 없음을 의미한다. 인간 존재의 종말로서의 죽음은 이러한 양상을 가진 끝남의 어떤 것에 의해서도 그 성격이 적합하게 규명되지 않는다. 죽음이 끝남을 의미한다면, 인간 존재는 사물로 정립되고 만다. 죽음에 있어서 인간 존재는 완성되는 것이 아니며, 하물며 끝나거나 사물처럼 다뤄질 수도 없다. 오히려 인간 존재는 존재하는 한 부단히 이미 자신의 '아직 아님'으로 있다. 이와 마찬가지로 인간 존재는 이미 언제나 자신의 종말로 있기도 하다. 죽음이란 말이 의미하는 끝남은 결코 인간 존재의 종말이 아니라 이 존재자가 '죽음에 이르는 존재'라는 것이다. 죽음은 현존재가 존재하자마자 인수하게 되는 하나의 존재 방식이다. 인간은 태어나자마자 죽기에 충분할 만큼 늙어 있다.(하이데거, 『존재와 시간』)[4]

요컨대 인간이란 죽음을 의식해 이를 염려하면서 고유한 존재 방식을 택하는 '죽음에 이르는 존재'다. 죽음이란 인간에게서 일회적이고 선구先驅할 수 없는, 그리고 누구도 대신할 수 없는 가장 고유한 가능성이다. 이처럼 삶과 죽음은 다른 차원의 현상이 아니라 같은 근원과 물음의 지평 안에 있다. 따라서 참되고 선하며 아름다운 삶을 영위할 수 있었다면, 그런 사람의 죽음 또한 진·선·미의 삼위일체가 이뤄지는 행복한 웰다잉이라고 할 수 있다. 이런 의미에서 웰다잉이란 "죽음을 통한 좋은 삶, 잘 사는 삶, 제대로 사는 참된 삶, 그리고 선하고 아름다운 삶을 찾는 것"[5]이라고 정의할 수 있다.

삶과 죽음이 가지런히 같다:
전일적 생사관

앞서 인간이란 죽음을 의식·염려하면서 자신의 고유한 존재 방식을 택하는 '죽음에 이르는 존재'라고 했지만, 우리는 '죽음'에 대해 여러 관점을 취할 수 있다. 일반적으로 죽음의 문제에 대해서는 크게 네 가지 입장이 있다. 첫째, 죽음을 외면하는 소극적인 입장, 둘째, 죽음을 삶의 '소멸'로 간주하는 허무주의적 입장, 셋째, 죽음을 또 다른 삶으로 전화되어가는 과정으로 보는 이원론적 입장, 넷째, 죽음을 삶의 조건·과정·계기로 적극 수용하는 입장이다.

우선 죽음이란 삶을 영위하는 우리와 관계없는 것으로 보고 죽음을 회피하는 소극적인 입장을 피력한 대표적인 인물로는 에피쿠로스(기원전 342?~기원전 271)를 들 수 있다. 그는 죽음에 대한 불가지론적 입장을 취하면서 죽음이란 우리와 상관없는 것이라고 논증하는데,[6] 이는 우리의 관심을 끌 만하다. 그러나 죽음이란 단순한 앎 혹은 언어 분석으로 해소될 것이 아니라 우리 실존의 당면 문제다. 요컨대 죽음이란 그 언제나 우리 모두를 무화無化시키는 두려운 대상이기도 하지만, 다른 한편 삶을 되돌아보게 함으로써 더 나은 삶을 위한 존재론적 결단의 계기를 제공하기도 한다.

기실 "죽으면 모든 것이 끝난다. 죽음조차 끝난다"는 어떤 철학자의 말처럼, 삶과 죽음을 별개로 보면서 죽음을 자아의 소멸로 여기며 두려워하고 회피하려는 것은 과거에서 오늘날에 이르기까지 만연해 있는 일반적인 입장이다. 불교에서는 이러한 입장을 단멸론斷滅論, 즉 허무주의로 규정하고 자아의 불멸을 주장하는 상주론常住論 혹은 이원론과 대립되는 양극단으로 비판해오고 있다.

나아가 죽음에 대한 두려움에서 혹은 삶의 완성이라는 존재론적 측면에서 우리는 영혼불멸이나 사후세계의 존재를 요청해 무화의 두려움으로부터 회피하기도 하고, 더 나은 이상적인 삶을 꿈꾸기도 한다. 서양 사상의 뿌리 깊은 근원이 되는 이원론적 인간 이해가 그 대표적인 사례다. 그리하여 플라톤은 "철학(지혜, 사랑)이란 죽음의 연습이며, 죽음이 모든 것 가운데 가장 덜 무서운 것이다"[7]라고 말했다. 즉 삶이란 육체 안에 갇힌 영혼의 감금생활이지만, 죽음은 육체로부터의 해방이자 분리라는 것이다. 이러한 플라톤의 인간관은 신플라톤주의를 거쳐, 특히 토마스 아퀴나스, 아우구스티누스의 탁월한 공적에 힘입어 기독교에 수용되었다. 영혼 불멸설, 현세 부정적-내세 동경적인 소극적인 태도, 육신에 대한 경시 및 초감각 세계의 숭배 등은 모두가 플라톤의 인간 해석과 연관성이 깊다.[8] 그러나 마음(정신, 영혼, 심령, 의식)과 분리된 신체는 시체이거나 기껏해야 육체일 뿐이며, 신체와 분리된 심령은 '귀신'이라고 해야 할 것이다. 인공지능의 발달로 인해 인간과 비슷한 정신능력과 행동 및 외형을 보이지만 인간의 신체를 지니지 못한 것은 로봇, 인간의 신체와 심령을 갖고 있지만 신체와 결부된 정신을 상실한 정신병자, 인간의 신체와 정신은 갖고 있지만 인간적인 신체의 모습을 갖지 않은 괴형 인간, 이들은 인간인 우리를 슬프게 한다. 이는 인간의 몸과 마음이 불가분 연계되었을 때 전일적全一的 인간이 되는 현실을 말해준다. 우리는 마음과 신체를 '대상적-반성적인 관점'에서 실체화하고 그런 뒤 이 두 실체 간의 관계를 외면적 관점에서 해석하려는 것이 아니라 양자의 존재가 상호 연관 속에서 하나의 통일적인 현실임을 인정하는 데서 출발해야 한다. 이것이 바로 동양의 유가 및 도가가 주장하는 전일적 인간관이다.

그런데 이러한 인간관 및 생사관은 모든 존재를 기의 모임과 흩어짐氣之聚散으로 설명하는 고대 중국의 우주관에 바탕을 두고 있다. 널리 알려져 있듯이 기氣는 우주론의 형성과 깊이 연관되어 있는데, 우주만물의 기본 구성 요소로서 질료적인 것이라 할 수 있다. 『설문해자』에서는 "气는 云气"이며 "云은 구름이 회전하는 모양을 본뜬 것"이라고 한다. 이는 기의 개념이 처음에는 구름에 대한 관찰에서 발생했음을 설명해준다. 그런데 '뜬구름'으로부터 '바람'의 개념으로 옮겨가면서 그 의미가 확대되었다. 바람이 나무에 불어오면 단지 나무가 움직이는 것만 보일 뿐 바람은 보이지 않는다. 기는 이렇게 바람으로 이해되면서 역동성과 무형성이라는 의미를 함께 지니게 되었고, 따라서 사람들은 원인이 무엇인지 알 수 없지만 명확하게 변화하는 현상들을 기가 작용한 결과라고 인식하게 되었다. 이러한 기 개념은 "형체는 알 수 없지만 양을 잴 수 있는 어떤 것"을 가리키는 것으로 추상화되어 광범위하게 응용되었고 음양론, 오행론 그리고 천지만물 등의 개념과 결합되었다.

전국시대 기 개념의 형성에서 결정적인 역할을 한 사람은 맹자다. 맹자는 저 유명한 호연지기浩然之氣를 설명하면서 자연의 외적 대상으로 파악되던 기 개념을 인간 자신의 주체에 대한 탐색으로 전환시켰다. 즉 그는 기가 인간을 구성한다고 보았다. 다시 말해서 맹자는 마음과 기는 서로 보완되어 완성되는 것이기에 이들의 상호작용을 강조한다.9 바로 이 점이 후대, 특히 송대 성리학에 심

대한 영향을 끼친 맹자의 공로다. 다른 한편 도가의 장자는 음양의 기를 가장 본질적이고 근원적이며 천지만물과 인류를 구성하는 공통된 본질이라고 본다. 즉 그는 음양의 두 기가 어떤 때는 모여서 생명체를 이루고 어떤 때는 흩어져 사멸하는 식으로 끊임없이 운동, 변화한다고 주장한다.

> 사람이 사는 것은 기氣가 모이기 때문이며, 기가 모이면 삶이 되고, 기가 흩어지면 죽음이 된다. 이처럼 죽음과 삶은 뒤쫓는 것이니, 내가 또 어찌 괴로워하겠는가? 그러므로 만물은 하나요, 아름다우면 신기하다고 하고, 추악하면 썩어 냄새가 난다고 한다. 썩어 냄새가 나는 것은 다시 변화해서 신기하게 되고, 신기한 것은 다시 변화하여 썩어 냄새가 나는 것이 되는 법이다. 때문에 천하는 하나의 기로 통한다고 한다. 성인은 그래서 통일을 귀하게 여긴다. (…) 만물의 근본적인 입장에서 본다면, 삶이란 일시적인 기의 모임에 지나지 않는다. 장수와 요절은 있지만, 그 차이가 얼마나 되겠는가? 눈 감짝할 사이에 지나지 않는다. (…) 사물은 모두 자연의 변화에 따라 생겨나서 다시 변화에 따라 죽는다. 변화하여 생겨나는가 하면, 다시 변화하여 죽는다. 생물이나 인간은 이것을 애달파하고 슬퍼한다. 죽음이란 활집이나 옷 주머니를 끄르듯이 하늘에서 받은 형체를 떠나 육체가 산산이 흩어지고 정신이 형체를 떠나려 할 때 몸도 함께 따라가는 것이며 위대한 복귀다.(『장자』 「지북유知北遊」)**10**

중국 철학의 전성기인 송대에 기 개념을 정립하고 체계화하는 데 가장 큰 공헌을 한 인물은 장재와 주자다. 이들에 따르면 모든 자연물과 자연현상은 기에 의해 구성되며, 인간 또한 기에 의해 구성된다는 점에서 예외가 아니다. 그리고 인간의 모든 정신활동 및 신체적 행위 역시 기의 작용이다. 주자에 따르면 심지어 인간의 몸과 마음마저도 기에 의해 구성되어 있으니 인간의 구성체인 사회와 역사 현상 또한 기의 소산이고 기의 작용이라 하지 않을 수 없다. 기는 이렇듯 끊임없이 유동하면서 전변하여 다양한 차별상을 만들어내는 진료인이자 운동인이다. 이러한 입장은 『역경易經』에 가장 잘 나타나 있다. 이른바 괘상卦象의 변화를 통해 변화의 법칙을 제시하는 '역易'은 시간적인 '변역變易'이란 뜻과 공간적인 '교역交易'의 의미를 함께 지니며, 운동의 원리에 다름 아니다. 왜냐하면 운동은 시간이라는 함수에 의한 공간적인 위치 이동이기 때문이다. 그리하여 공자의 해설로 전해지는 「역계사상전易繫辭上傳」에 다음과 같은 말이 있다.

> 역에 태극太極이 있어 이것이 양의兩儀를 낳고, 양의가 사상四象을 낳고, 사상이 팔괘八卦를 낳고, 팔괘가 길흉吉凶을 정하고, 길흉이 대업大業을 낳는다.[11]

> (만물이) 한 번 음했다가 한 번 양하는 근거所以를 도라고 하고, 이 도를 계승하는 것이 선이며, 그것을 이루는 것이 성性이다.[12]

여기서 한 번 음하고 한 번 양하는 것은 바로 기이고, 그렇게 하게 하는 까닭은 이理다. 변역하는 가운데 보편적인 불변·불역不易의 이가 있으며, 이 보편성에 기반한 대립자가 내재하여, 그 대립자가 교역함으로써 무한히 전변한다는 말이다. 인간의 삶과 죽음은 낮과 밤처럼 보편적인 우주가 한 번 음했다가 한 번 양하는 도리가 드러난 것이며, 나아가 봄의 시작을 근원으로 미루어 보면 반드시 겨울이 있고, 겨울이 마침을 미루어 돌이켜보면 반드시 봄이 있는 것처럼 생사·유명幽明의 도리 또한 이와 같다는 것이다. 이렇게 삶과 죽음은 유교의 기본 관점에 따르면, 존재론적인 상보의 과정일 뿐만 아니라 논리적인 불가분의 상관관계에 있다. 즉 삶·죽음生死은 마음·몸心身, 하늘·땅天地, 사람·사물人物, 부모·자식父子, 임금·신하君臣, 낮밤晝夜 등과 마찬가지로 동·정動靜하는 음·양陰陽과 같은 논리적 상관자다. 이 관계는 항상 전자가 후자를 요구하는, 말하자면 후자 없는 전자는 공허한 추상[13]에 지나지 않는 상보적인 수평관계이기도 하지만, 전자에게 권리상의 우선권을 부여하는 수직적 관계로 정립되어왔다.

전일적 인간관 혹은 전일적 세계관의 측면에서 본다면, 삶과 죽음은 하나의 도리로 일관하고 있다. 바로 이 점에서 공자는 "아침에 도를 들으면, 저녁에 죽어도 괜찮다"고 갈파했는데, 이에 대해 주자는 "도라는 것은 사물의 당연한 이치다. 진실로 들어서 알면, 삶은 순탄하고 죽음은 안돈하여 다시 여한이 없다"[14]라고 주석하고 있다. 이에 다음과 같은 말이 있다.

우러러 천문天文을 관찰하고 구부려 지리地理를 살핀다. 이렇기 때문에 어두움과 밝음의 연고를 알고, 시작을 근원으로 하여 끝을 돌이켜보기 때문에 죽고 사는 이치를 알며, 정기는 모여서 사물이 되고, 혼이 흩어져 변하게 된다. 이런 까닭에 귀신의 정상을 안다.[15]

도가 또한 "그러므로 있음과 없음은 서로를 낳고, 어려움과 쉬움은 서로를 이루며, 긺과 짧음은 서로를 나타내고, 높음과 낮음은 서로 기대며, 운율과 소리는 서로 어울리고, 앞과 뒤는 서로 따른다"는 관점에서 삶과 죽음을 논리적 상관자,[16] 혹은 기질의 운행으로 제시하고 있다. 도가의 이런 관점은 장자의 아내가 죽어 혜시가 조문을 갔을 때, 장자가 항아리를 두드리며 노래를 부르면서 했던 말에 잘 나타나 있다.

> 아내가 죽은 당초에는 나라고 어찌 슬픈 마음이 없었겠는가? 그러나 그 근원을 살펴보면, 삶이란 본래 없었다. 단지 삶만 없었을 뿐만 아니라, 본래 형체도 없었다. 단지 형체만 없었을 뿐만 아니라, 기도 없었다. 그저 흐릿하고 어두운 속에 섞여 있다가 변하여 기가 생기고, 기가 변해서 형체가 생기며, 형체가 변해서 삶이 있게 되었다. 지금 또한 변하여 죽음이 되었다. 이는 춘하추동 사계절의 운행과 같다. 아내는 지금 천지라는 커다란 방에 편안히 누워 있다. 그런데 내가 소리를 지르며 통곡한다면, 이는 자연의 운명을 통하지 않은 것으로 생각되어 곡을 멈추었다.[17]

"만물이 가지런히 같다萬物齊同"는 사상에 근본을 두고 삶과 죽음을 자연적 질서의 전개과정 혹은 평등한 관계로 보는 장자의 관점은 삶에 대한 부정이 아니라 삶 혹은 자기중심적인 세계관의 해체라고 할 수 있다. 이러한 해체는 죽음을 자아를 지탱하는 삶의 소멸로 보고 두려워하는 허무주의적 관점을 넘어서게 한다. 여기서 우리는 삶과 죽음에 대한 순리적 관점을 찾을 수 있다.

한자어 '生'과 '死'의 어원 또한 이러한 유가와 도가의 입장을 잘 말해주고 있다. '生'자는 "진출한다는 뜻으로, 풀과 나무가 흙에서 솟아나오는 것을 본뜬 모양生進也 象草木生土"으로부터 형성되었다고 한다. 즉 땅속에 잠재되어 있던 것이 현실적으로 현현한다는 의미를 나타낸다. 그런데 '死'자는 "'다했다澌=盡'는 뜻으로 사람이 정기精氣가 완전히 다하여窮盡 형체와 혼백魂魄이 서로 이별하는 것을 말한다. '死'란 '歹=歺'(살을 바른 뼈)+'人(化)'로서 사람이 혼백과 형체가 떨어져서 땅속에 뼈만 남아 있는 것"[18]을 나타낸다. 즉 '生'이 땅속에서 잠재되어 있던 것이 현실로 나타나는 것이라면, '死'란 사람이 정기를 다하여 천지로부터 부여받은 혼백과 형체가 분리되어 다시 땅속의 잠재적인 장소로 되돌아감歸을 의미한다. 이는 죽음학(생사학)으로 번역되는 'thanatology'가 '어둠dark' 혹은 '구름이 잔뜩 낀 어두운 하늘cloudy'을 뜻하는 'thanatoy'라는 말에 학문 혹은 연구를 의미하는 접미사 'logia'가 합해져서 이루어졌다는 측면에서 주로 어두운幽冥 면이 조명된 그리스적 전통과 상당한 대비를 이룬다.

어쨌든 순환 혹은 순리적 관점에서 삶과 죽음을 보는 중국의 유가와 도가는 1) 육체와 영혼으로 이루어진 이원론적 인간관 및 육체만으로 이루어진 물리주의적 인간관을 배제한다. 따라서 이 관점은 2) 나는 육체인가 영혼인가, 영혼이 육체 없이 영원히 존재할 수 있는가 혹은 육체의 사멸로 모든 것은 끝인가 하는 이분법적 논쟁을 거부한다. 나아가 유가와 도가는 죽음을 나쁜 것으로 보는 부정적인 관점과 죽음이 두려워 이로부터 도피하려는 전략을 비판하면서, 죽음을 존재 계기로 그 자체에 내포하면서 '죽음을 향한 존재'로서의 인간이 어떻게 살아야 하는가라는 실존적인 선택의 문제를 제기하도록 우리를 이끈다. 그런데 여기서 유교는 도덕적인 관점을, 도가는 자연주의적 관점을 지향하도록 이끈다는 점에서 양자는 구별된다.

인을 임무로 삼고
천하의 골짜기가 되는 삶

앞 장에서 우리는 삶과 죽음의 문제에 있어 양극단을 형성하는 허무주의적 입장(단멸론: 유물론)과 영원주의적 이원론(상주론: 플라톤주의, 기독교 등)에 대한 대안으로 유가 및 도가의 전일적 생사관을 살펴봤다. 지금부터는 어떻게 사는 것이 진정한 웰빙에서 웰다잉에 이르는 길인가 하는 점을 전통 사상에서 모색해볼 것이다.

오늘날 우리가 추구하는 이른바 '웰빙'과 '웰다잉'은 세속적·육체적 측면에 한정되어 중산층 이상의 자기 과시적 소비와 여가활동, 풍족한 노후를 의미한다. 그리고 개념적인 측면에서 본다면 '주관적인 상대적 웰빙'(잘 사는 것, 좀더 잘 사는 것, 가장 잘 사는 것 등)이라는 한계에서 벗어나지 못하고 있다.[19] 그런데 인간이 주관적·상대적 웰빙을 추구하는 한에서는 가변적이며 불안정한 주관적 심성에 기초하여 타자와의 비교를 통해 항상 '좀더' '가장'이라는 이름으로 끝없는 탐욕 속에서 윤회만 거듭할 수밖에 없다. 바로 여기에 상대를 단절한 진정한 의미의 절대적 웰빙, 안심입명安心立命을 통한 지복과 지선을 회복해야 하는 필요성이 제기된다. 그러면 이러한 절대적 웰빙을 통한 웰다잉에 이르는 삶은 어떤 것인가? 여기서 우리의 과제는 이에 대한 유가와 도가의 대답을 추구하는 것이다.

그런데 우선 살펴볼 것은 전일적 생사관을 지향하는 유가와 도가에서도 "육체적-정신적 삶의 유기적 조화를 통해 건강한 마음과 몸을 유지함으로써 행복한 삶을 추구하는 생활양식"을 지향했다는 점이다. 『논어』 「향당」편의 다음 구절을 보자.

> (공자께서는) 음식은 정갈한 것과 회는 가늘게 썬 것을 싫어하지 않으셨다. 밥이 쉬어서 맛이 변한 것과 생선이 상하고 고기가 썩은 것은 드시지 않았으며, 색깔과 냄새가 나쁜 것은 드시지 않고, 알맞게 삶지 않은 것과 제철이 아닌 것도 드시지 않았다. 자른 것이 바르지 않거나 장이 알맞지 않으면 드시지 않았다. 고기가 비록 많아도 밥보다 많이 드시지 않았으며, 오직 술은 양을 제한하지 않으셨지만 취해서 난잡한 데 이르지는 않으셨다. (…) 생강 자시는 것을 거두지 않으셨으며, 많이 들지는 않으셨다.[20]

이렇게 공자 또한 몸의 섭생을 통한 정신과 신체의 올바른 관계, 즉 조화를 추구했다. 도가 역시 양생養生을 통해 도와 합일함으로써 길이 오래 살고 높은 차원에서 관조하는 삶長生久視之道(59장)을 제시하고 있다. 노자는 말한다.

> 태어나서 살다가 죽음으로 들어감에 있어, 삶으로 가는 부류가 열에 셋이고, 죽음으로 가는 부류도 열에 셋이며, 살 수 있는 사람이 삶에 너무 집

착하여 오히려 죽음의 땅으로 가는 사람 또한 열에 셋이다. 이것은 무엇 때문인가? 그 삶을 삶으로 집착하는 것이 너무 강하기 때문이다. 대저 듣건대, 섭생을 잘하는 사람은 언덕으로 다녀도 외뿔소나 호랑이를 만나지 않고, 전쟁터에 들어가도 병장기의 피해를 입지 않는다고 한다. 외뿔소가 그 뿔을 들이받을 곳이 없고, 호랑이가 그 발톱으로 할퀼 곳이 없으며, 병사가 그 칼날을 휘두를 곳이 없으니, 이는 무엇 때문인가? 죽을 땅이 없기 때문이다.[21]

즉 사람은 태어나 살다가 죽음으로 들어간다. 그런데 살면서 자연적으로 주어지는 삶을 온전히 누리다가 죽는 부류의 사람은 3분의 1에 불과하며, 수명이 짧아 요절한다거나 혹은 살되 죽은 것처럼 사는 부류의 사람 또한 3분에 1이 된다. 더 나아가 삶에 집착하여 억지로 살려고 하기 때문에 오히려 죽음의 땅으로 들어가는 부류의 사람 또한 3분의 1이 된다고 한다. 삶의 방식을 택해 온전히 수명을 누리는 사람이든, 죽음의 도를 취하여 살되 죽은 사람처럼 살다가 죽는 사람이든, 나아가 삶을 살려고 집착하다가 오히려 죽음의 땅으로 가는 사람이든 모두가 필경 죽음에 이르고 마는데, 이는 무엇 때문인가? 그것은 삶을 삶으로만 알아 삶에 대한 집착이 심하기 때문이다. 그런데 진정 삶을 잘 기르고 보존하는攝生 자는 삶을 삶으로만 여기는 분별적인 앎이 없고, 무시무종無始無終한 도와 함께 하므로 불생불멸不生不滅한다. 도에 형상이 없듯이, 이러한 무형의 도를 체득하여 섭생을 잘하는 자 역시 그 어떤 형체를 지니지도, 흔적을 남기지도 않는다. 이렇게 어떠한 형체나 흔적도 남기지 않기 때문에 큰 언덕길을 다녀도 외뿔소나 호랑이를 만나지 않고, 전장에 나아가도 무기로부터 피해를 입지 않는다고 한다. 무형의 도와 합일하여 어떠한 형상도 지니지 않고 있기에 외뿔소가 그 뿔을 들이받을 곳이 없으며, 호랑이가 그 발톱으로 할퀼 곳이 없고, 적병이 칼날을 휘두를 곳이 없는 것이다. 섭생을 잘하는 자가 이렇게 될 수 있는 까닭은 삶과 죽음을 분별하지 않고 하나의 도로 관통하기 때문이다. 따라서 우리는 다음과 같은 해석을 받아들일 수 있다.

> '섭攝'이란 기른다는 뜻이다. 양생을 잘하는 사람이란 삶이 아니라 생명의 주인공을 기르는 이를 뜻한다. 일반적으로 양생이라고 할 때에는 몸을 기르는 것을 말하지만, 생명의 주인은 본래의 성품을 의미한다. 본성이란 생명의 주인공으로, 성품이 길러져 본래의 참됨을 회복하면 육신이라는 껍데기는 저절로 잊히고, 몸을 잊으면 자기 자신은 없어진다空. 내가 없어지면 만물과 대립하지 않게 되므로 위험한 곳을 다녀도 외뿔소와 호랑이를 만나지 않게 되고, 전쟁터에 나가더라도 갑옷과 무기를 피하게 된다. (…) 무아無我인 까닭에 (…) 외뿔소도 뿔을 곧추세우고 달려들지 못하며 호랑이도 발톱을 드러내지 않고, 병사 또한 칼날을 휘두르지 않게 되는 것이다. 왜 그럴까? 자기 자신은 삶이 기탁한 여관에 불과하고 삶이란 바로 죽음임을 알기 때문이다. 내가 없고 삶을 떠났는데 어찌 죽음이 있겠는가?[22]

여기서 감산은 노자老子적 섭생(양생)이란 1) 몸을 기르는 것이 아니라 본래의 성품을 의미하며, 2) 본래 성품이 길러져 본래의 참됨을 회복하면 육신이란 잊히고, 3) 몸을 잊으면 자기 자신은 공空해져 내가 없어지면 만물과 대립하지 않게 되며, 4) 나아가 삶과 죽음을 하나의 도리로 관통하는 경지에 도달하게 되므로 불생불멸하게 된다고 말한다. 이로써 본다면 노자적 섭생은 한갓 육체적 영생이 아니라, 유한한 정신으로 하여금 불멸의 무한한 정신으로의 도약을 지시하고 있다. 이러한 노자적 양생론은 오늘날의 웰빙의 방법과 연관하여 다음과 같은 몇 가지 삶의 덕목을 제시해준다.

먼저 노자적 웰빙은 '되돌아오는 것이 도의 작용'[23]임을 인식하고 통합과 초월의 삶을 영위하는 것이다. 노자가 "수컷을 알면서도 그 암컷을 지키면 (…) 그 밝음을 알면서도 그 어두움을 지키면 (…) 그 영화스러움을 알면서도 그 치욕스러움을 지키면 천하의 골짜기가 된다. 천하의 골짜기가 되면 상덕이 갖추어져 다시 통나무로 돌아간다"[24]고 말했듯이, 웰빙은 근본인 도로 복귀된 삶을 말한다. 이는 기술 만능에 치우친 삶의 폐단을 극명하게 목도하고 있는 현대적인 삶에 교훈을 준다.

둘째, 노자적 웰빙은 소박하고 유약(연)한 삶을 영위하는 것이다. 그래서 그는 "세상에서 물보다 더 유약한 것은 없지만, 굳세고 강한 것을 공격하는 데에는 물을 이길 것이 없으며"[25] "최상의 선은 물과 같을 것이다. 물은 만물을 이롭게 하면서 다투지 않으니 도에 가깝다"[26] 혹은 "사람과 초목은 생존 시에 유약하고, 죽었을 때 견강堅强하다"[27] 등과 같은 말을 했다.

마지막으로 노자적인 웰빙은 자애慈愛와 검약儉約, 그리고 앞서 나가지 않음을 덕목으로 한다.[28] 즉 1) 마치 자애로운 어머니가 젖먹이를 기르듯이 만물과 만민을 감싸 안고 덮어 기르며, 2) 사욕을 줄이고 마음을 허정虛靜하게 하여, 덕을 쌓아 극복하지 못할 것이 없고 그 한계를 알 수 없는 경지로 나아가며, 3) "항상 사사로운 마음을 비워 백성의 마음을 자기 마음으로 삼아"(49장) 교만하게 앞서지 않는 삶을 영위하는 것이다.

그런데 유가는 세속의 현실적 부귀함이 가져다주는 상대적인 즐거움보다는 '학문의 즐거움' '교육의 즐거움' '뜻 맞는 친구와의 교류' '자기 정립과 수양'에서 오는 절대적 즐거움을 중시했다.[29] 이른바 안빈낙도安貧樂道의 삶이 유교적인 웰빙이라고 할 수 있다.

> 거친 밥을 먹고 물을 마시고 팔을 베고 누웠어도 즐거움이 또한 그 가운
> 데 있다. 의롭지 않은 부유함과 귀함은 나에게는 뜬구름과 같다.[30]

> 어질구나, 안회여, 한 그릇의 밥과 한 표주박의 음료로 누추한 시골에 있
> 는 것을 다른 사람들은 그 근심을 못 하거늘, 안회는 그 즐거움을 고치지
> 않았으니, 어질구나, 안회여![31]

그런데 공자는 신체적 생명과 인간적 도의가 상충할 때에는 구차하게 살려
하지 말고 자기완성을 구현해야 한다고 말했다. 그리하여 그는 오직 "뜻있는 선
비와 어진 사람만이 구차하게 생명을 구하지 않고, 몸이 죽더라도 인仁을 이룬
다"[32]고 했다. 이렇게 공자는 인간의 자기완성이 존재의 근거이자 인간됨을 이
룬다는 점에서 인간이 살아 있는 한 포기할 수 없는 것이라고 생각했다. 그래
서 증자는 "선비는 넓고도 굳세지 않을 수 없다. 임무가 무겁고 길은 멀기 때문
이다. 인으로써 자기 임무로 삼으니 무겁지 아니한가, 죽음 이후에 끝나니 또한
멀지 아니한가?"[33]라고 말했던 것이다. 이렇듯 몸과 신체의 조화를 추구하고,
또한 신체와 인간됨의 도리가 상충할 때에는 '살신성인殺身成仁'한다는 공자의 입
장을 맹자는 사생취의捨生取義라는 말로 계승한다.

> 생선도 내가 원하는 것이고 웅장도 내가 원하는 것이다. 그러나 두 가지
> 를 동시에 가질 수 없다면 나는 생선을 버리고 웅장을 취하겠다. 마찬가지
> 로 목숨도 내가 원하는 것이고 의로움도 내가 원하는 것이다. 그러나 이

두 가지를 동시에 누릴 수 없다면, 나는 목숨을 버리고 의로움을 취하겠다. 왜냐하면 목숨도 내가 원하는 것이지만 목숨보다 더 간절하게 원하는 것이 있기에 삶을 구차하게 얻으려고 하지 않는 것이다. 죽음 역시 내가 싫어하지만 죽음보다 더 싫어하는 것이 있다. 그렇기 때문에 고통을 피하지 않는 것이다. 만일 사람들이 원하는 것이 목숨보다 더 간절한 것이 없다면 어찌 살기 위해 모든 방법을 강구하지 않겠는가? 사람들이 싫어하는 것이 목숨보다 심한 것이 없다면, 어찌 고통을 피하기 위해 모든 방법을 강구하지 않겠는가? 이것으로 본다면 살 수 있는데도 그 방법을 쓰지 않는 일이 있고, 고통을 피할 수 있는데도 피하지 않는 일이 있는 것이다. 이런 까닭으로 사람에게는 목숨보다 더 간절히 원하는 것이 있으며, 죽음보다 더 심하게 싫어하는 것이 있다. 그리고 이러한 마음은 다만 현자만이 가지고 있는 것이 아니라, 사람이라면 누구나 다 가지고 있지만 현자는 능히 이것을 잃지 않을 뿐이다.[34]

이제 이 절을 마무리하면서 웰빙과 웰다잉에 대한 유교의 입장을 요약해보자. 유교에서 사람의 웰빙 혹은 웰다잉이란 사람으로 태어나 사람다운 삶을 실현하면서 고유한 사람의 길人道을 제대로 가는 것이다. 사람이 고유한 사람의 길을 가는 것이 바로 참되고, 선하며, 아름다운 것이다. 여기서 사람의 길 혹은 사람됨의 의미란 본성으로 주어진 인의예지의 덕을 실현하는 것을 말한다. 이렇게 유가는 사람이 사람으로서 사람됨의 의미를 구현하는 것을 가장 중요하고 일차적인 것으로 보며, 삶뿐만 아니라 심지어 죽음도 여기에 종속되어야 하는 것으로 여겼다. 물론 유교 또한 의식주를 비롯한 이로움과 부귀, 몸의 조화 그리고 생명의 소중함을 긍정한다. 그러나 유교는 사람됨의 의미 구현을 위해

노년의 풍경

여타의 이로움과 부귀, 심지어 사람의 목숨까지도 부차적인 것으로 간주한다. 바로 여기서 우리는 유교의 숭고한 인도주의人道主義 정신을 엿볼 수 있다.

죽음의 방식과
태도

유교에서는 인간이란 천명을 지니고 태어난 존재라고 이해한다. 그래서 공자는 "천명命을 알지 못하면 군자가 되지 못한다"[35]고 말하고, 그 자신은 "50세에 천명을 알았고, 60세에 귀가 순해졌으며, 70세에는 마음이 하고자 하는 것을 좇아도 법도를 넘지 않았다"[36]고 술회했다. 그리고 이 구절을 적극적으로 해석하여 『중용』에서는 다음과 같이 말하고 있다.

> 천명을 일러 본성性이라 하고, 본성에 따르는 것을 일러 도道라 하고, 도를 닦는 것을 일러 교敎라고 한다.[37]

요컨대 인간이 타고난 천명이란 곧 인간의 본성이며, 인간의 본성이 무엇인지를 알 때知天命, 비로소 우리는 인간이 무엇인지를 알아 그 이름에 알맞은 바르고 선한 삶을 영위할 수 있다. 이 구절에 근거를 두고 맹자는 죽음의 방식과 종류를 나누게 하는 단서를 제시한다.

그 마음을 온전히 실현하는 자는 그 본성을 알고, 그 본성을 아는 자는 하늘을 안다. 그 마음을 보존하고 그 본성을 기르는 것이 하늘을 섬기는 방법이다. 요절하거나 장수하는 것에 마음이 흔들리지 않고 수신하면서 기다리는 것이 명命을 세우는 방법이다. 명이 아닌 것이 없으나, 순순히 올바른 명을 받아야 한다. 그런 까닭에 명을 아는 자는 넘어지려고 하는 담장 아래에 서지 않는다. 그 도를 다하고 죽은 것은 정명正命이고, 죄를 범하고 죽는 것은 정명이 아니다非正命.[38]

이 구절에 근거를 두고 죽음의 방식을 여러 가지로 나누어 볼 수 있다. 먼저 요절夭折과 장수長壽로 나눌 수 있는데, 요절과 장수는 도덕주의를 지향하는 유교의 사생관과는 연관이 없다. 이에 맹자는 "요절하거나 장수하는 것에 마음이 흔들리지 않고"라고 말하고 있다. 물론 공자는 삶을 긍정하고, 사랑하는 제자의 요절에 안타까움을 표했다.

안연이 죽자 공자께서 말씀하시길 '아, 하늘이 나를 버리는구나, 하늘이 나를 버리는구나'라고 하셨다. 안연이 죽자 공자께서 곡하시기를 너무 비통하게 하셨다. 따르는 자가 말하기를 '선생님께서 너무 애통해하십니다' 하였다. 공자께서 말씀하시길 '애통해하는 것이 지나쳤는가? 이 사람을 위해 애통해하지 않는다면 누구를 위해 애통해하겠는가'라고 하셨다.[39]

예로부터 장수는 인간에게 주어지는 가장 큰 축복 중 하나로 여겨져왔다.

이미 『서경』 「홍범」편에 오복五福으로 "첫째는 장수壽하는 것이며, 둘째는 부유하고 풍족하게 사는 것이고, 셋째는 강녕으로 일생 동안 건강하게 사는 것이며, 넷째는 덕을 좋아하며 의미 있는 삶을 구현하는 것이고, 마지막 다섯 번째는 고종명考終命이다"[40]라고 말하고 있다. 여기서 고종명이란 인간에게 주어진 천수天壽를 온전히 누리면서 고유한 천명, 즉 인의예지의 덕을 온전히 실현하고 일상 가운데 편안한 임종을 맞는 것을 말한다. 그런데 유교는 죽음과 연관하여 두 가지 입장을 나누어 제시한다. 하나는 형기形氣적 생사관이고, 다른 하나는 도의적 생사관이다. 형기적 생사란 죽음을 타고난 기질에 따라 요사夭死, 노사老死, 병사病死, 횡사橫死 등으로 나누는 것을 말한다. 한편 도의적 생사관이란 천명으로 인간에게 주어진 인의예지라는 도덕적 본성의 구현에 따라 삶과 죽음을 보는 관점을 말한다. 도덕주의를 지향하는 유교가 진정 문제시한 것은 도의적 생사관과 연관된다. 유교는 도의적인 천명을 완수했느냐에 따라 죽음을 1) 질곡사桎梏死 2) 절의사節義死 3) 고종명 등으로 나누고 있다.[41]

먼저 질곡사란 죄를 짓거나 억울한 누명을 쓰고 죽는 경우를 말한다. 맹자는 죄를 짓고 죽는 것은 정명正命이 아니라고 했다. 반면 억울한 누명을 쓰고 죽은 것은 정명이다. 그러나 공자가 "위태로운 나라에는 들어가지 않고, 어지러운 나라에는 기거하지 않으며, 천하에 도가 있으면 벼슬하고, 도가 없으면 숨는다"고 말했듯이, 억울한 누명은 되도록 피하는 것이 지혜롭다. 그렇더라도 소크라테스의 죽음처럼 질곡사 가운데서도 영웅적인 죽음이 있다. 그는 죽음에 직면하여 발버둥치는 사람을 애지자愛智者가 아닌 애육자愛肉者라고 경멸하면서, 독배를 마신 뒤 다음과 같은 최후를 보냈다고 플라톤은 묘사하고 있다.

소크라테스는 자신의 몸을 한 번 더 만져보고서 약기운이 심장에까지 오면 그때는 떠나게 될 것이라고 말했다. 그의 몸이 점점 식어가고 있었다. (…) 그리고 마지막으로 '아, 크리톤! 아스클레피오스(의술의 신)에게 닭 한 마리를 빚지고 있는데, 꼭 갚아주게나'라고 했다. 이것이 최후였다. 이것이 우리의 친구, 우리가 그때까지 알아온 사람들 중 가장 훌륭했고, 가장 지혜로웠으며 정의로웠던 한 인간의 최후였다.[42]

그런데 한국사에서 사약을 내린 임금을 원망하지 않으며 그 뜻을 의연하게 받들고 죽은 우암尤庵 송시열宋時烈(1607~1689)[43]은 비록 소크라테스에게는 미치지 못해도 그 나름으로 훌륭한 질곡사의 단면을 보여준다.

나는 언제나 조문석사朝聞夕死라는 말로 스스로에게 기약했었다. 그런데 올해 여든인데도 아직까지 도를 듣지 못한 것이 나의 한이다. 그러나 이제 사는 것이 죽는 것보다 못하다. 나는 미소를 머금고 묻힐 것이다.[44]

다음은 절의사節義死로, '살신성인' 혹은 '사생취의'를 이룬 죽음이며 이 또한 정명이라고 할 수 있다. 유교에서는 절의사한 대표적인 인물로 백이·숙제와 비간比干을 든다.

미자는 떠나고, 기자는 종이 되고, 비간은 간하다가 죽었다. 공자께서 말씀하시길 '은나라에 세 명의 인자가 있었다' 하였다.[45]

약간은 다른 의미이지만 기독교의 예수 또한 절의사했다고 볼 수 있다. 우리는 예수가 십자가에서 이른바 가상칠언架上七言을 하는 가운데 원수를 용서하

有明朝鮮國左議政
尤庵宋先生之墓

公生于
大明萬曆丁未穫末　命于
蕭祖己己是
二本也事我　　　　　　　崇禎紀元之六十有
仁祖　孝宗　顯宗　　　　崇禎紀元後六十有
蕭宗四朝官至議政府左議政諡文正學者
稱尤菴先生服食文廟又追配
孝宗室廟庭公凤契儒者之學凡於性命蘊
奧靡不潜究力嘖外内交修動静無間其用工也積累純熟其权效也剛毅精密又
惓惓於春秋大義以明理正倫尊華攘夷爲己任嗚呼時則丁城下之著惟我孝
宗大王窩寐英豪奮發有刷耻之念進公于朝延實惟惺俯勤仔肩之託密訏
謀外人莫有得以知之者公亦受命屏營期效盡瘁之義而仙馭遐昇聖志
未伸嗚呼所謂天實爲之謂之何哉者非歟公墓以公遷意封前不立石後九十一
李己亥廷臣有言于寡人曰古帝王尚於勳舊馬爲之篆首况先賢之隧乎予乃書
公碑面著爲文叙公之蹟嗚呼是謂有時存馬者乎又可謂有曠世之感也歟
時烈系出恩津之宋少師文元公金長生之學自於文成公李珥尤菴
是惟文正之宅後之人其可式
奉
教集顏眞卿字
崇禎紀元後三己亥
月
日

「유명조선국 좌의정 우암선생지묘비 有明朝鮮國 左議政 尤庵先生之墓碑」, 정조 어제, 종이에 탁본, 1779, 한신대박물관.

고, 어머니를 부탁하고, 다 이루었다고 선언하고, 그의 영혼을 하나님께 부탁한 것에서 절의를 지키는 종교자의 자세를 볼 수 있다.[46] 그리고 한국사에서 사생취의로 절의사한 대표적인 인물로는 중봉重峯 조헌趙憲(1544~1592)을 꼽을 수 있다. 그는 다음과 같이 말한 것으로 알려져 있다.

> 오늘은 다만 한 번의 죽음이 있을 뿐이다. 죽고 사는 것과 나아가고 물러남은 오로지 '의義'자에 부끄럼 없이 할 것이다.[47]

면암勉庵 최익현崔益鉉(1833~1906) 또한 죽으면서도 끝까지 절의를 지키며 항거하다가 순국한 것으로 알려져 있다.

> 19일(임오)에 병이 났다. (…) 점점 더 위중하게 되었다. 대장이 군의를 보내 진찰하고 약을 보냈으나, 선생은 "80세 늙은이가 병이 들었고 또 수토까지 맞지 않은 것인데 왜국의 신통하지 못한 약으로 무슨 효과를 볼 수 있겠는가? 다만 이것으로써 자진自盡할 것이니, 일본 약물은 일체 쓰지 않는 것이 옳다" 하셨다. 임병찬의 일록日錄에는 "선생께서 병이 나면서부터 20여 일에 이르기까지 혹은 평좌平坐하시고 혹은 꿇어앉고, 혹은 구부리고 혹은 기대기도 하셨으나 한 번도 드러눕지 않으시니, 여기서 선생의 평소 소양所養의 훌륭하심은 다른 사람이 따를 수가 없음을 알았다"고 하였다.[48]

이러한 절의사와는 약간 다르지만, 마지막 죽음에 이르기까지 관료로서 애국충정의 책무를 다하고자 했던 율곡栗谷 이이李珥(1536~1584)의 「졸기」에서 우

「최익현 초상」(모관본), 채용신, 비단에 채색, 136.0×63.5cm, 보물 제1510호, 1906, 국립중앙박물관.

리는 이와 유사한 죽음을 맞이한 유자儒者의 전형적인 모습을 볼 수 있다.

이조판서 이이가 졸했다. 이이는 병조판서로 있을 때부터 과로로 인하여 병이 생겼다. (…) 이때 서익徐益이 순무어사巡撫御史로 관북關北에 가게 되었는데, 임금께서 이이에게 찾아가 변방에 관한 일을 묻게 했다. 자제들은 병이 현재 조금 차도가 있으나, 몸을 수고롭게 해서는 안 되니 응접하지 말기를 청했다. 그러나 이이는 말하기를 "나의 이 몸은 다만 나라를 위할 뿐이다. 만약 이 일로 인하여 병이 더 심해져도 이 역시 운명이다" 하고, 억지로 일어나 맞이하여 입으로 육조六條의 방략方略을 불러주었다. (…) 하루를 넘기고 졸했다. 향년 49세였다. (…) 발인하는 날 밤에는 멀고 가까운 곳에서 집결하여 전송했는데, 횃불이 하늘을 밝히며 수십 리에 끊이지 않았다. 이이는 서울에 집이 없었으며 집 안에는 남은 곡식이 없었다. 친우들이 수의襚衣와 부의賻儀를 거두어 염하여 장례를 치르고, 조그마한 집을 사서 가족에게 주었지만, 가족들은 살아갈 방도가 없었다.[49]

마지막으로 유교에서 가장 훌륭한 죽음은 『중용』에서 "큰 덕을 지닌 자는 반드시 천수를 누린다"[50]고 했듯이, 내성內聖의 덕을 쌓고 외왕의 길을 가 천명을 완수하고 천수를 누린 다음 의연하게 평상적인 모습으로 최후를 맞이하는 고종명이라고 할 수 있다. 『논어』에서 증자의 죽음은 고종명의 대표적인 사례다.

증자가 병이 들었을 때 제자들을 불러 말하였다. "이불을 걷고서 내 발을 열어보고, 내 손을 열어보아라. 『시경』에 이르기를 '두려워하고 삼가 깊은 못에 임하듯이 하며, 얇은 얼음을 밟듯이 하라'고 했는데, 이제야 내가 면

했음을 알았다, 제자들아." 증자가 병이 들자 맹경자가 문병을 했다. 증자가 말하였다. "새가 장차 죽으려고 할 때는 그 울음이 슬프고, 사람이 죽음에 이르면 그 말이 선한 것이다."[51]

평생 인을 자기 책무로 삼고 조심스럽게 살아 천수를 누림과 동시에 임종에서조차도 겸손한 당부의 말을 했던 증자의 모습은 그의 인물됨을 알 수 있게 해준다. 고종명으로 가장 행복한 삶을 마감하는 사람은 서양의 철학자 임마누엘 칸트가 "저 하늘의 빛나는 별, 내 마음의 정언명법, 이것으로 매우 족하다"라는 말을 남기고 임종을 맞았듯이, 대개가 평상심을 유지하고, 사람의 도리를 실천하다가 편안한 가운데 생을 마감한다. 그 예로 우리는 사당을 수리하라고 하고, 효도를 다한 다음 고요히 눈을 감은 침산砧山 이동한李東幹(1757~1822)을 들 수 있다.

임오년 7월 20일 장인인 침산 선생에게 병의 조짐이 있었다. 자제들을 불러 말하기를 "사당이 실화失火로 불에 탄 지 이미 몇 년이 지났는데도 아직 짓지 못하고 있다. 너희는 급히 목수들을 불러 모곡慕谷과 고모顧母의 양쪽 무덤가에 있는 나무를 베어 내년 봄에 역사를 시작하여라" 하였다. (…) 사시巳時에 선생께서 하세下世하셨다.[52]

대산大山 이상정李象靖(1711~1781) 또한 강학과 학문에 대한 열정을 보이다가 평상심으로 정리를 하고 천리에 맡기는 사례를 보인다.[53] 그리고 퇴계 이황과 한강寒岡 정구鄭逑(1543~1620)의 「고종기考終記」 또한 마지막까지 천명을 다하고, 죽음이란 삶의 완성이라는 자세로 의연하게 최후를 맞이하는 유자의 모습을

노년의 풍경

보여준다.

경오년(1570, 선조 3) 11월 9일에 시향時享이 있어서 온계溫溪에 올라가 종가에서 묵다가 처음 한질寒疾을 만났다. 제사를 지낼 때에 독犢을 받들고 제물을 드리는 것도 손수 했는데, 기운이 갈수록 편치 않았다. 그 자제들이 고하기를 "기후가 불편한데 제사에 참예하지 마십시오" 하니, 선생이 말하기를 "내 이미 늙었으니 제사 모실 날도 많지 않은데 제사에 참예하지 않아서야 되겠는가" 하였다.

12월 2일에 병이 위독했다. 약을 먹은 뒤에 말하기를 "오늘은 외구外舅의 기일이니 고기반찬을 놓지 말라" 하였다. 3일에 이질로 설사를 했다. 마침 매화 화분이 곁에 있었는데 선생이 그것을 다른 곳으로 옮겨놓으라고 명하며 말하기를, "매화에 불결하면 내 마음이 편치 않아서 그렇다" 하였다. 같은 날 병세가 몹시 위독했다. 자제들을 시켜 여러 사람의 책을 잃어버리지 말고 돌려주라고 했다. 그러고는 다시 그 손자 안도에게 말하기를, "전일에 교정한 경주본慶州本 『심경』을 아무개가 빌려갔으니, 네가 받아와서 인편에 한 참봉에게 보내어 판본 중에 틀린 곳을 고치게 하는 것이 좋겠다" 하였다. 전날 집경전 참봉 한안명韓安命이 경주본 『심경』에 틀린 곳이 많이 있으므로 선생의 교정을 청했다. 이때 그 책이 다른 곳에 있어서, 부쳐 보내지 못했기 때문에 이런 명이 있었다. 본주다. 4일에 형의 아들 영甯을 시켜 유계遺戒를 쓰게 했다. (…) 8일 아침에 화분의 매화에 물을 주라고 했다. 이날은 개었는데 유시酉時로 들어가자 갑자기 흰 구름이 지붕 위에 모이고, 눈이 내려 한 치쯤 쌓였다. 조금 있다가 선생이 자리를 바루라고 명하므로 부축하여 일으키자, 앉아서 운명했다.[54]

신년(1620, 광해군 12) 정월 1일에 병세가 위급해졌다. 5일 아침에 『가례회통家禮會通』을 펼쳐 읽으면서 이 책을 완벽하게 잘 등사하지 못한 것을 한스러워했다. 그리고 『예설』을 교정할 당시 참여한 사람의 이름을 써서 벽에 붙여둔 종이가 약간 기울어진 것을 보고 시자侍者에게 명해 정돈하여다시 붙이게 했다. 유시酉時에 이르러 선생은 돗자리가 바르지 않다는 말을 세 번 연이어 말했으나, 기운이 약하고 말이 어눌하여 손으로 돗자리를 가리킨 뒤에야 곁에 있는 사람이 비로소 그 뜻을 알고는 선생을 부축해 일으키고 바르게 했다. 조금 뒤에 운명했다.[55]

퇴계와 한강의 「고종기」에서 우리는 천수를 다 누리고 정명으로 임종을 맞는 고종명의 전형적인 사례를 볼 수 있다.

요컨대 유교는 하늘이 내려준 명령을 온전히 수행하고 죽음을 맞는다는 정명의 기치 아래, 인간이란 천명으로 부여받은 고유한 본성을 온전히 실현함으로써 자기완성을 기도하는 도덕적인 존재라고 규정하고 있다. 그리고 유교는 인간이란 도의적인 자기완성을 위하여 형기적 생명마저도 버릴 수 있는 유일한 존재, 즉 살인성인과 사생취의마저도 두려워하지 않는 이념적 존재라고 말한다. 그렇기에 유교는 도의를 위한 질곡사와 절의사마저도 정명으로 간주한다. 그런데 생생의 덕生生之德을 통한 천지가 제자리에 서고 만물이 조화롭게 육성되는 우주적 조화를 내세우는 유교는 또한 '때에 알맞은 중용時中之節'을 중시한다는 점에서 다소 극단적인 질곡사나 절의사보다는 천수를 온전히 누리면서 천명을 완수하고 평상적인 자세로 의연히 최종적인 순간을 맞는 고종명을 죽음에 대한 최고 이상으로 간주했다.

한 설문조사에 따르면 죽음으로 인해 가장 두려운 것은 1) 이별로 인한 슬픔, 그리움, 상실 2) 신체적 통증 3) 나라는 존재의 소멸 4) 이루지 못한 꿈, 해보지 못한 경험들에 대한 미련 5) 사고사의 두려움 6) 고통, 불안, 공포 7) 신체적 고통으로 인한 가족들의 고통 8) 없음 9) 죽음 자체 등으로 꼽혔다. 그리고 좋은 과정으로 죽어가는 것이란 1) 생을 회고하고 떠나는 것을 받아들이는 죽음 2) 미련 없는 만족스런 삶 3) 건강한 삶 4) 고통 없는 죽음 5) 가족의 사랑 안에서 많은 사람이 지켜보는 가운데 맞는 죽음 6) 충분히 슬퍼하고 납득하여 정리할 수 있는 죽음 7) 덕을 쌓음 8) 삶이 아름답고 가치가 있는 죽음 9) 타인을 힘들지 않게 하는 죽음 10) 종교를 갖는 죽음 등으로 나타났다. 그리고 좋은 죽음이란 1) 명대로 살다가 죽는 죽음 2) 고통 없는 죽음 3) 후회 없는 죽음 4) 편안한 죽음 5) 정리할 시간을 갖는 죽음 6) 조용한 죽음 7) 소중한 사람으로 기억되는 죽음 8) 죽음을 이해하고 받아들이는 죽음 9) 주변인에게 혼란과 고통을 주지 않는 죽음 10) 좋은 죽음은 없다 등으로 나타났다.[56]

그런데 사생취의하고 살신성인하는 유교적 군자의 경지에 들어서면 이러한 설문에서 제시된 죽음에 의한 두려움을 멀리할 수 있다. 나아가 고종명을 할 수 있다면, 현대인들이 생각하는 좋은 죽음에 이르는 과정과 조건을 대체로 충족시킨다는 것을 알 수 있다. 게다가 복잡하고 다양한 것으로 보이지만, 이 설문조사에 나타난 오늘날 사람들의 죽음에 대한 태도 또한 과거의 『서경』「홍범」편의 오복론에서 제시된 인간의 소망과 본질적으로 다르지 않다. 앞서 제시했듯이 유교가 제시하는 삶과 죽음의 의미는 오직 천명의 수행과 관계있다. 그리고 천명의 수행이란 인간의 자기완성을 의미한다. 이러한 유교적 자기완성은 곧 타고난 인간의 덕성인 인의예지의 실현을 말하며, 이는 수신-제가-치국-평천하의 길이라고 할 수 있다. 오늘날 계명된 21세적 현실을 살아가는 우리가 만일 유교적인 길을 간다고 하더라도 과거 전통사회에 있었던 것과 같은 질곡사나 절의사를 할 가능성은 그리 높지 않다. 그렇다면 우리가 가야 할 길이란 인간의 자기완성, 곧 수신–제가–치국–평천하의 길을 가다가 의연히 운명을 기다리는 것이다. 유교적 관점에 따르면, 이 우주는 시간적으로 볼 때 과거, 현재, 미래 사이에 그 어떠한 단절도 없다. 공간적으로 봐도 하늘과 땅, 그리고 그 중간 존재인 인간과 수많은 존재자 사이에 아무런 간극이 없다. 우주 안의 모든 존재는 시간적·공간적 한계 내에서 상호 영향을 주고받는 관계다. 그리고 만물이 모두에게 주어진 본성의 덕을 지니고, 저마다 이 본성의 덕을 가장 온전히 실현할 때에 우주가 조화롭게 구성된다. 인간의 삶과 죽음이란 이러한 우주적 대조화의 지평에서 이해되고 실현되어야 한다는 것이 유교의 관점이다. 유교는 이러한 우주적 대조화의 관점에 생사를 바라볼 때, 비로소 우리가 생사의 지배를 받으면서도 생사를 초극할 수 있는 정신적 자기고양을 할 수 있다고 말한다. 즉 인간이란 이 우주의 시간적·공간적 관계에서 자기 사명을 의식할 수 있고, 따라서 자기완성을 통해 천지의 조화에 능동적으로 참여할 수 있는 유일한 존재자라고 본다.

제1장

1 '수壽'에는 장수長壽라는 뜻이 함축되어 있다. 실제로 『설문說文』에서 "수는 오래됨이다壽, 久也"라고 하듯이 '수'자는 '오래됨' 혹은 '변함없음' 등을 의미한다. 또 『광운廣韻』에서도 "수는 장수를 의미한다壽, 壽考"라고 했는데, '수고壽考'란 곧 '장수'와 같은 뜻으로 '오래 사는 것'을 일컫는다.

2 『書經』「周書」'洪範'.

3 청나라의 학자 적호翟灝의 저술로 일종의 백과사전이다.

4 전설적인 산인 곤륜산에 위치한 연못으로, 서왕모가 살던 곳이다.

5 『詩經』「小雅」'天保'.

6 『書經』「洪範篇」의 해설서.

7 통칭 『백첩白帖』이라고 한다. 당나라 백거이白居易의 육첩六帖 30권과 송나라 공전孔傳의 속육첩續六帖 30권을 합해서 이를 100권으로 나누어놓은 것을 말한다.

8 『淮南子』「說林訓」.

9 노자키 세이킨, 『中國吉祥圖案』, 변영섭·안영길 옮김, 예경, 1992, 324~329쪽.

10 홍성봉, 「조선조 역대왕의 수명과 그 死因」, 『한국인구학회지』 14-1, 1991, 한국인구학회, 44쪽.

11 이기순, 「조선 후기 사천목씨의 가족규모」, 『민족문화』 19, 전국문화단체총연합회,

1996; 이기순, 「봉산이씨 족보를 통해 본 조선시대의 가족규모」, 『홍익사학』 6, 홍익대
학교 사학회, 1996; 이기순, 「조선 후기 고령신씨의 혼인·출산과 수명」, 『한국사학보』
10, 고려사학회, 2001 참조.

12 한국국학진흥원, 『慶北儒學人物誌』(上·下), 경상북도, 2008. 이 책에는 경상북도
와 대구광역시 출신으로 유학적 가치관과 그 기본 이념을 충실히 실천하고자 했던
1910년 이전에 출생한 인물들이 수록되어 있다.

13 『세종실록』 17년, 6월 21일.

14 당시 경기·평안·충청 등은 참고할 만한 문적이 없는 탓에 예조에 다시 조사할 것을
지시했으나 이에 대한 결과는 전하지 않는다.

15 『눌재집訥齋集』 1, '주의奏議'.

16 대조회는 5일마다 열리며 6품관 이상의 중앙 관서 관리들이 참석한다.

17 윤대에서는 실무 부서로부터 업무 상황을 보고받는다.

18 경연에서는 집현전 학사 및 승지와 함께 유학의 경서를 공부한다.

19 장지나 병풍 등과 같이 안팎을 가려 막는 물건.

20 김병일, 『퇴계처럼』, 글항아리, 2012, 195~196쪽.

21 김병일, 위의 책, 198쪽.

22 정지천, 『명문가의 장수비결』, 토트, 2011, 40~41쪽.

23 『論語』 「雍也」.

24 가이바라 에키켄, 『양생훈養生訓』, 강용자 옮김, 지식을 만드는 지식, 2009, 95쪽.

25 이황, 『활인심방』, 이동한 편역, 교육과학사, 2005, 7쪽.

26 1장 活人心序(마음이 편안하면 병이 없다), 3장 中和湯(마음을 다스리는 보약), 4장
和氣湯(덕德은 참는 데서 비롯된다), 6장 治心(마음을 다스리면 병이 없다), 7장 導引
法(자연의 원기를 받아 심신의 안정을 도모한다) 등이다.

27 주자의 『명당실기名堂實記』에 수록된 "배우고 이를 즐기니, 스스로 만족하여 죽을 때
까지 싫증나지 않는다學而玩之, 足而終吾身而不厭"에서 유래했다.

28 예禮, 악樂, 사射, 어御, 서書, 수數를 말함.

29 許浚, 『東醫寶鑑』 「內徑篇」.

30 부패하지는 않았지만 색깔이 변한 음식.

31 부패 직전의 음식.

32 여물지 않은 곡물과 설익은 과일.

33 날것과 익은 것을 알맞게 요리하는 것.

34 『論語』 「鄉黨篇」.

35 『論語』 「鄉黨篇」.

36　『孟子』「公孫丑」下. "天下有達尊三 爵一齒一德一."

제2장

1　이응시는 왕에게 여색을 멀리 상소했다가 원배遠配되었다. "신이 듣건대 포사褒姒가 주周나라를 망쳤고 여희驪姬가 진晉나라를 어지럽혔다고 했는데, 사랑받는 계집이 나라를 망친 역사가 오래입니다. (…) 옛 역사를 잊어버리지 않는 것이 어찌 후세의 귀감이 아니겠습니까."(『인조실록』 24년(1646) 4월 29일) "이응시는 굳세고 방정하며 곧은 기운이 있어 교유하기를 좋아하지 않고 안정하게 살면서 스스로를 지켰다. 이 때문에 출신出身한 지 10여 년이 되었으나 벼슬이 현달하지 못했고 또한 사람들에게 칭송을 받지도 못했다."(『인조실록』 24년(1646) 3월 13일)

2　『인조실록』 27년(1649).

3　『세종실록』 14년(1425) 4월 20일.

4　『세종실록』 16년(1427) 6월 3일.

5　『문종실록』 2년 2월 8일, 「황희졸기」.

6　『홍재전서弘齋全書』 제103권, 「경사강의經史講義」(역易·절괘節卦) 참조.

7　황영선, 『황희의 생애와 사상』, 국학자료원, 123쪽; 『방촌집』 191.

8　『문종실록』 12권, 2년 2월 12일.

9　퇴계가 영남으로 돌아가면서 「동호에서 참의 민경열을 유별하다東湖留別閔景說參議」라는 시를 두 수 지었는데, 그 두 번째 시에 "오늘의 이별 말이 더욱더 정겨우니, 돌아가 500년을 연하 속에 살라 하네如今別語尤堪荷 歸管煙霞五百年"라고 했다. 그 본주에 "경열이 나에게 '이번에 돌아가면 마땅히 농암노선과 더불어 나란히 수할 것이다 此歸 當與聾巖老仙齊壽' 했기 때문에 한 말이다" 하였다. 농암노선聾巖老仙은 유선儒仙으로 불렸던 이현보를 가리킨다.

10　세종의 묘정에 배향된 다섯 신하는 황희(1363~1452), 최윤덕(1376~1445), 허조(1369~1439), 신개(1374~1446), 이수(1374~1430)다.

11　1396년(태조 7) 6월 12일.

12　김귀영은 1555년 사가독서賜暇讀書를 하고 부제학을 거쳐 이조판서를 8번, 사신으로서 9번 명나라에 다녀왔다. 대제학大提學을 6번 거쳐, 선조 14년(1581) 62세의 나이로 우의정에 올랐고 74세 때도 우의정을 지냈다.

13　심수경, 『견한잡록』.

14　「御製堂中悶世以文代圖」(노혜경, 「영조어제첩에 나타난 영조노년의 정신세계와 대응」, 『규장각』 16호, 2006, 134쪽 참조).

15 노혜경, 앞의 글, 135쪽에서 재인용.

16 사실 시인이 이 시를 쓰게 된 동기나 맥락에 대해서는 아는 바 없다. 시 그 자체만 놓고 볼 때 노년의 삶을 준비하는 마음 자세를 말한 것이 아닐까 한다.

17 심수경, 『견한잡록』. "憶入蓮亭四十年, 當時僚契亦因緣. 俱成白首眞多幸, 此日同携醉舊筵."

18 송찬, "共醉姑亭在盛年, 相携黃髮是何緣. 誰知此日同遊興, 地主風流趁肆筵."

19 안정복, 「先妣恭人李氏行狀」, 『순암집』 제25권.

20 任允摯堂, 「文章騰送溪上時短引」, 『允摯堂遺稿』 下.

21 『세종실록』 3년(1421) 1월 16일.

제3장

1 동일한 대상에 대한 문학적 표현과 조형예술의 표현에는 차이가 있다. 참혹한 진실을 표현할 때 시각적 조형예술은 참혹성을 드러내는 데 적극적이지 않다. 시각적으로 전달하는 매체라는 점 때문에 비율과 색채 그리고 내용에 이르기까지 시각적 아름다움을 표현하고자 하는 속성이 강하다. 독일의 레싱은 라오콘의 비참함이 문학적으로는 처절하게 표현되었지만, 조각인 라오콘상은 아름다운 신체 비율과 근육을 보여주는 데 상당한 정성을 기울였다고 주장한다. Lessing, G. H., *Laocoon: An Essay upon the Limits of Poetry and Painting*(1766, trans into English 1873, 1969) 참조; 동아시아의 시문과 회화에서도 유사한 현상을 찾아볼 수 있다. 시문은 낙화落花의 슬픔을 노래한 것이 매우 많지만, 동일한 시대 낙화를 주제로 한 그림에서는 낙화 현상이 어여쁘게 그려져 있다.

2 긴바라 세이코, 『동양의 마음과 그림』, 민병산 옮김, 새문사, 1978, 27~31쪽.

3 조선 후기 아회도의 전반적 양상에 대해서는 송희경, 『조선 후기 아회도』, 다할미디어, 2008 참조.

4 기로회도에 대하여는 安輝濬, 「韓國의 文人契會와 契會圖」, 『韓國繪畵의 傳統』, 문예출판사, 1988; 오해주, 「朝鮮時代 耆老繪圖 硏究」, 고려대학교 석사학위 논문 2009; 유옥경, 「중종대 어병 향산구로회도와 낙양기영회오로도」, 『동아시아의 궁중미술』, 한국미술연구소, 2013 참조.

5 金宗直, 「九老會圖以設請賦」, 『佔畢齋集』 卷19.

6 『石渠寶笈』 卷35 「宋人耆英會圖」.

7 權近, 「後耆英會序」, 『陽村集』 卷19.

8 崔瀣, 「海東後耆老會序」, 『東文選』 卷84.

9   沈喜壽, 「耆英會詩幷序」, 『一松集』卷4.

10   朴世堂, 「書南池耆老會圖後」, 『西溪集』卷8.

11   『중종실록』권16, 중종 7년 9월 신묘일 기록.

12   申用漑, 『二樂亭集』卷3.

13   姜世晃, 「蟻菴少眞讚」, 『豹菴遺稿』卷5.

14   張顯光, 「鶴眠亭記」, 『旅軒續集』卷4.

15   곽분양도에 대해서는 鄭瑛美, 「朝鮮後期 郭汾陽行樂圖 硏究」, 한국정신문화연구원 석사논문, 1999; 김홍남, 「중국 郭子儀祝壽圖 연구, 연원과 발전」, 『미술사논단』33, 2011 참조.

16   숙종의 시 「소현세자 자손에 대하여詠昭顯子孫」에서 "임창군의 많은 자손 모두 탈이 없으니, 옛날 곽분양인들 이에 비할 수 있을까. 복은 본래 사람이 스스로 불러오는 법이니, 분명한 이 이치 고금에 드러나네臨昌多子竝無恙, 昔日汾陽可比況. 福本無門人自招, 昭昭此理古今暢"라고 했고, 이후 정조가 이를 들어 임창군을 그리고 다시 곽자의의 복을 들어 신하를 칭송했다.

17   요지연도와 인간 존재에 대해서는 우현수, 「조선 후기 瑤池宴圖에 대한 연구」, 이화여대 석사논문, 1996 및 송혜승, 「조선시대의 인간 존재 연구」, 이화여대 석사논문, 2009; 해상군선海上群仙의 중국 유래에 대해서는 이정한, 「元 明代 海上郡仙圖의 연구」, 홍익대 석사논문, 2009 참조.

제4장

1   『경국대전』3, 「예전禮典」의식절차儀註, 최항·노사신 외, 윤국일 옮김, 누리미디어.

2   『대전회통』1, 「이전吏典」, 조두순 외, 한국법제연구원 역주, 누리미디어, 2000.

3   인조 8년(1630) 4월 2일, 『인조실록』, 『조선왕조실록』DB.

4   인조 8년(1630) 5월 2일, 『인조실록』, 『조선왕조실록』DB.

5   하지만 실제로 양인이나 천인에게는 면역 이외의 별다른 특전이 없는 대신, 양반 관료들에게는 가자加資(품계를 올림에 의한 승음承蔭과 예우)에 많은 특전이 있었기 때문에 중시되었다. 『한국민족문화대백과사전』, 한국정신문화연구원 편찬, 서울 동방미디어, 2000.

6   김철희 옮김, 한국고전번역원, 1978, 한국고전종합 DB. 번역문을 가져오되 약간의 수정을 가했다.

7   장현광, 위의 글.

8   『완역이옥전집』2, 실시학사 고전문학연구회, 휴머니스트, 2009, 214~215쪽.

9　이옥, 위의 책, 393~394쪽.

10　이옥, 위의 책, 395쪽.

11　이옥, 위의 책, 396~397쪽.

12　이옥, 위의 책, 398쪽.

13　이규경, 『오주연문자전산고』, 인사편 1, 인사류 2, 이재수 옮김, 1982, 한국고전종합 DB.

14　정인숙, 「노년기 여성의 '늙은 몸/아픈 몸'에 대한 인식」, 『한국고전여성문학연구』 21, 2010, 132~152쪽.

15　박혜숙, 「정약용의 「老人一快事」와 노년의 양식」, 『민족문학사연구』 41, 민족문학사학 회, 2009, 246쪽.

16　정약용, 『다산시문집』 6, 『다산시문집』 Ⅲ, 민족문화추진회, 1994, 140쪽.

17　정약용, 위의 책, 141쪽.

18　정약용, 위의 책, 142쪽.

19　정약용, 위의 책, 143~145쪽.

20　박혜숙, 앞의 글, 255쪽.

제5장

1　중국인들은 보통 죽음이나 그와 관련된 사물에 대해 직설적으로 표현하기보다는 완곡한 표현을 다양하게 구사한다. 민간에서 노인이 돌아가셨을 때 '죽었다死了'는 표현을 쓰지 않고, 대신 '가셨다走了' '건너가셨다過去了' 등으로 표현한다.

2　五福壽爲先.

3　狼此地有大星曰南極老人, 老人見治安, 不見兵起, 常以, 秋分之時.

4　중국에서 수성 숭배는 서주西周 시기부터 시작되었으며, 진한秦漢대에 국가에서 정치적 의미로 수성사를 건립했다. 나라에서 거행하는 가을 경로 활동과 연관되다가 당송대에 이르면 그 지위가 점차 하락하고 명대 초기에는 국가 제사에서 제외된다. 우리 나라의 옛 문헌에도 수성을 본 지역에서는 임금에게 고하라고 했으며, 굉장히 경사스러운 징조로 여겼다. 특히 제주 지역으로 부임한 관리들은 노인성을 보고자 노력했다고 전해져오며, 노인성을 한 번이라도 보면 무병장수하고 세 번에 걸쳐서 보면 백수를 누린다고 민간에 전해지고 있다.

5　李隱曰: "壽星, 盖南極老人星也. 見則天下理安, 故祠之以祈福也."

6　구궁은 각각 명당궁, 동방궁, 단전궁(혹은 니환궁), 유주궁, 옥제궁, 천정궁, 극진궁, 현단궁과 태황궁이다.

7	조선 후기에 주로 그려졌다. 장승업의 「수성도壽聖圖」가 유명하다.
8	도교의 명칭은 '上聖白玉龜台九靈太眞無極聖母瑤池大聖西王金母無上淸靈元君統禦群仙大天尊'이다.
9	"弟啊, 你還認得路, 來探望我們?"
10	"忘不瞭, 忘吃, 忘穿, 忘不瞭当年的我們情和爱. 今日特來再次邀請, 同上山去, 再當一回年青人."
11	"早也盼, 晩也盼, 重新與你們再唱情變歌."
12	"莫嘆白髮容顏退. 莫笑滿臉皺紋堆. 我們人老心不老. 晚霞一樣放光輝. 莫嘆時光似洪水. 莫笑人老無作爲. 豁達樂觀春常在. 夕陽未必遜朝暉."
13	2006년부터 시작된 대형민족가무 「다채로운 귀주의 모습多彩貴州風」 공연 프로그램의 일부분으로 연출되었다. 귀주대극원貴州大劇院에서 상시 공연되고 있으며, 아시아와 유럽, 미주 등 세계 여러 나라에서 공연을 하기도 했다. 2007년에는 한국 공연을 한 바 있다.
14	이 지역에서는 '送老鞋', 즉 노인을 보내는 신발이라고도 불린다.

제6장

1	조규헌, 「일본 장례문화에서 '영혼'의 다양성에 관한 고찰」, 『한일어문논집』, 한일일어일문학회, 2012 참조.
2	郷田洋文, 「厄年·年祝い」, 『日本民俗体系 4』, 平凡社, 1959 참조.
3	우지가미 신사는 마을의 대표적인 신사를 말한다.
4	江戸時代, 1603~1864.
5	立川昭二, 『江戸 老いの文化』, 筑摩書房, 1995. 일본의 전통적인 노령 연령 기준에는 크게 세 가지가 있다. 첫째, 40세를 초노初老라고 하여 노령에 진입하는 인식이 있었으며 50세, 60세, 70세 등과 같이 십진법으로 10살 마다 구분하는 것이다. 둘째, 42세와 같은 전형적인 액년을 하나의 노년 연령의 기준으로 보는 것이다. 셋째, 일본에서 환갑을 세는 나이가 61세인데 이 나이는 자신의 지간支干이 되돌아온 연령으로 12년마다 구분하는 것이다. 일본에서 환갑을 맞이하면 은거隱居한다는 말이 있는데, 환갑 축하에는 이제까지 인생에 한 획을 긋는 것과 동시에 앞으로의 인생을 새출발하는 의미도 내포되어 있다. 또한 이러한 지간에 근거해 12년마다 돌아오는 연령인 13, 25, 37, 49, 61, 73, 85, 99세를 야쿠도시로 하는 지역도 적지 않다.
6	石井研士, 『日本人の一年と一生: 変わりゆく日本人の心性』, 春秋社, 2009 참조.
7	宮田登, 『冠婚葬祭』, 岩波書店, 2006 참조.

8　新谷尚紀, 『民俗学がわかる事典』, 日本実業出版社 참조.

9　橋春夫, 「長壽銭の習俗: 長壽銭の一面」, 『群馬文化』, 第25号, 1998 참조.

10　음력에서 세쓰분은 봄이라는 신년을 맞이하는 날을 의미한다. '입춘으로 한 살 나이를 먹는다' '입춘이 백성의 정월' 등의 표현이 있다.

11　長野市立博物館(編), 『まつるふさぐもやす―道祖神祈りとかたち』, 長野市立博物館, 1994 참조.

12　이러한 나이에 따른 축하연에 대해 도쿄에서는 "근년 들어 널리 행하는 것으로 예부터 행해져왔던 습속이 아니다"라고 하고, 환갑의 예로 이바라키현에서는 '환갑 축하연을 하는 자가 적다'고 한다. 이바라키 등 간토 지방에서는 희수稀壽를 중시한다. 한편 나라 현에서는 61세가 가장 성대한 축하연이라고 얘기하는 등 동서 지역 간에 차이가 있다.

13　마을 신사인 우지가미 신사를 모시는 마을 사람의 총칭.

14　세키자와 마유미, 「노령老齡의 민속과 일본사회 제도로서의 "노령"과 개인의 "노령"」, 『중앙민속학』, 중앙대학교 한국문화유산연구소, 2011.

15　石川実, 井上忠司, 『生活文化を學ぶ人のために』, 世界思想社, 2001 참조.

16　宮家準, 『生活の中の宗教』, 日本放送出版協会, 1980 참조.

17　宮田登, 『冠婚葬祭』, 岩波書店, 2006 참조.

18　郷田洋文, 「厄年・年祝い」, 『日本民俗体系 4』, 平凡社, 1959 참조.

19　石井研士, 『日本人の一年と一生: 変わりゆく日本人の心性』, 春秋社, 2009 참조.

제7장

1　孔子曰, "君子有三戒, 少之時, 血氣未定, 戒之在色, 及其壯也, 血氣方剛, 戒之在鬪, 及其老也, 血氣旣衰, 戒之在得."

2　蓋存道者心, 無老少之異; 而行道者身, 老則衰也.(주희, 『논어집주』)

3　發憤忘食 樂以忘憂 不知老之將至.(『논어』 「술이」)

4　富貴福澤, 將以厚吾之生也. 貧賤憂戚, 庸玉汝於成也.(『서명西銘』)

5　及其老也, 血氣旣衰, 戒之在得.(『논어』 「계씨」)

제8장

1　이은주, 「하이데거에서 죽음의 의미와 웰―다잉의 문제」, 『철학논총』 59, 251~253쪽 참조.

2 『中庸』1장. "天命之謂性, 率性之謂道, 脩道之謂教. 喜怒哀樂之未發, 謂之中, 發而皆中節, 謂之和, 中也者, 天下之大本也, 和也者, 天下之達道也, 致中和, 天地位焉, 萬物育焉."

3 플라톤, 『플라톤의 대화편』, 최명관 옮김, 훈복문화사, 2004, 98쪽 참조. 김선옥, 「웰빙 라이프의 정치적 구조」, 『철학연구』 95, 2쪽에서 재인용.

4 하이데거, 『존재와 시간』, 소광희 옮김, 경문사, 1995, 351~352쪽.

5 유권종, 「한국 문화의 맥락에서 본 웰다잉의 조건과 방식」, 『동양철학연구』 35, 11쪽 참조.

6 에피쿠로스, 「메노이케우스에게 보내는 편지」, 『쾌락』, 오유석 옮김, 문학과지성사, 1998 참조.

7 Phaedon 81a.

8 신오현, 「인간의 이념성과 역사성」, 『자아의 철학』, 1987, 35~36쪽.

9 『孟子』2상:1. "志壹則動氣 氣壹則動志."

10 『莊子』「知北遊」. "人之生 氣之聚也 聚則爲生 散則爲死 若死生爲徒 吾又何患 故萬物一也 是其所美者爲神奇 其所惡者爲臭腐 臭腐復化爲神奇 神奇復化爲臭腐 故曰通天下一氣耳 聖人故貴一. (…) 自本觀之 生者 喑醷物也 雖有壽夭 相去幾何 須臾之說也 奚足以爲堯桀之是非. (…) 人生天地之間 若白駒之過郤 忽然而已 注然勃然, 莫不出焉油然漻然, 莫不入焉 已化而生 又化而死 生物哀之 人類悲之 解其天弢 墮其天韜紛乎宛乎 魂魄將往 乃身從之 乃大歸乎."

11 『易經』「繫辭傳」. "易有太極 是生兩儀 兩儀生四象 四象生八卦 八卦定吉凶 吉凶生大業."

12 『周易』「繫辭上傳」. "一陰一陽之謂道 繼之者善 成之者性也."

13 신오현, 「유가적 인간 이해: 초인의 이념으로서 군자의 개념」, 『자아의 철학』, 문학과지성사, 1987, 232~233 및 236쪽 참조.

14 『論語』4:8. "朝聞道 夕死 可矣." 朱子註, "道者, 事物當然之理. 苟得聞之, 則生順死安, 無復遺恨矣."

15 『周易』「繫辭上」. "仰以觀於天文, 俯以察於地理, 是故知幽明之故, 原始反終, 故知死生之說, 精氣爲物, 遊魂爲變, 是故知鬼神之情狀."

16 『老子』2장. "有無相生 難易相成 長短相形 高下相傾 音聲相和 前後相隨."

17 『莊子』「至樂」. "莊子妻死, 惠子弔之, 莊子則方箕踞鼓盆而歌. 惠子曰. 與人居, 長者. 老. 身死, 不哭, 亦足矣, 又鼓盆而歌, 不亦甚乎 莊子曰. 不然. 是其始死也,我獨何能无槪然! 察其始而本无生, 非徒无生也而本无形, 非徒无形也而本无氣, 雜乎芒芴之間, 變而有氣,氣變而有形, 形變而有生, 今又變而之死, 是相與爲春秋冬夏四時行也. 人且偃然寢於巨室, 而我噭噭然隨而哭之, 自以爲不通乎命, 故止也."

18 『說文解字今釋』「死部」. "死 澌也 人所離也. 從夕從人. 死 精氣窮盡 是人們形體與 魂魄相離的名稱 由夕 由人會意. 澌爲凡盡之稱 人所離 形體與魂魄相離 故其字從 夕人."

19 이정숙, 「하이데거의 존재사유와 참-있음」, 『동서사상』 1, 경북대 동서사상연구소, 2006, 22쪽 참조.

20 『論語』10:8. "食不厭精 膾不厭細 食饐而餲 魚餒而肉敗 不食 色惡不食 臭惡不食 失飪不食 不時不食 割不正不食 不得其醬不食 肉雖多 不使勝食氣 唯酒無量 不及 亂. (…) 不撤薑食 不多食."

21 『老子』50장. "出生入死 生之徒 十有三 死之徒 十有三 人之生 動之死地者 亦十有 三 夫何故 以其生生之厚 蓋聞 善攝生者 陸行 不遇兕虎 入軍 不被甲兵 兕無所投 其角 虎無所措其爪 兵無所容其刃 夫何故 以其無死地."

22 감산, 『감산의 老子풀이』, 오진탁 옮김, 서광사, 1990, 161~162쪽.

23 『老子』40장. "反者道之動."

24 『老子』28장. "知其雄 守其雌 (…) 知其白 守其黑 (…) 知其榮 守其辱 爲天下谷 爲天 下谷 常德乃足 復歸於樸."

25 『老子』78장. "下莫柔弱於水 而攻堅強者 莫之能勝."

26 『老子』8장. "善若水 水善利萬物而不爭 處衆人之所惡 幾於道矣."

27 『老子』76장. "之生也柔弱 其死也堅強 萬物草木之生也柔脆 其死也枯槁 是故堅強 者死之徒 柔弱者 生之徒."

28 『老子』67장. "我有三寶 持而保之 一曰慈 二曰儉 三曰不敢爲天下先."

29 『論語』1:1. "子曰 學而時習之 不亦說乎 有朋 自遠方來 不亦樂乎 人不知而不慍 不 亦君子乎." 『孟子』7상:20. "孟子曰 君子有三樂而王天下不與存焉 父母俱存 兄弟無 故 一樂也 仰不愧於天 俯不作於人 二樂也 得天下英才 而敎育之 三樂也."

30 『論語』7:15. "子曰 飯疏食飮水 曲肱而枕之 樂亦在其中矣 不義而富且貴 於我如浮 雲."

31 『論語』6:9. "子曰 賢哉 回也 一簞食 一瓢飮 在陋巷 人不堪其憂 回也 不改其樂 賢 哉 回也."

32 『論語』15:8. "子曰 志士仁人 無求生而害人 有殺身而成仁."

33 『論語』8:7. "曾子曰 士不可以不弘毅 任重而道遠 仁以爲己任 不亦重乎 死而後已 不亦遠乎."

34 『孟子』5하:10. "孟子曰 魚, 我所欲也 熊掌 亦我所欲也 二者不可得兼 舍魚而取熊 掌者也 生 亦我所欲也 義 亦我所欲也 二者不可得兼 舍生而取義者也 生亦我所

欲 所欲有甚於生者 故不爲苟得也 死亦我所惡 所惡有甚於死者 故患有所不辟也 如使人之所欲莫甚於生 則凡可以得生者 何不用也 使人之所惡莫甚於死者 則凡可以辟患者 何不爲也 由是則生而有不用也 由是則可以辟患而有不爲也 是故所欲有甚於生者 所惡有甚於死者 非獨賢者有是心也 人皆有之 賢者能勿喪耳.”

35 『論語』20:3.“子曰 不知命 無以爲君子也.”

36 『論語』2:4.“子曰 (…) 五十而知天命 六十而耳順 七十而從心所慾不踰矩.”

37 『中庸』1장.“天命之謂性 率性之謂道 脩道之謂敎.”

38 『孟子』7상 1:1-2.“孟子曰 盡其心者 知其性也 知其性則知天矣 存其心 養其性 所以事天也 夭壽不貳 脩身以俟之 所以立命也 孟子曰 莫非命也 順受其正 是故 知命者 不立乎巖墻之下 盡其道而死者 正命也 桎梏死者 非正命也.”

39 『論語』11:9-10.“顔淵死 子曰噫 天喪予 天喪予 顔淵死 子哭之慟 從者曰 子慟矣 曰有慟乎 非夫人之爲慟 而誰爲.”

40 『書經』「洪範」.“五福 一曰壽 二曰富 三曰康寧, 四曰攸好德, 五曰考終命.”

41 윤용남, 「유가의 생사관과 죽음에 대한 태도」, 『철학논총』 59, 2010, 437~443쪽 참조.

42 Phaedon, 118.

43 『宋子大全續拾遺附錄』권2, 「楚山日記」.

44 『宋子大全』부록 권11. 年報 先生 83歲.

45 『論語』18:1.“微子 去之 箕子 爲之奴 比干 諫而死.”

46 예수의 이른바 가상칠언은 다음과 같다. (1) “아버지여 저희를 사하여 주옵소서. 자기의 하는 것을 알지 못함이니다.”(눅 23:34) (2) “내가 진실로 네게 이르노니 오늘 네가 나와 함께 낙원에 있으리라.”(눅 23:43) (3) “여자여 보소서 아들이니라. 보라 네 어머니라.(요 19:26, 27) (4) “나의 하나님 나의 하나님 어찌하여 나를 버리셨나이까.”(마 27:46) (5) “내가 목마르다.”(요 19:28) (6) “다 이루었다.”(요 19:30) (7) “아버지여, 내 영혼을 아버지 손에 부탁하나이다.”(눅 23:46)

47 『重峯集』「附錄」권1. 年報 先生49歲.“今日只有一死 生死進退 無愧義字.”

48 『勉庵集』「年報」.

49 『宣祖修正實錄』宣祖3年, 12月1日 기사. 한국고전종합 DB 자료 활용.

50 『中庸』17:2.“故大德 必得其位 必得其祿 必得其名 必得其壽.”

51 『論語』8:3-4.“曾子有疾 召門弟子曰 啓予足 啓予手 詩云 戰戰兢兢 如臨深淵 如履薄氷 而今而後 吾知免夫 小子曾子有疾 孟敬子問之. 曾子言曰 鳥之將死 其鳴也哀 人之將死 其言也善.”

52 『砧山集』「考終日記」.

53 이에 대한 상세한 논의로는 오용원, 「고종일기와 죽음을 맞는 한 선비의 일상」, 『대동

한문학』 30, 2009 참조.

54 이에 대한 상세한 분석으로는 백균섭, 「고종기를 통해 본 퇴계의 인격」, 『퇴계학과 유교문화』 49, 2011; 이인철, 「『퇴계고종기』의 교육적 함의」, 『교육철학』 44, 2011 참조.

55 『한강집』 「類編, 考終記」.

56 김녕숙, 「좋음 죽음과 유학의 죽음관」, 『동양사회사상』 19, 2009 참조.

노년의 풍경

ⓒ 한국국학진흥원

1판 1쇄 | 2014년 9월 30일
1판 2쇄 | 2014년 11월   3일

지은이 | 김미영 이숙인 고연희 김경미 황금희 조규헌 박경환 임헌규
펴낸이 | 강성민
기   획 | 한국국학진흥원
편   집 | 이은혜 박민수 이두루
편집보조 | 유지영 곽우정
마케팅 | 정민호 이연실 정현민 지문희 김주원
온라인 마케팅 | 김희숙 김상만 한수진 이천희
독자모니터링 | 황치영

펴낸곳 | (주)글항아리   출판등록 | 2009년 1월 19일 제406-2009-000002호

주   소 | 413-120 경기도 파주시 회동길 210
전자우편 | bookpot@hanmail.net
전화번호 | 031-955-8891(마케팅) 031-955-8897(편집부)
팩   스 | 031-955-2557

ISBN 978-89-6735-133-5 93900

· 이 도서의 국립중앙도서관 출판예정도서목록(CIP)은
  서지정보유통지원시스템 홈페이지(http://seoji.nl.go.kr)와
  국가자료공동목록시스템(http://www.nl.go.kr/kolisnet)에서 이용하실 수 있습니다.
  (CIP제어번호 : CIP2014028187)